CONCRETO E CRISTAL: O ACERVO DO MASP NOS CAVALETES DE LINA BO BARDI

[CONCRETE AND CRYSTAL: MASP'S COLLECTION ON LINA BO BARDI'S EASELS]

1. Detalhe da base de concreto do cavalete de cristal original [Detail of the concrete base of the original crystal easel]

CONCRETO E CRISTAL: O ACERVO DO MASP NOS CAVALETES DE LINA BO BARDI

[CONCRETE AND CRYSTAL: MASP'S COLLECTION ON LINA BO BARDI'S EASELS]

Cobogó

MASP MUSEU DE ARTE DE SÃO PAULO ASSIS CHATEAUBRIAND

2. Vista do MASP na avenida Paulista [View of MASP on Avenida Paulista], 1968

3. Vista da pinacoteca do MASP na avenida Paulista [View of the picture gallery of MASP on Avenida Paulista], 9/12/2015

SPONSOR'S FOREWORD

LIGHTNESS AND DISCOVERY: THE ESSENCE OF AN INNOVATIVE DESIGN

Bradesco believes in the importance of culture as a reference for the development of the country and the formation of the outlines of Brazilianness. For this reason, it is honored to be the exclusive sponsor of the exhibition that reincorporates to MASP the elegance of Lina Bo Bardi's crystal easels, a necessary recovery of an iconic piece that epitomizes the essence of this unique artist's work. By combining concrete and crystal in a single creative conception, Lina lent lightness to the works, as though they were floating in the air, sensitively bringing art closer to the people. She thus created an exhibition without walls and, therefore, also without limits, free for the experience and perception of each viewer. This is, after all, what art is: an infinite journey of dreams and discoveries.

APRESENTAÇÃO PATROCINADOR

LEVEZA E DESCOBERTA: A ESSÊNCIA DE UM PROJETO INOVADOR

O Bradesco acredita na importância da cultura como referência para o desenvolvimento do país e a formação dos contornos da brasilidade. Por essa razão, sente-se honrado por ser o patrocinador exclusivo da exposição que reincorpora ao cotidiano do MASP a elegância dos Cavaletes de Cristal de Lina Bo Bardi, resgate preciso de uma peça icônica que tão bem representa a essência da obra dessa artista única. Ao combinar concreto e cristal em uma mesma concepção criativa, Lina confere flutuação e leveza às obras, aproximando com sensibilidade a arte e as pessoas. Uma exposição sem paredes e, por isso, também sem limites, livre à experiência e à percepção de cada olhar. Afinal, a arte é isso: uma jornada infinita de sonhos e descobertas.

Bradesco

SUMÁRIO [TABLE OF CONTENTS]

13 CONCRETO E CRISTAL: APRESENTAÇÃO
12 [Concrete and Crystal: Foreword]
Heitor Martins

14 CONCRETO E CRISTAL: APRENDENDO COM LINA
22 [Concrete and Crystal: Learning with Lina]
Adriano Pedrosa

28 CONCRETO E CRISTAL: ARQUITETURA
32 [Concrete and Crystal: Architecture]
Martin Corullon

35 CONCRETO E CRISTAL: CONSERVAÇÃO
37 [Concrete and Crystal: Conservation]
Karen Barbosa

39 CONCRETO E CRISTAL: EDITORIAL
41 [Concrete and Crystal: Editorial]
Luiza Proença

44 ORIGENS E ATUALIDADE
DA TRANSPARÊNCIA NO MASP
51 [The Origins and Topicality
of the MASP's Transparency]
Renato Anelli

56 MASP: ARQUITETURA EXPOSITIVA
69 [MASP: Exhibition Architecture]
Giancarlo Latorraca

76 O MASP DE LINA BO BARDI:
PERSPECTIVAS TEÓRICAS E CRÍTICAS
80 [Lina Bo Bardi's MASP:
Theoretical and Critical Perspectives]
Gabriela Campagnol e [and] Stephen Mark Caffey

85 OS ANTIMUSEUS E ANTIESCOLAS
DE LINA BO BARDI E PAULO FREIRE
92 [Lina Bo Bardi's and Paulo Freire's
Anti-Museums and Anti-Schools]
Olivia de Oliveira

98 SOBRE CRISTAIS E PAREDES:
RECEPÇÃO CRÍTICA DOS CAVALETES DE VIDRO
E SOLUÇÕES DA PINACOTECA DO MASP
104 [Of Crystals and Walls: Critical Reception of the Glass
Easels and Solutions for the MASP Picture Gallery]
Alexander Gaiotto Miyoshi

110 MEMÓRIA POR UM FIO E ATRAVÉS
DE UM PANO DE VIDRO
118 [Memory by a Thread and Through a Glass Sheet]
Zeuler R. M. de A. Lima

125 O LOCAL DE NASCIMENTO DA ARTE
DE INSTALAÇÃO
130 [The Birthplace of Installation Art]
Roger M. Buergel

135 EXPLICAÇÕES SOBRE O MUSEU DE ARTE
137 [Explanations on the Museum of Art]
Lina Bo Bardi

139 PARECER SOBRE A MUSEOLOGIA
DO ESPAÇO EXPOSITIVO DO 2º ANDAR DO MASP —
INCONVENIÊNCIA DO TOMBAMENTO
146 [Opinion on the Museology of the Exhibit
Space on MASP's Second Floor—Inconvenience
of Declaring the Site Protected Heritage]

152 CATÁLOGO DAS OBRAS NA PINACOTECA —
DEZEMBRO DE 2015
[Catalog of Works in the Picture Gallery—
December 2015]

4. Lina Bo Bardi na construção do MASP na avenida Paulista ao lado de protótipo do cavalete de cristal com reprodução de *O escolar (O filho do carteiro — Gamin au Képi)* (1888), de Vincent van Gogh, década de 1960 [Lina Bo Bardi at the construction of MASP on Avenida Paulista alongside a prototype of a crystal easel bearing a reproduction of *The Schoolboy (The Postman's Son — Gamin au Képi)* (1888), by Vincent van Gogh, 1960s]

CONCRETE AND CRYSTAL: FOREWORD

Heitor Martins

Since MASP's creation in 1947—conceived by communication-media businessman Assis Chateaubriand along with art dealer and critic Pietro Maria Bardi, and initially housed in the building of the Diários Associados on Rua 7 de Abril—the museum has played a leading role in the cultural and intellectual progress of São Paulo. At that moment, the city was constructing the bases that would make it one of the largest metropolises in the world and a great disseminator of culture and knowledge on the continent. Today, 68 years later, MASP is taking a look at this past and evaluating the paths that have brought to where it is now, in order to sketch out a new future both for the museum and its relations with the city.

In the design of MASP's current building on Avenida Paulista, inaugurated in 1968, Lina Bo Bardi emphasized the ideas of suspension, opening, lightness and transparence, in an apparent contradiction with the brutality of the concrete, steel, glass and other materials visible in the building's construction. The Italian architect's aim was for MASP to carry out the public (and modern) task of providing the city with a museum with which it could dialog in all its complexity, offering, therefore, an alternative of representation on par with the level of São Paulo.

In this context, Lina's crystal easels express the desire to reaffirm the symbolic place that MASP occupies in the heart of the city. The return of the easels after two decades of absence marks a moment of the resumption of values and the recovery of MASP's political, educational, communicative and democratic vocation. To these ends, we have established new and broad horizons, toward a professional autonomy and effective management that allows for a stable, sustainable change with ambitious perspectives for the future. MASP thus reiterates its commitment to foster Brazil's continuous social development by way of its work in the fields of art and culture. Finally, it is important to remember the role of Bradesco, our master sponsor, responsible for making this exhibition possible and an important part of the museum's process of institutional strengthening.

CONCRETO E CRISTAL: APRESENTAÇÃO

Desde a sua criação, em 1947, no edifício dos Diários Associados na rua 7 de Abril, idealizado pelo empresário das comunicações Assis Chateaubriand e pelo crítico e marchand Pietro Maria Bardi, o MASP assumiu uma posição de protagonismo no progresso cultural e intelectual de São Paulo. Naquele momento, a cidade construía as bases que a tornaram uma das maiores metrópoles do mundo, grande centro difusor de cultura e conhecimento no continente. Hoje, 68 anos depois, o MASP olha para esse passado, avalia os caminhos até aqui percorridos e, então, traça um novo futuro tanto para o museu como para suas relações com a cidade.

Na atual sede do MASP na avenida Paulista, inaugurada em 1968, Lina Bo Bardi privilegiou ideais de suspensão, abertura, leveza e transparência, em aparente contradição com a brutalidade do concreto, ferro, vidro e demais elementos aparentes do prédio. A arquiteta italiana impunha ao MASP a tarefa pública — e moderna — de franquear à cidade um museu que pudesse dialogar com ela em sua complexidade, oferecendo, portanto, uma alternativa de representação à altura de São Paulo.

Nesse contexto, seus cavaletes de cristal comunicam o desejo de reafirmar o lugar simbólico que o MASP ocupa no coração da cidade. Seu retorno, após duas décadas ausentes, marca um momento de retomada de valores e de recomposição da vocação democrática, comunicativa, educativa e política do MASP. Para tanto, estabelecemos novos e amplos horizontes, na direção de uma autonomia profissional e gestão eficiente que permitam uma mudança estável, sustentável e com ambiciosas perspectivas de futuro. Desse modo, o MASP reitera seu compromisso de fomentar, por meio da arte e da cultura, o contínuo desenvolvimento social brasileiro. Por fim, é importante lembrar o papel do Bradesco, nosso patrocinador máster, responsável por viabilizar esta exposição e parte importante no processo de fortalecimento institucional do museu.

Heitor Martins, presidente [president]

CONCRETO E CRISTAL: APRENDENDO COM LINA

Adriano Pedrosa

Após quase vinte anos, o acervo do MASP volta a ser exposto nos cavaletes de cristal concebidos por Lina Bo Bardi (1914-1992). Em um período em que se celebra o centenário do nascimento da arquiteta visionária, cuja obra vem sendo tardiamente reconhecida como inovadora e influente para toda uma nova geração de arquitetos, artistas, críticos, historiadores, curadores e pensadores,[1] não é mera coincidência o fato de o museu revisitar sua produção e ideias. O MASP é uma das obras mais importantes de Lina, e desse modo não parece haver local mais apropriado do que esse para se repensar e reconsiderar não apenas suas lições para a prática do design e da arquitetura, mas também o seu pensamento em relação à arte e à cultura numa dimensão mais ampla, tanto política quanto multidisciplinar.

O ano de 2015 foi dedicado à reflexão e ao foco nos acervos, arquivos, histórias e programas do museu, mas também à compreensão de suas transformações arquitetônicas e expográficas. A exposição *MASP em processo*, em duas etapas, redescobriu a arquitetura do museu em todos os níveis do edifício. As galerias foram despidas dos painéis que as recortavam em salas e cobriam janelas, inicialmente no primeiro andar e no subsolo, e finalmente no segundo andar do museu, com o objetivo de oferecer espaços mais amplos, livres de divisórias, próximos ao desenho original do MASP.[2] Nesse processo, foram reconstruídas três expografias históricas do museu concebidas por Lina para sedes anteriores ao edifício da avenida Paulista, trabalho realizado em parceria com o Metro Arquitetos — duas concebidas para o MASP na rua 7 de Abril, em 1947 e em 1950, e outra de quando o acervo do MASP esteve na Fundação Armando Alvares Penteado, FAAP, em 1957-59.[3] Tais expografias já antecipavam as preocupações com abertura, leveza e suspensão. Desse modo, além de revisitar o acervo, as mostras apresentaram ao público o percurso da arquiteta até chegar aos cavaletes de cristal — também chamados cavaletes de vidro.

A retomada dessa trajetória não é meramente um retorno nostálgico ou fetichista a expografias que culminaram num dispositivo que hoje se

1. Entre as exposições e publicações recentes sobre a obra da arquiteta, veja: 12ª Exposição Internacional de Arquitetura da Bienal de Veneza (curadoria de Kazuyo Sejima, 2010), *Lina Bo Bardi: Together* (curadoria de Noemi Blager, organizada pelo British Council, Londres, 2012, que itinerou para Viena, Basileia, Paris, Estocolmo, Amsterdã, Berlim, Milão, Treviso e Chicago em 2013-15), *O interior está no exterior* (curadoria de Hans Ulrich Obrist, Casa de Vidro, Instituto Lina Bo e P. M. Bardi, 2012-13), *Maneiras de expor — arquitetura expositiva de Lina Bo Bardi* (curadoria de Giancarlo Latorraca, Museu da Casa Brasileira, São Paulo, 2014), *Lina gráfica* (curadoria de João Bandeira e Ana Avelar, Sesc, São Paulo, 2014), *A arquitetura política de Lina Bo Bardi* (curadoria de André Vainer e Marcelo Ferraz, Sesc, São Paulo, 2014), *Lina Bo Bardi* e 3 *sites — Lina Bo Bardi* (curadorias de Roger M. Buergel, Johann Jacobs Museum, Zurique, Suíça, 2014), *Lina Bo Bardi in Italia* (curadoria de Margherita Guccione, Museo Nazionale delle Arti del XXI Secolo, Roma, 2014-15), *Lina Bo Bardi* 100: *Brazil's Alternative Path to Modernism* (curadoria de Andres Lepik e Simone Bader, Architekturmuseum der TU München — Pinakothek der Moderne, Munique, Alemanha, 2014-15), e LIMA, Z. R. M. de A. *Lina Bo Bardi*. New Haven: Yale University Press, 2013.

tornou icônico. O objetivo é o de recuperar a dimensão política e crítica dessas propostas, tomando-as não como um fim em si mesmas, mas como um ponto de partida para novos desdobramentos, compreendendo suas limitações e funcionamentos, mas também suas potencialidades para o futuro. Nesse contexto, há um entendimento de que o espaço deve ser percebido de maneira inteira, clara e única por cada um dos visitantes, que, assim, pode dominá-lo com sua visão e compreensão pessoais, e não ser submetido a ele — seja por divisões em várias salas, seja por um caminho predeterminado que o orientaria de forma autoritária para um roteiro de visita. A arquitetura pode, assim, tornar-se ampla, aberta, transparente, fluida, permeável, com múltiplas possibilidades de acesso e leitura, assumindo uma feição mais humana e democrática. A proposta de Lina é compreendida como uma articulação entre, de um lado, a presença formal e espacial da arquitetura, e, de outro, o caráter subjetivo, individual, orgânico e impalpável de sua experiência.

As exposições dos acervos de arte do Brasil, da França e da Itália ofereceram a oportunidade de desenvolver uma pesquisa nos documentos encontrados nos arquivos histórico e iconográfico do museu para revelá-los ao público pela primeira vez. Ao lado das pinturas, na mesma parede, foram mostrados fotografias, catálogos, recortes de imprensa e documentos sobre doações, aquisições, empréstimos, atribuições, exposições. A proposta foi a de considerar a obra não apenas no contexto da história da arte, mas também em sua relação social e política com o MASP, com São

5. Vista do acervo do MASP na Fundação Armando Alvares Penteado (FAAP), expografia de Lina Bo Bardi [View of MASP's collection at Fundação Armando Alvares Penteado (FAAP), exhibition design by Lina Bo Bardi], 1957

6. Vista da exposição *Arte do Brasil até* 1900, no MASP na avenida Paulista, expografia de Metro Arquitetos [View of the exhibition *Art from Brazil up until* 1900, at MASP on Avenida Paulista, exhibition design by Metro Arquitetos], 2015

2. A primeira etapa ocorreu entre 20.12.2014 e 8.3.2015, a segunda, entre 8.9 e 18.10.2015. Na primeira etapa, no primeiro andar, ocorreu uma exposição de obras do acervo, de acordo com nosso texto de parede: "Espécie de prólogo ou ensaio de transição, ela não configura uma exposição tradicional, acabada, e com lista de obras expostas predefinida. Ao contrário, o que será revelado ao público, como o nome indica, é justamente o *processo* — de montagem, de pesquisa do acervo e do redescobrimento da arquitetura do museu".

3. Na galeria do segundo subsolo do museu, as exposições *Arte do Brasil até* 1900 (26.3 a 6.6.2015) e *Arte da Itália: de Rafael a Ticiano* (26.6 a 4.10.2015) reconstruíram a expografia do MASP na Faap. Na primeira exposição, os quatro painéis tinham exatamente a mesma extensão, 18 metros cada, e altura dos originais, pintados de branco; na segunda mostra, as seções dos painéis foram recombinadas e pintadas de cinza, resultando em dois painéis de 24 metros. Soluções criadas alguns anos antes, em 1947, para o MASP na rua 7 de Abril, foram revisitadas para obras pontuais — duas pinturas de Victor Meirelles, *Dom Pedro II* (1864) e *Dona Tereza Cristina* (1864), em *Arte do Brasil até* 1900; Pietro Perugino e ateliê, *São Sebastião na coluna* (1500-10); e Ticiano, *Retrato do cardeal Cristoforo Madruzzo* (1552), em *Arte da Itália*. Na galeria do primeiro andar do museu, em *Arte do Brasil no século* 20 (10.4 a 28.6.2015) e *Arte da França: de Delacroix a Cézanne* (17.7 a 8.11.2015), tomamos como base a expografia de painéis suspensos por cabos de aço do MASP na rua 7 de Abril inaugurada em 1950. Na primeira exposição, os três tamanhos de painéis do sistema desenvolvido por Lina foram utilizados, pintados de branco; na exposição seguinte, apenas os dois maiores foram utilizados, dessa vez, pintados de cinza.

4. Os arquivos do MASP possuem mais de 500 mil itens e guardam elementos fundamentais para o entendimento da vida social, cultural e política no Brasil, a partir dos anos 1940, quando foi adquirida, nos Estados Unidos e na Europa, a maior parte da coleção europeia. Todo esse extraordinário material oferece as informações e os contextos necessários para uma

7. Vista da exposição *Arte da França: de Delacroix a Cézanne*, no MASP na avenida Paulista, expografia de Metro Arquitetos [View of the exhibition *Art from France: From Delacroix to Cézanne*, at MASP on Avenida Paulista, exhibition design by Metro Arquitetos], 2015

Paulo e com o Brasil. A justaposição dos documentos com as pinturas, instalados verticalmente na mesma superfície, conferiu a eles um novo estatuto, em diálogo aberto com as obras. Os cavaletes de cristal, como veremos a seguir, apontam para uma dessacralização das obras de arte, retirando sua aura de "objetos do outro mundo". Os documentos apontam para uma dessacralização de um outro modo, num contexto mais mundano, vivido e real.[4] As obras se revelam como objetos com todo um histórico de compras, vendas, anúncios, circulações, promoções, objetos com um preço e valor agora mostrados ao público. Mais uma camada de histórias é desvendada para o espectador — histórias para além da história da arte.[5]

Concreto: matéria áspera, rude, dura, bruta, opaca, pesada. *Cristal*: matéria delicada, frágil, fina, leve, transparente, preciosa. Enquanto o concreto no chão vai se fragmentando e perdendo acabamento e polimento a cada deslocamento que ocorre com o passar dos anos, o cristal permanece ereto, suspenso, claro, límpido. A fricção de materiais pode ser compreendida como uma essência simbólica expressa nos radicais cavaletes de cristal, dispositivos de display criados pela arquiteta Lina Bo Bardi para o MASP na avenida Paulista em 1968.[6] A própria denominação *cavaletes de cristal* apontaria para um interesse nessa fricção. Afinal, os cavaletes são de vidro, e o uso do *cristal* enquanto denominação sugere uma licença poética. Se, por um lado, há uma fricção entre o concreto e o cristal — e esse é o ponto de partida deste texto —, por outro lado, é fato que ambos são materiais frios. Mais contrastes viriam em torno de outros de seus materiais, estes quentes: madeira e borracha, com suas evocações orgânicas, macias, maleáveis, cálidas. É a cunha de madeira, calçada pela borracha, que permite ao vidro — ou cristal — ser ajustado ao concreto no cavalete.

Tais fricções são emblemáticas de todo um projeto e programa, de uma configuração e conceito de museu que são apresentados de maneira eloquente na abertura ao público do edifício na avenida Paulista, em 1969.[7] No segundo andar, na pinacoteca, o precioso acervo do MASP — o mais importante de arte europeia do Hemisfério Sul, com obras do Renascimento ao Pós-impressionismo, incluindo também arte brasileira, adquirido de forma extraordinária nas décadas de 1940 e 1950 por seu diretor

aproximação de ordem diversa, para além das estruturas de convencimento e poder já consolidadas pelas narrativas consagradas, da história da arte e da cultura, e que podem amplificar a experiência do público que visita o museu. Os versos dos cavaletes irão incluir, no futuro, parte desses arquivos em fac-símile, ampliando a ideia original de painéis didáticos, que se concentravam em textos e imagens que contextualizavam a obra na história da arte. Trata-se de um trabalho de pesquisa e reflexão em processo, mantendo viva a pinacoteca também nessa dimensão.

5. Parte dessas reflexões foi desenvolvida nos textos dos catálogos de *Arte da Itália: de Rafael a Ticiano* e *Arte da França: de Delacroix a Cézanne* (São Paulo, MASP, 2015). Agradeço aos curadores Tomás Toledo e Fernando Oliva, que trabalharam, respectivamente, comigo nesses textos.

6. O MASP é inaugurado pela rainha Elizabeth II da Inglaterra em 7 de novembro de 1968, mas abre ao público apenas cinco meses depois, em 7 de abril de 1969.

7. Pode-se pensar que os próprios projetos e figuras de Lina e de Pietro foram de algum modo contrastantes, operando em fricção. Pietro, um homem com firmes interesses na arte do século 19, e Lina, uma mulher moderna, configurariam tese e antítese, e o MASP seria assim uma síntese de duas visões, sempre em fricção. Discorri sobre o assunto

8. Vista do acervo do MASP na rua 7 de Abril, expografia de Lina Bo Bardi, década de 1950 [View of the collection of MASP on Rua 7 de Abril, exhibition design by Lina Bo Bardi, 1950s]

fundador, Pietro Maria Bardi (1900-1999), e o empresário, político e mecenas Assis Chateaubriand (1892-1968) — é removido da parede, exposto de forma suspensa, gerando contrastes entre as obras que, conforme escreveu Lina, "provocam um choque que desperta reações de curiosidade e investigação".[8] No vão livre, a mostra *Playgrounds*, do artista Nelson Leirner, então com 36 anos, apresenta esculturas com as quais o público podia interagir. Fora do edifício, de maneira "extramuros", ainda que no território sob ele, *Playgrounds* convidava o visitante passivo a se tornar um participante ativo na programação, tornando mais aberta e permeável a relação entre o museu e a rua, o exterior e o interior, a arte e a vida. O vão livre é território da cidade, administrado pela prefeitura, e assim a cidade simultaneamente atravessa o MASP e é abrigada por ele.[9] No primeiro andar, *A mão do povo brasileiro* expunha mais de 2 mil objetos, incluindo carrancas, ex-votos, santos, tecidos, vestuário, mobiliário, ferramentas, utensílios de cozinha, instrumentos musicais, adornos, brinquedos, esculturas, figuras religiosas, bem como pintura e escultura. A exposição significava um desdobramento de duas outras anteriores, organizadas por Lina — *Bahia no Ibirapuera*, realizada em São Paulo, em 1959, e *Civilização do Nordeste*, mostra inaugural do Museu de Arte Popular do Solar do Unhão, em Salvador, em 1963 —, e fricciona a produção dita popular com a chamada erudita. Esta tríade pinacoteca-playgrounds-popular pode ser compreendida como mais uma fricção, mas sobretudo uma configuração e conceito, um projeto e programa de museu que, embora seja anunciada em 1969, não foi plena e profundamente desenvolvida, e esse é um caminho que ainda permanece relevante e singular. Se o ano de 2015 foi dedicado a exposições de acervos do museu, alguns deles nunca antes vistos pelo público,[10] no ano de 2016 começamos a revisitar algumas exposições históricas, e não por acaso duas delas são justamente *Playgrounds* e *A mão do povo brasileiro*.

A ausência — ou mais recentemente a derrubada — das paredes no segundo andar do museu carrega em si uma potência descolonizadora:[11] com o acervo nos cavaletes de cristal em planta livre, a intenção é eliminar o "esnobismo cultural", "tirar do museu o ar de igreja",[12] nas palavras de Lina, dessacralizando o edifício e suas obras, retirando sua aura de objetos do outro mundo. Lina contestava a valorização tradicional das obras

em entrevista à *Folha de S.Paulo*, publicada em 26.4.2015, e fui contestado por Renato Anelli, em artigo publicado no mesmo jornal em 10.5.2015, que entendia as visões de Lina e Pietro não como opostas, e sim como complementares. De minha parte, pautei-me pela leitura de diferentes textos, conversas e relatos para compreender essa ideia de fricção. Ver, por exemplo, CARVALHO, M. C., *Folha de S.Paulo*, 2.10.1997, caderno especial sobre os cinquenta anos do MASP, e MIYOSHI, A. "Acervo suspenso". *Arquitetura em suspensão, o edifício do Museu de Arte de São Paulo*. São Paulo: Editora Autores Associados, 2011, p. 127 e segs. Mais recentemente, um depoimento a mim dado no MASP pelo artista Edmar de Almeida, amigo próximo de Lina a partir dos anos 1970 e com quem a arquiteta trabalhou na *Repassos: exposição-documento. Edmar José de Almeida e as tecedeiras do Triângulo Mineiro* (MASP, 1975), descreveu o casal com a seguinte expressão: "Um era o Sol e outro era a Lua".

8. BARDI, L. B. "Museu de Arte de São Paulo". *In:* FERRAZ, Marcelo (org.). *Museu de Arte de São Paulo, Lina Bo Bardi, 1957-68*. São Paulo: Instituto Lina Bo e P. M. Bardi; Lisboa: Editorial Blau, 1997, p. 4.

9. É conhecida a explicação de Lina acerca do vão livre: "O famoso vão do MASP não foi uma excentricidade, o que em linguagem popular se poderia chamar uma 'frescura arquitetônica'. É que aquele terreno, onde estava o antigo Belvedere do Trianon, foi doado por uma família de São Paulo que impôs como condição a manutenção daquela vista, que deveria ficar para sempre na história da cidade. Não poderia nunca ser destruída, pois, nesse caso, o terreno voltaria aos herdeiros". BARDI, L. B. *Op. cit.*, pp. 4 e 8.

10. As exposições *Histórias da loucura: desenhos do Juquery* (12.6 a 11.10.2015) e *Arte na moda: coleção MASP Rhodia* (23.10.2015 a 14.2.2016) mostraram pela primeira vez os conjuntos completos de acervos doados em 1974 e 1972, respectivamente, ao museu. A exposição *León Ferrari: entre ditaduras* (23.10.2015 a 21.2.2016) expôs pela primeira vez vários trabalhos doados pelo artista em 1991, e seu catálogo reproduziu o conjunto completo de obras do artista no museu.

9-10. *São Sebastião na coluna* (1500-10), de Pietro Perugino e ateliê, na exposição *Arte da Itália: de Rafael a Ticiano*, no MASP na avenida Paulista, expografia de Metro Arquitetos, 2015, e no MASP na rua 7 de Abril, expografia de Lina Bo Bardi, 1947 [*St. Sebastian at the Column* (1500-10), by Pietro Perugino and studio, at the exhibition *Art from Italy: From Rafael to Titian*, at MASP on Avenida Paulista, exhibition design by Metro Arquitetos, 2015, and at MASP on Rua 7 de Abril, exhibition design by Lina Bo Bardi, 1947]

como bens de luxo e objetos preciosos, apresentando-as como produtos de um trabalho artístico, ligados à vida cotidiana. Os cavaletes de cristal oferecem uma alternativa à expografia clássica de museus de belas-artes, com seus acabamentos luxuosos e refinados. A descolonização do museu e da história da arte passa necessariamente por uma nova maneira de expor e articular o acervo, contestando a museologia e a história da arte tradicionais — esse "esperanto da hegemonia europeia", indispensáveis para a europeização do mundo, nos termos do historiador da arte Donald Preziosi.[13] Com Lina: "O reexame da história recente do país se impõe. O balanço da civilização brasileira 'popular' é necessário, mesmo se pobre à luz da alta cultura. Este balanço não é o balanço do folklore, sempre paternalisticamente amparado pela cultura elevada, é o balanço 'visto do outro lado', o balanço participante. É o Aleijadinho (1730-1814) e a cultura brasileira antes da Missão Francesa. É o nordestino do couro e das latas vazias, é o habitante das vilas, é o negro e o índio, uma massa que inventa, que traz uma contribuição indigesta, seca, dura de digerir".[14] Encontrar novas articulações para expor a arte a partir do acervo, não atreladas a uma história eurocêntrica, ditada pelos modos e gostos das classes dominantes, é o grande desafio que se impõe ainda hoje.[15]

"O Museu de Arte de São Paulo é popular",[16] escreve a arquiteta em 1970. Foi depois de sua experiência nos anos 1960 na Bahia que Lina amadureceu o projeto do MASP, com sua "arquitetura pobre".[17] Materiais ásperos, rudes e brutos no edifício, como o concreto aparente e sem um acabamento refinado, o piso de borracha, o vidro, as estruturas metálicas de sustentação e aparelhos de ar condicionado são expostos sem subterfúgios,[18] numa espécie de estratégia brechtiana, livre de cenografias ou disfarces, e que revela a verdade e crueza dos materiais e de sua construção.[19] A mesma estratégia brechtiana pode ser percebida nos cavaletes, que diante do visitante desnudam sua estrutura de sustentação e construção, bem como o verso do quadro — o outro lado da arte, nunca antes revelado ao público num museu de belas-artes. A pintura não é mais uma janela para o mundo. Oito anos antes de Brian

11. Segundo Marcelo Ferraz: "É o Museu descolonizado. O Museu do Novo Mundo, que luta contra o complexo de inferioridade, nossa pior herança da colonização e da escravatura". Ver o artigo "Uma ideia de museu" (1999). Disponível em: http://www.forumpermanente.org/ revista/edicao-0/textos/ uma-ideia-de-museu.

12. Ver BARDI, L. B. "Explicações sobre o Museu de Arte". *O Estado de S. Paulo*, 5.4.1970, reproduzido neste livro.

13. A citação é de Donald Preziosi ("The Art of Art History". *In:* PREZIOSI, D. (org.). *The Art of Art History: A Critical Anthology.* Oxford, Nova York: Oxford University Press, 1998, p. 513). Uma versão para o português desse texto será publicada em edição futura do *Boletim* do MASP. Ver também: PEDROSA, A. "Histórias mestiças são histórias descolonizadoras". *In:* PEDROSA, A. e SCHWARCZ, L. M. *Histórias mestiças.* São Paulo: Instituto Tomie Ohtake; Rio de Janeiro: Cobogó, 2015. Catálogo de exposição.

14. BARDI, L. B. "Um balanço dezesseis anos depois". *Tempos de grossura, o design no impasse.* São Paulo: Instituto Lina Bo e P. M. Bardi, 1994, p. 12.

15. A noção de *histórias*, em português — diferentemente do inglês *history* — é aberta, plural, inacabada, não totalizante, abarcando tanto relatos históricos de caráter político, econômico e social quanto narrativas pessoais e ficcionais. Nesse sentido, o programa do MASP para os próximos anos prevê uma série de exposições tanto trans-históricas quanto multidisciplinares: histórias da loucura, histórias da infância, histórias da escravidão, histórias ameríndias, histórias da colonização, histórias do subdesenvolvimento, histórias dos trópicos, histórias do carnaval, histórias feministas.

16. BARDI, L. B. *Op. cit.*

17. BARDI, L. B. "Museu de Arte de São Paulo". *Op. cit.*, p. 8.

18. Um trecho de um texto datilografado em italiano com o título "Reportage", encontrado nos arquivos do Instituto Lina Bo e P. M. Maria Bardi, escrito provavelmente para a divulgação do museu por Pietro ou Lina em 1967-68, revela essa preocupação: "Na pinacoteca, completamente envidraçada, o equipamento de ar condicionado ficava à vista. O teto, não estucado, conserva

todos os incidentes da construção das voltas de cimento armado à vista; é pintado a cal e ilumina, por reflexão, todo o ambiente com lâmpadas a vapor de iodo situadas sobre duas estruturas laterais de tubos Mannesmann. Um sistema de persianas de alumínio protege e gradua a luz diurna". Agradeço a Eugênia Gorini Esmeraldo por me indicar o documento e por traduzi-lo.

19. É interessante lembrar que, em 1971, três anos após a inauguração do MASP, o projeto para o Centre Georges Pompidou, em Paris, de autoria de Renzo Piano, Richard Rogers e Gianfranco Franchini, foi selecionado numa competição internacional julgada por Oscar Niemeyer, Jean Prouvé e Philip Johnson. O projeto, com uma praça não sob o edifício, mas em frente a ele, expunha, sem rodeios, as estruturas do museu, utilizando-se amplamente da transparência. Em 2007, quando Rogers recebeu o prestigioso Prêmio Pritzker, as palavras do júri parecem descrever seu antecessor paulistano: o Pompidou "revolucionou os museus" [...] "transformando o que antes tinham sido monumentos da elite em locais populares para intercâmbios sociais e culturais, tecidos no coração da cidade". Citado em POGREBIN, R. "British Architect Wins 2007 Pritzker Prize". *The New York Times*, 28.3.2007. Agradeço a Julieta González pela lembrança do Pompidou em relação ao MASP.

20. O'DOHERTY, B. "Inside the White Cube, The Ideology of the Gallery Space". *Artforum*. Nova York, 1976, mais tarde publicado em livro com o mesmo título (Berkeley e Los Angeles: University of California Press, 1999). Há uma tradução para o português: O'DOHERTY, B. *No interior do cubo branco: a ideologia do espaço de arte*. São Paulo: Martins Fontes, 1992.

21. BARDI, L. B. "Explicações sobre o Museu de Arte". *O Estado de S. Paulo*, 5.4.1970.

22. Sobre a "pedagogia da emancipação", ver FISCHER, S. V. "The Horizons of Lina Bo Bardi: The Museu de Arte de São Paulo in the Context of European Postwar Concepts of Architecture". *In:* LEPIK, A. e BADER, V. S. (orgs.). *Lina Bo Bardi 100: Brazil's Alternative Path to Modernism*. Ostfildern, Alemanha: Hatje Cantz Verlag; Munique: Archtekturmuseum der TU München, 2014.

11. Vista da pinacoteca do MASP na avenida Paulista [View of the picture gallery of MASP on Avenida Paulista], 1968

12. Vista da exposição *Playgrounds*, de Nelson Leirner, no vão livre do MASP [View of the exhibition *Playgrounds*, by Nelson Leirner, in MASP's free span], 1969

13. Vista da exposição *A mão do povo brasileiro*, no MASP na avenida Paulista, projeto de Lina Bo Bardi [View of the exhibition *The Hand of the Brazilian People*, at MASP on Avenida Paulista, project by Lina Bo Bardi], 1969

O'Doherty publicar sua famosa crítica ao cubo branco, em 1976, na *Artforum*,[20] Lina propôs um cubo transparente, um cubo pobre, um cubo áspero, um cubo popular, um cubo vivido.

A montagem com os cavaletes aproxima o visitante do acervo, que pode conviver com ele de forma mais franca e direta, sem a distanciamento que as paredes impunham. Ao caminhar pela pinacoteca do segundo andar de modo "quase familiar",[21] na expressão de Lina, livre de salas que definem um percurso e visita predeterminados, o espectador pode observar as obras por todos os lados, traçando seus próprios caminhos, construindo suas histórias e narrativas, e tornando-se efetivamente protagonista dessa nova experiência, através de uma espécie de "pedagogia da emancipação".[22] Desse modo, pode-se pensar numa aproximação relacional à arquitetura de museus e a seus acervos que enfatize a dimensão afetiva e participativa do visitante, sublinhando seus aspectos sensoriais.[23]

A desconstrução e a descolonização da história da arte de maneira tradicional, ortodoxa, apresentada a partir de uma sucessão de salas e uma trajetória predefinida é substituída por múltiplas possibilidades de acesso e navegação. É o visitante que determina seu percurso, tornando-se autor da (sua própria) história.[24] A seleção de obras para o segundo andar do museu inclui peças do acervo europeu e brasileiro, a grande maioria delas já tendo sido apresentada na exposição de longa duração do acervo do MASP — nos cavaletes de cristal e fora deles. Embora Lina tivesse escrito que "a obra de arte não é localizada segundo um critério cronológico", e assim pudesse oferecer uma alternativa à narrativa tradicional e estabelecida da história da arte, o que se vê nas fotografias da pinacoteca com os cavaletes de cristal são sempre agrupamentos por períodos, escolas, movimentos e territórios — arte do Brasil, da França, da Itália, seguindo efetivamente uma narrativa tradicional.[25] Desta vez, porém, o critério para a organização das obras do acervo no piso do segundo andar seguiu realmente uma cronologia rígida, com as obras dispostas de acordo com sua datação, seguindo, para seu posicionamento, o percurso de um padrão de meandro regular, em forma de onda, mais especificamente a onda sinusoidal, numa sucessão de 17 fileiras — das esculturas da deusa Higeia e dos guardiões chineses aos trabalhos de Maria Auxiliadora e de Marcelo Cidade. Nesse caso, por um lado, a cronologia rígida não coincide com a cronologia canonizada pela história da arte, com suas escolas, movimentos, territórios. Por outro lado, embora o posicionamento seja estritamente organizado de forma cronológica, não se espera que o visitante percorra o caminho tortuoso e meandrante dessa cronologia, mas de fato encontre seu próprio caminho e assim, finalmente, possa ser surpreendido por "um choque que despert[e] reações de curiosidade e investigação".

A pinacoteca-playgrounds-popular deve ser viva, dinâmica, constantemente atualizada.[26] Com Lina, mais uma vez: "é preciso se libertar das 'amarras', não jogar fora simplesmente o passado e toda a sua história: o que é preciso é considerar o passado como presente histórico, é ainda vivo, é um presente que ajuda a evitar as várias arapucas...".[27] Com a limitação de cerca de 110 obras que podem ser expostas no segundo andar, uma pequena parcela das mais de 8 mil obras do acervo, devemos considerar que a mostra de longa duração do acervo deva estar aberta para mudanças, ajustes e alterações ao longo dos anos, alinhando-se justamente à dimensão do jogo da pinacoteca-playgrounds-popular.

Entre as 119 obras selecionadas, há uma forte presença da arte figurativa, em detrimento do abstracionismo, reflexo do próprio interesse de Pietro e Lina. Por trás desse interesse, estava uma suspeita de que, numa abordagem mais formalista, a abstração resultaria numa despolitização

23. Cf. JAKOBSEN, A. S. "The Affects of Museum Architecture: Louvre Lens and Museu de Arte de São Paulo", no prelo, *The International Journal of Social, Political and Community Agendas in the Arts*. Champaign, Illinois, Estados Unidos: Common Ground Publishing. O texto faz uma comparação entre os projetos arquitetônicos e expográfricos do MASP e do museu Louvre Lens (2005-12), do escritório SANAA, dos japoneses Kazuyo Sejima e Ryue Nishizawa, que tomaram a pinacoteca do museu paulista como referência. A resposta aos críticos de Lina que afirmaram, ainda no século passado, que o partido da pinacoteca não tinha sido adotado por nenhum outro museu de maneira definitiva para exposições de longa duração do acervo, veio mais de quarenta anos depois de sua inauguração, com o Louvre Lens. Agradeço à autora por disponibilizar a consulta do manuscrito antes de sua publicação. Sobre o uso dos cavaletes de cristal em exposições temporárias, ver o texto de LIMA, Z. R. M. de A. intitulado "Memória por um fio e através de um pano de vidro", incluído neste livro.

24. Vale lembrar aqui a noção de "morte de autor" de Roland Barthes, anunciada um ano antes da abertura do MASP na avenida Paulista, em 1967: "Um texto é feito de escrituras múltiplas, oriundas de várias culturas e que entraram umas com as outras em diálogo, em paródia, em contestação; mas há um lugar onde essa multiplicidade se reúne, e esse lugar não é o autor, como se disse até o presente, é o leitor". (BARTHES, R. "A morte do autor". *O rumor da língua*. São Paulo: Martins Fontes, 2004, p. 64.) A mesma autonomia que é identificada no leitor ativo de Barthes, diante do que mais tarde ele chamará de texto *escritível* [*scriptible*, em francês, *writerly*, em inglês], é conferida ao espectador participante na pinacoteca-playgrounds-popular. Sobre o texto *escritível*, ver: BARTHES R. *S/Z*. Nova York: Noonday Press, 1988, pp. 5-6.

25. Não foi encontrada nos arquivos do MASP nenhuma lista consolidada das obras expostas nos cavaletes de cristal na pinacoteca, embora haja muitas fotografias.

26. A primeira etapa do *MASP em processo,* no primeiro andar do museu, configurava uma exposição nesses termos — viva, dinâmica, constantemente atualizada. Cf. nota 2. Além disso, tinha uma dimensão interativa, na medida em que o público podia sugerir obras do acervo, que estivessem na reserva técnica, para serem incluídas na mostra.

27. Trecho de conferência proferida por Lina Bo Bardi aos estudantes da FAUUSP e transcrita no texto "Uma aula de arquitetura". *Revista Projeto.* São Paulo, n. 133, 1990, pp. 103-108.

28. Nas décadas de 1940 e 1950, a abstração era promovida pelo empresário norte-americano Nelson Rockefeller (1908-1979) e pelo Museum of Modern Art (MoMA) de Nova York no contexto da "política de boa vizinhança" dos Estados Unidos com o Brasil. Ver LIMA, Z. R. M. de A. "Nelson Rockefeller and Art Patronage after World War II: Assis Chateaubriand, the Museu de Arte de São Paulo (MASP) and the Museu de Arte Moderna de São Paulo (MAM–SP)", 2010. Disponível em: www.rockarch.org/publications/resrep/lima.php.

14. Tomie Ohtake cumprimenta a rainha Elizabeth II da Inglaterra na inauguração do MASP na avenida Paulista, em 1968, com sua obra *Composição em amarelo* (1966) ao fundo [Tomie Ohtake greets Queen Elizabeth II of England at the inauguration of MASP on Avenida Paulista, in 1968, with her work *Composition in Yellow* (1966), in the background]

da arte.[28] Levando-se em consideração a história da formação do acervo — em contraponto a um entendimento hoje consolidado de que a abstração geométrica e seus desdobramentos desempenham papéis centrais na história da arte brasileira do século 20 —, essa primeira nova apresentação do acervo nos cavaletes de cristal concentra-se na arte figurativa. Outra diretriz foi a de trazer obras fora do cânone da história da arte ocidental e brasileira, oferecendo uma pinacoteca-playgrounds-popular mais diversa e plural. Por seu interesse histórico e localizado no Sul Global, o MASP encontra-se numa posição privilegiada para propor novas narrativas, desafiando as consolidadas visões eurocêntricas. Nesta primeira mostra, apontamos para essa possibilidade, que será aprofundada, com a inclusão, ainda que pontual, dos acervos de arte africana e arte asiática. Esse é o sentido também da presença de obras de artistas como Agostinho Batista de Freitas (1927-1997), Djanira da Motta e Silva (1914-1979), José Antônio da Silva (1919-1996) e Maria Auxiliadora (1938-1974), frequentemente deixados de lado da historiografia da arte brasileira tradicional por operarem fora do circuito ortodoxo de arte moderna e contemporânea e da academia.

O grande desafio para a pinacoteca-playgrounds-popular é o de retomar um diálogo com a arte contemporânea. Vale lembrar a presença, na inauguração da pinacoteca em 1968, de uma pintura de Tomie Ohtake (1913-2015), feita apenas dois anos antes — *Composição em amarelo,* 1966. A obra de Marcelo Cidade, *Tempo suspenso de um estado provisório,* 2011-2015, o único trabalho do século 21 nesta primeira seleção, aponta para essa direção, mas também coloca o próprio cavalete de cristal como objeto de reflexão institucional. A obra, na forma de um cavalete cujo cristal é marcado por balas de revólver, pode ser entendida como uma homenagem ao projeto de Lina Bo Bardi e, ao mesmo tempo, como memória de seu violento afastamento nas últimas décadas. Afinal, a retomada dos cavaletes não pode deixar de ser contextualizada também a partir da sua ausência. Tomar a ausência como ponto de inflexão e de suspensão é parte do processo de aprender com Lina.

Adriano Pedrosa, diretor artístico

CONCRETE AND CRYSTAL: LEARNING WITH LINA

Adriano Pedrosa

After nearly twenty years, MASP's collection is once again being shown on the crystal easels designed by Lina Bo Bardi (1914–1992). In a period of celebrations around the centennial of the birth of the visionary architect, whose work is increasingly, albeit belatedly, recognized as innovative and influential for a new generation of architects, artists, critics, historians, curators and thinkers,[1] it is not by mere coincidence that the museum is revisiting her production and ideas. MASP's building is one of Lina's most important works, so it seems that there is no better place than this at which to rethink and reconsider not only her lessons for the practice of design and architecture, but also her thinking in relation to art and culture in a wider—political and multidisciplinary—sense.

The year 2015 was dedicated to reflection and to a focus on the museum's collections, archives, history and programs, as well as the transformations it has undergone in regard to its architecture and exhibition designs. In two steps, the exhibition *MASP em processo* [MASP in Process] rediscovered the architecture on each floor of the building. The partitions that had divided the galleries into different rooms, and also covered windows, were removed initially on the ground and basement floors, then finally on the museum's second floor, with the aim of offering more spacious settings, free of divisions, closer to MASP's original design.[2] This process included the reconstruction of three of the museum's historical exhibition designs that Lina had created for the institution before it was installed in the building on Avenida Paulista. This work, carried out in partnership with Metro Arquitetos, reconstructed three exhibition designs: two conceived for MASP at its location on Rua 7 de Abril, held in 1947 and in 1950, along with another one for an exhibition of MASP's collection at Fundação Armando Alvares Penteado, (FAAP) in 1957-59.[3] These exhibition designs already anticipated concerns with opening, lightness and suspension. Thus, besides revisiting the collection, the shows revealed the architect's path that led up to the design of the crystal easels—also called glass easels.

1. The recent exhibitions and publications about the architect's work include: the 12th International Architecture Exhibition of the Venice Biennale (curated by Kazuyo Sejima, 2010), *Lina Bo Bardi: Together* (curated by Noemi Blager, organized by the British Council, London, 2012, which traveled to Vienna, Basel, Paris, Stockholm, Amsterdam, Berlin, Milan, Treviso and Chicago in 2013–15), *The insides are on the outside* (curated by Hans Ulrich Obrist, Casa de Vidro, Instituto Lina Bo e P.M. Bardi, 2012–13), *Maneiras de expor—arquitetura expositiva de Lina Bo Bardi* (curated by Giancarlo Latorraca, Museu da Casa Brasileira, São Paulo, 2014), *Lina gráfica* (curated by João Bandeira and Ana Avelar, Sesc, São Paulo, 2014), *A arquitetura política de Lina Bo Bardi* (curated by André Vainer and Marcelo Ferraz, Sesc, São Paulo, 2014), *Lina Bo Bardi* and 3 *sites—Lina Bo Bardi* (curated by Roger M. Buergel, Johann Jacobs Museum, Zürich, Switzerland, 2014), *Lina Bo Bardi in Italia* (curated by Margherita Guccione, Museo Nazionale delle Arti del XXI Secolo, Rome, 2014–15), *Lina Bo Bardi* 100: *Brazil's Alternative Path to Modernism* (curated by Andres Lepik and Simone Bader, Architekturmuseum der TU München—Pinakothek der Moderne, Munich, Germany, 2014–15), and LIMA, Z.R.M. de A. *Lina Bo Bardi*. New Haven: Yale University Press, 2013.

Revisiting this path is not merely a nostalgic or fetishist return to the exhibition designs that culminated in a device that has now become iconic. The aim is to recover the political and critical dimension of these proposals, considering them not as an end in and of themselves, but as a starting point for new developments, comprehending their limitations and functions, as well as their potentials for the future. In this context, there is an understanding that the space should be perceived wholly, clearly and in a single way by the visitors, who can thus dominate it in their personal vision and understanding, rather than being submitted to it—either by divisions that separate the space into different rooms, or by a predetermined, authoritative exhibition path. The architecture can thus become spacious, open, transparent, fluid and permeable, with multiple possibilities of access and reading, assuming a more human and democratic aspect. Lina's proposal is understood as linking, on the one hand, the formal and spatial presence of the architecture, and, on the other, the subjective, individual, organic and intangible character of its experience.

The exhibitions of the art collections of Brazil, France and Italy offered an opportunity to research the documents found in the museum's historical and iconographic archives in order to reveal them to the public for the first time. Shown on the same wall alongside the paintings there were photographs, catalogs, press clippings and documents about donations, acquisitions, loans, attributions and exhibitions. The proposal was to consider the artwork not only in the context of the history of art, but also in its social and political relation with MASP, with São Paulo and with Brazil. Showing the documents together with the paintings, installed vertically on the same surface, lent them a new status, in open dialogue with the artworks. The crystal easels, as we will see below, point to a new desacralization of the artworks, stripping away their aura of "objects from another world." The documents point to another sort of desacralization, in a more down-to-earth, experienced and real context.[4] The artworks are revealed as objects with a long history of purchases, sales, advertisements, circulations, and promotions, objects with a price and value now shown to the public. Another layer of history is revealed to the spectator—a history that goes beyond the history of art.[5]

Concrete: a rough, crude, hard, raw, opaque and heavy material. *Crystal*: a delicate, fragile, refined, light, transparent and precious material. While the easel's concrete base gets chipped and loses its smoothness and polish over the years, the crystal remains erect, suspended, clear and clean. The clashing of materials can be considered as a symbolic essence expressed in the radical crystal easels—display devices created by the architect Lina Bo Bardi for the MASP building on Avenida Paulista in 1968.[6] The term *crystal easels* itself points to an interest in this clashing. After all, the easels are made of glass, so using the word crystal to refer to them involves some poetic license. If there is clashing between the concrete and the crystal—and this is the main thread of this text—on the other hand, they share the quality of being cold materials. More contrasts would arise around other materials used in their construction, which are "hot": wood and rubber, with their organic, soft, malleable and warm associations. It is the wooden shim, wedged with a piece of rubber, which allows the glass—or crystal—to be fit into the easel's concrete base.

These clashings are emblematic of an entire project and program, of a configuration and concept of a museum, which was eloquently expressed at the opening of the building on Avenida Paulista to the public

2. The first step occurred between December 12, 2014, and March 8, 2015, the second, between September 8 and October 18, 2015. In the first one, there was also an exhibition of the works from the collection, according to the wall text: "A kind of prologue or transition essay, it does not configure a finished, traditional exhibition, with a predefined list of works. Instead, what will be revealed to the public, as the title implies, is precisely a *process*—of installation, research of the collection, and rediscovery of the architecture of the museum."

3. In the gallery on the museum's second sublevel, the exhibitions *Art from Brazil up until* 1900 (March 26 through June 6, 2015) and *Art from Italy: From Raphael to Titian* (June 26 through October 4, 2015) reconstructed MASP's exhibition design at FAAP. In the first exhibition, the four panels had exactly the same length (18 meters each) and the same height as the original ones, painted white; in the second show, the sections of the panels were combined and painted gray, resulting in two 24-meter-long panels. Solutions created some years before, in 1947, for MASP on Rua 7 de Abril, were revisited for certain works—two paintings by Victor Meirelles, *Dom Pedro II* (1864) and *Dona Tereza Cristina* (1864), in *Art from Brazil up until* 1900; by Pietro Perugino and studio, *St. Sebastian at the Column* (1500–10); and by Titian, *Portrait of Cardinal Cristoforo Madruzzo* (1552), in *Art from Italy: From Raphael to Titian*. In the gallery on the museum's first floor, in *Art from Brazil in the 20th century* (April 10 through June 26, 2015) and *Art from France: From Delacroix to Cézanne* (July 17 through November 8, 2015), we took as a basis the exhibition design with the panels suspended by steel cables at MASP on Rua 7 de Abril inaugurated in 1950. In the first exhibition, the three sizes of panels of the system developed by Lina were used, painted white; at the following exhibition, only the two larger ones were used, this time painted gray.

4. MASP's collections contain more than 500 thousand items, many of which are fundamental for the understanding of Brazil's social, cultural and political life from the 1940s onward, when most of the European collection was acquired, in the United States and Europe. All of this extraordinary material offers the

in 1969.[7] On the second floor, in the picture gallery, MASP's precious collection—the most important one of European art in the Southern Hemisphere, with artworks ranging from the Renaissance to post-impressionism, while also including Brazilian art, extraordinarily acquired in the 1940s and 1950s by the museum's founding director Pietro Maria Bardi (1900–1999) and the businessman, politician and patron of the arts Assis Chateaubriand (1892–1968)—the artworks were removed from the wall, suspended in the air, giving rise to contrasts among the works which, as Lina wrote, "provoke a shock that kindles reactions of curiosity and investigation."[8] In the outdoor space under the free span at ground level, the show *Playgrounds*, by artist Nelson Leirner, then 36 years old, presented sculptures with which the public could interact. Outside the building, as an *extramuros* exhibit, though still in the territory under the museum, *Playgrounds* invited the passive visitor to become an active participant in the museum's programming, adding further openness and permeability to the relationship between the museum and the street, the exterior and the interior, art and life. The free span is the territory of the city, administered by the city government; therefore, the city cuts through MASP even as it is simultaneously sheltered by it.[9] On the first floor, the exhibition *A mão do povo brasileiro* [The Hand of the Brazilian People] featured more than two thousand objects, including gargoyles, ex-votos, saints, fabrics, clothing, furniture, tools, kitchen utensils, musical instruments, decorations, toys and religious figures, as well as painting and sculpture. The exhibition was an unfolding of two previous shows, organized by Lina—*Bahia no Ibirapuera* [Bahia at Ibirapuera], held in São Paulo, in 1959, and *Civilização do Nordeste* [Civilization of the Northeast], the inaugural show of the Museu de Arte Popular do Solar do Unhão, in Salvador, in 1963—and instated a clashing between popular art and so-called refined art. This popular/playgrounds/picture gallery triad can be understood as a further clashing, but mainly as a configuration and concept, a museum project and program which, although announced in 1969, was never fully and profoundly developed—and this is a path that remains singular and relevant. If the year 2015 was dedicated to exhibitions of the museum's collections, some of them never before seen by the public,[10] in the year 2016 we will begin to revisit some historical exhibitions. And, not by chance, two of them are precisely *Playgrounds* and *A mão do povo brasileiro*.

The absence—or more recently the tearing down—of the walls on the museum's second floor bears a decolonizing potential:[11] with the collection on the crystal easels and an open floor plan, the idea is to eliminate the "cultural snobbery," "remove the air of the church from the museum,"[12] in the words of Lina, desacralizing the building and its works, removing their aura of "objects from another world." Contesting the traditional valorization of the artworks as luxury goods and precious objects, Lina presented them as products of an artistic labor, linked to everyday life. The crystal easels offered an alternative to the classical exhibition design of exhibitions of fine art, with their refined and luxurious finishings. The decolonization of the museum and of the history of art necessarily included a new way of displaying and articulating the collection, contesting the traditional museology and history of art—that "Esperanto of European hegemony," indispensable for the Europeanization of the world, in the terms of art historian Donald Preziosi.[13] As stated by Lina, "A reexamination of the nation's recent history is required. An assessment of Brazilian 'popular' civilization is necessary even if it is poor in light of high culture. This assessment is not the assessment of folklore, which is always paternalistically supported by high culture; it is the assessment 'seen from the other side,'

necessary information and contexts for a variety of unique approaches, beyond the structures of belief and power already consolidated by the established narratives of the history of art and culture. Such approaches can enlarge the experience of the public that visits the museum. In the future, the backs of the easels will include facsimiles of part of these documents, expanding on the original idea of the didactic panels, which bore texts and images that contextualized the artwork in the history of art. This is a work of research and reflection in process, which also keeps the collection alive in this dimension.

5. Part of these reflections was developed in the texts of the catalogs of the exhibitions *Arte da Itália: de Rafael a Ticiano*, and *Arte da França: de Delacroix a Cézanne* (São Paulo, MASP, 2015). I am grateful to the curators Tomás Toledo and Fernando Oliva, who worked with me, respectively on those texts.

6. MASP was inaugurated by Queen Elizabeth II of England on November 7, 1968, but was only opened to the public five months later, on April 7, 1969.

7. The projects and figures of Lina and of Pietro can be considered as contrastive, to a certain degree clashing with one another. Pietro, a man with firm interests in 19th-century art, and Lina, a modern woman, configured a thesis and antithesis, and MASP was thus a synthesis of two views, which always clashed. I discussed this subject in an interview with the *Folha de S.Paulo*, published on April 26, 2015, and was contested by Renato Anelli, in an article published in the same newspaper on May 10, 2015, which understood the views of Lina and Pietro not as opposite, but rather as complementary. For my part, my view was based on a reading of various texts, conversations and reports. See, for example, CARVALHO, M.C. *Folha de S.Paulo*. October 2, 1997, in the special supplement on MASP's 50 years, and MIYOSHI, A. "Acervo suspenso." *Arquitetura em suspensão, o edifício do Museu de Arte de São Paulo*. São Paulo: Editora Autores Associados, 2011, p. 127 ff. More recently, a statement given to me at MASP by artist Edmar de Almeida,

a close friend of Lina's from the 1970s onward and with whom the architect worked for the *Repassos: exposição-documento. Edmar José de Almeida e as tecedeiras do Triângulo Mineiro* (MASP, 1975), described the couple with the following expression: "one was the sun and the other was the moon."

8. BARDI, L. B. "Museu de Arte de São Paulo". *In:* FERRAZ, M. (ed.). *Museu de Arte de São Paulo, Lina Bo Bardi,* 1957–68. São Paulo: Instituto Lina Bo e P. M. Bardi; Lisbon: Editorial Blau, 1997, p. 4.

9. Lina herself gave a well-known explanation about the free span: "MASP's famous free span was not an eccentricity, which in popular jargon could be called 'architectural fanciness.' It was because the land, where the old Trianon Belvedere had once stood, was donated by a São Paulo family with the condition that the view must forever be maintained, for it to remain always in the city's history. The view could never be destroyed, otherwise the land would revert to the heirs." BARDI, L. B. *Op. cit.*, pp. 4 and 8.

10. The exhibitions *Histórias da loucura: desenhos do Juquery* (June 12 through October 11, 2015) and *Arte na moda: coleção MASP Rhodia* (October 23, 2015, through February 14, 2016) showed for the first time the complete sets of the works donated in 1974 and 1972, respectively, to the museum. The exhibition *León Ferrari: entre ditaduras* (October 23, 2015, through February 21, 2016), showed for the first time various artworks donated by the artist in 1991, and its catalog reproduced the complete set of the artist's artworks in the museum's collection.

11. In the words of Marcelo Ferraz: "it is the decolonized Museum. The Museum of the New World, which struggles against our inferiority complex, our worst inheritance from colonization and slavery". See the article: "Uma ideia de museu," 1999. Available at: http://www.forumpermanente.org/revista/edicao-0/textos/uma-ideia-de-museu.

12. BARDI, L. B. "Explicações sobre o Museu de Arte." *O Estado de S. Paulo*. April 5, 1970, reproduced in this book.

the participative assessment. It is Aleijadinho (1730–1814) and Brazilian culture before the French Mission. It is the Northeasterner dressed in leather and with empty tin cans, it is the inhabitant of the little towns, it is the Afro-Brazilian and the Indian, a mass that invents, which makes an undigested, dry, and hard to digest contribution."[14] Finding new articulations to display the art on the basis of the collection itself—not tied to a Eurocentric history, dictated by the styles and tastes of the dominant classes—is the great challenge that is still posed for us today.[15]

"The Museu de Arte de São Paulo is popular,"[16] wrote the architect in 1970. It was after her experience in the 1960s in Bahia that Lina matured MASP's design, with its "poor architecture."[17] In the building, rough, crude and raw materials—like the visible concrete without refined finishing, the rubber flooring, the glass, the metallic supporting structures and air-conditioning equipment—are exposed without subterfuge,[18] in a sort of Brechtian strategy, free from scenographies or disguises, revealing the truth and rawness of the materials and their construction.[19] The same Brechtian strategy can be perceived in the easels, with their supporting structure and construction totally exposed to the visitor, as is also the back of the painting—the other side of the artwork, never before revealed to the public in a museum of fine arts. The painting is no longer a window to the world. Eight years before Brian O'Doherty published his famous critique of the white cube, in 1976 in *Artforum,*[20] Lina proposed a transparent cube, a poor cube, a rough cube, a popular cube, a lived cube.

The setup with the easels brings the visitor closer to the collection, fostering a more direct and frank relationship, without the separation imposed by the walls. Upon walking through the picture gallery on the second floor in a "nearly familiar"[21] way, in Lina's words, free of rooms that define a predetermined exhibition path, the spectators can observe the artworks from every side, tracing their own paths, constructing their own histories and narratives, and effectively becoming protagonists of this new experience, through a sort of "pedagogy of emancipation."[22] This gives rise to the idea of a relational approach to the architecture of museums and their collections, underscoring their sensorial aspects and emphasizing the visitor's affective and participative dimension.[23]

The deconstruction and decolonization of the history of art told in the traditional and orthodox way, presented by way of a succession of rooms with a predefined path, is substituted by multiple possibilities of access and navigation. It is the visitor who determines his or her way, becoming the author of (his or her own) history.[24] The selection of works for the museum's second floor includes pieces from the European and Brazilian collection, the vast majority of which have already been presented in the long-term exhibition of MASP's collection—on the crystal easels and off of them. Although Lina had written that "the artwork is not localized according to a chronological criterion," and could thus offer an alternative to the traditional and established narrative of art history, what is seen in the photographs of the picture gallery with the crystal easels is that they were always grouped by periods, schools, movements and territories—art of Brazil, of France, of Italy, effectively following a traditional narrative.[25] This time, however, the works in the collection are organized on the second floor following a rigid chronology, with the pieces positioned in accordance with the dates of their making, in an order that establishes a regular path in the form of a wave, more specifically a sinusoidal wave, in a series of 17 rows—from the sculptures of the goddess Hygeia and the Chinese guardians to the works by Maria Auxiliadora (1938–1974) and Marcelo Cidade. In this case, the rigid chronology does not coincide with the chronology canonized by the history of art, with its schools, movements and territories, and even though the positioning is strictly organized chronologically, the visitor is not expected to follow the twisting and meandering path of this chronology, but rather to find his or her own route and thus, finally, be surprised by "a shock that kindles reactions of curiosity and investigation."

The popular/playgrounds/picture gallery should be dynamic and constantly updated.[26] In Lina's words, once again: "it is necessary to break free from the 'bonds,' to not simply throw away the past and all its history: it is necessary to consider the past as a historical precedent; it is still alive, it is a present that helps to avoid the various pitfalls...."[27] With the limitation of about 110 artworks that can be displayed on the second floor, a small part of a collection of about eight thousand pieces, we should consider that the long-term exhibition of the collection should be open to changes, adjustments and modifications over the years in alignment with the idea of the popular/playgrounds/picture gallery triad.

Among the 119 selected artworks there is a strong presence of figurative art, rather than abstraction, reflecting the interest of Pietro and Lina. This interest was underpinned by qualms that in a more formalist approach the abstraction would result in a depoliticization of art.[28] Taking into consideration the history of the collection's formation—in counterpoint to a currently consolidated understanding that geometric abstraction and its unfoldings played central roles in the history of 20th-century Brazilian art—this first new presentation of the collection on the crystal easels is concentrated on figurative art. Another guideline was to include artworks from outside the canon of the history of Western and Brazilian art, providing a more diverse and plural popular/playgrounds/picture gallery. For its historical interest and for being located in the Global South, MASP is in a privileged position to propose new narratives, challenging the consolidated Eurocentric views. In this first show, we are pointing to this possibility, which will be deepened, with the inclusion, even though sporadic, of collections of African and Asian art. This is also the reason for the presence of artworks by artists such as Agostinho Batista de Freitas (1927–1997), Djanira da Motta e Silva (1914–1979), José Antônio da Silva (1919–1996) and Maria Auxiliadora, often ignored by the traditional historiography of Brazilian art for lying outside the orthodox circuit of modern and contemporary as well as academia.

The overriding challenge for the popular/playgrounds/picture gallery is that of resuming a dialogue with contemporary art. It is worth recalling the presence, at the inauguration of the picture gallery in 1968, of a painting by Tomie Ohtake (1913–2015), made just two years before—*Composição em amarelo* [Composition in Yellow], 1966. The work by Marcelo Cidade, *Tempo suspenso de um estado provisório* [Suspended Time of a Provisory State], 2011–2015, the only artwork from the 21st century in this first selection, points in this direction, but also turns the crystal easel itself into an object of institutional reflection. The work, in the form of an easel, is marked by the bullets of a revolver, and can be understood as an homage to Lina Bo Bardi's design and, at the same time, as a memory of their violent removal in recent decades. After all, the resumption of the easels cannot help but be contextualized based on their absence. Taking absence as an ellipsis and turning point is part of the process of learning with Lina.

Adriano Pedrosa, artistic director

13. The citation is from Donald Preziosi ("The Art of Art History." *In* PREZIOSI, D. (ed.). *The Art of Art History: A Critical Anthology.* Oxford, New York: Oxford University Press, 1998, p. 513. A version in Portuguese of this text will be published in a future issue of MASP's *Boletim.* Also see PEDROSA, A. "Histórias mestiças são histórias descolonizadoras." *In:* PEDROSA, A. and SCHWARCZ, L. M. *Histórias mestiças.* São Paulo: Instituto Tomie Ohtake; Rio de Janeiro: Cobogó, 2015. Exhibition Catalog.

14. BARDI, L. B. "Um balanço dezesseis anos depois." *Tempos de grossura, o design no impasse.* São Paulo: Instituto Lina Bo e P. M. Bardi, 1994, p. 12.

15. The notion of *histórias*, in Portuguese—unlike the English *history*—is open, plural, unfinished and nontotalizing, encompassing not only historical reports of a political, economic and social character, but also personal and fictional narratives. In this sense, MASP's program for the next years foresees a series of exhibitions that are both trans-historic as well as multidisciplinary: histories of insanity, histories of childhood, histories of slavery, Amerindian histories, histories of colonization, histories of underdevelopment, histories of the tropics, histories of Carnival, and feminist histories.

16. BARDI, L. B. *Op. cit.*

17. BARDI, L. B. "Museu de Arte de São Paulo." *Op. cit.*, p. 8.

18. A passage from a typewritten text in Italian with the title "Reportage," found in the archives of Instituto Lina Bo e P. M. Bardi, probably written in 1967–68 by Pietro or Lina reveals this concern: "In the completely glassed-in collection display area the air-conditioning equipment was in plain sight. The ceiling of raw cement conserves all the marks of the building's construction; the reflection of its whitewashed surface lights the entire setting with iodine vapor lamps situated on two lateral structures of Mannesmann tubes. A system of aluminum blinds protectively modulates the daylight." I am grateful to Eugênia Gorini Esmeraldo for recommending this document to me and translating it.

19. It is interesting to recall that, in 1971, three years after the inauguration of MASP, the design for the Centre Georges Pompidou, in Paris, conceived by Renzo Piano, Richard Rogers and Gianfranco Franchini, was selected in an international competition judged by Oscar Niemeyer, Jean Prouvé and Philip Johnson. The design, with a public square not under the building, but in front of it, exposed the museum's structures without subterfuges, making ample use of transparency. In 2007, when Rogers received the prestigious Pritzker Prize, the jury's words seem to describe its predecessor in São Paulo: the Pompidou "revolutionized museums" [...] "transforming what had once been elite monuments into popular places of social and cultural exchange, woven into the heart of the city." Cited in POGREBIN, R. "British Architect Wins 2007 Pritzker Prize" *The New York Times*, March 28, 2007. I am grateful to Julieta González for reminding me about the relationship between the Pompidou and MASP.

20. O'DOHERTY, B. "Inside the White Cube, The Ideology of the Gallery Space." *Artforum*. New York, 1976, and later published in a book with the same title (Berkeley and Los Angeles: University of California Press, 1999).

21. BARDI, L.B. "Explicações sobre o Museu de Arte." *O Estado de S. Paulo*. April 5, 1970.

22. Concerning the "pedagogy of emancipation," see FISCHER, S.V. "The Horizons of Lina Bo Bardi: The Museu de Arte de São Paulo in the Context of European Postwar Concepts of Architecture" *In:* LEPIK, A. and BADER, V.S. (eds.). *Lina Bo Bardi 100: Brazil's Alternative Path to Modernism*. Ostfildern, Germany: Hatje Cantz Verlag and Munich: Archtekturmuseum der TU München, 2014.

23. See: JAKOBSEN, A.S. "The Affects of Museum Architecture: Louvre Lens and Museu de Arte de São Paulo." *In*: press. *The International Journal of Social, Political and Community Agendas in the Arts*. Champaign, Illinois, United States: Common Ground Publishing. The text makes a comparison between the architectural and exhibition designs of MASP and those of the Louvre Lens Museum (2005–12), by the SANAA architectural firm of Japanese architects Kazuyo Sejima and Ryue Nishizawa, who took MASP's picture gallery as a reference. The response to Lina's critics who stated, still in the last century, that the picture gallery's approach had not been adopted by any other museum in a definitive way for long-term exhibitions of their collection, came more than 40 years after its inauguration, with the Louvre Lens. I am grateful to the author for allowing me to look at the manuscript before its publication. Concerning the use of crystal easels in temporary exhibitions, see the text by LIMA, Z.R.M. de A., entitled "Memory by a Thread and Through a Glass Sheet," included in this book.

24. Mention should be made here of Roland Barthes's notion of the "death of the author", announced one year before the opening of MASP on Avenida Paulista, in 1967: "A text is made of multiple writings, drawn from many cultures and entering into mutual relations of dialogue, parody, contestation, but there is one place where this multiplicity is focused and that place is the reader, not, as was hitherto said, the author." (BARTHES, R. "The Death of the Author." *Image-Music-Text*. New York: Noonday Press, 1988, p.148.) The same autonomy that is identified in Barthes's active reader, in light of which he would later call the text *writerly* [*scriptible*, in French] is conferred to the participating spectator of the playgrounds/popular/picture gallery. Concerning the *writerly* text, see BARTHES, R. *S/Z*. New York: Noonday Press, 1988, pp.5-6.

25. A search of MASP's archives did not reveal any consolidated list of the works shown on the crystal easels in the picture gallery, although there are many photographs.

26. The first step of *MASP em processo*, on the museum's first floor, configures an exhibition in these terms—alive, dynamic, constantly updated. See footnote 2. Moreover, it had an interactive dimension, insofar as the public could suggest works from the collection that were in storage to be included in the show.

27. Passage from the conference presented by Lina Bo Bardi to the students of FAUUSP and transcribed in the text "Uma aula de arquitetura." *Revista Projeto*. São Paulo, n.133, 1990, pp.103–108.

28. In the 1940s and 1950s, abstraction was promoted by North American businessman Nelson Rockefeller (1908–1979) and by the Museum of Modern Art (MoMA) of New York in the context of the United States' Good Neighbor Policy with Brazil. See LIMA, Z.R.M. de A. "Nelson Rockefeller and Art Patronage after World War II: Assis Chateaubriand, the Museu de Arte de São Paulo (MASP) and the Museu de Arte Moderna de São Paulo (MAM–SP)." 2010. Available at: www.rockarch.org/publications/resrep/lima.php.

15. Vista da exposição *MASP em processo* [View of the exhibition *MASP in process*], 2015

CONCRETO E CRISTAL: ARQUITETURA

Martin Corullon

Embora fosse de outra ordem a principal discussão em torno dos cavaletes de cristal, aspectos técnicos e de segurança se sobrepuseram e foram os principais argumentos oficiais para a sua desmontagem. Há quase vinte anos fora do MASP, voltam à exposição em uma reconstrução que dedica especial atenção a esses mesmos aspectos técnicos.

Superadas as ressalvas técnicas, será possível agora rever e reavaliar as intenções originais, seus efeitos e sua brilhante formalização — a desmaterialização quase total do suporte, paradoxalmente obtida através de técnica rudimentar e de uma materialidade expressiva, mecanismo recorrente na poética de Lina Bo Bardi (1914-1992). Os cavaletes de cristal podem ser considerados parte do acervo e patrimônio do museu, não apenas por sua importância na história dos modos de expor obras de arte, mas pela conexão íntima de suas origens com os espaços imaginados por Lina para o edifício do MASP.

O projeto de reconstrução dos cavaletes estabeleceu suas premissas e seus objetivos a partir de uma pesquisa extensa sobre toda a documentação disponível relacionada a eles. A maior parte do material é composta por imagens de um protótipo e das diversas configurações de montagem da pinacoteca do museu ao longo dos quase trinta anos em que foram utilizados. Com a exceção de um croqui de Lina, não há, no centro de documentação do MASP ou no Instituto Lina Bo e P. M. Bardi, registros de projeto, levando-nos a crer que foi desenvolvido de forma bastante empírica. Outras fontes muito relevantes foram a análise e o levantamento detalhados dos vários tipos de cavalete remanescentes e, especialmente, relatos sobre o funcionamento do sistema fornecidos por quem participou das montagens anteriores e ainda integra a equipe do museu.

O sistema, muito simples, é composto por uma base pesada em concreto, para manter o conjunto estável, e uma lâmina de vidro, com a função de fixar a obra em posição adequada à observação. A fixação do vidro à base se dá por meio de uma cunha em madeira e um parafuso, que permite pressionar o vidro, mantendo-o seguro. Nas áreas

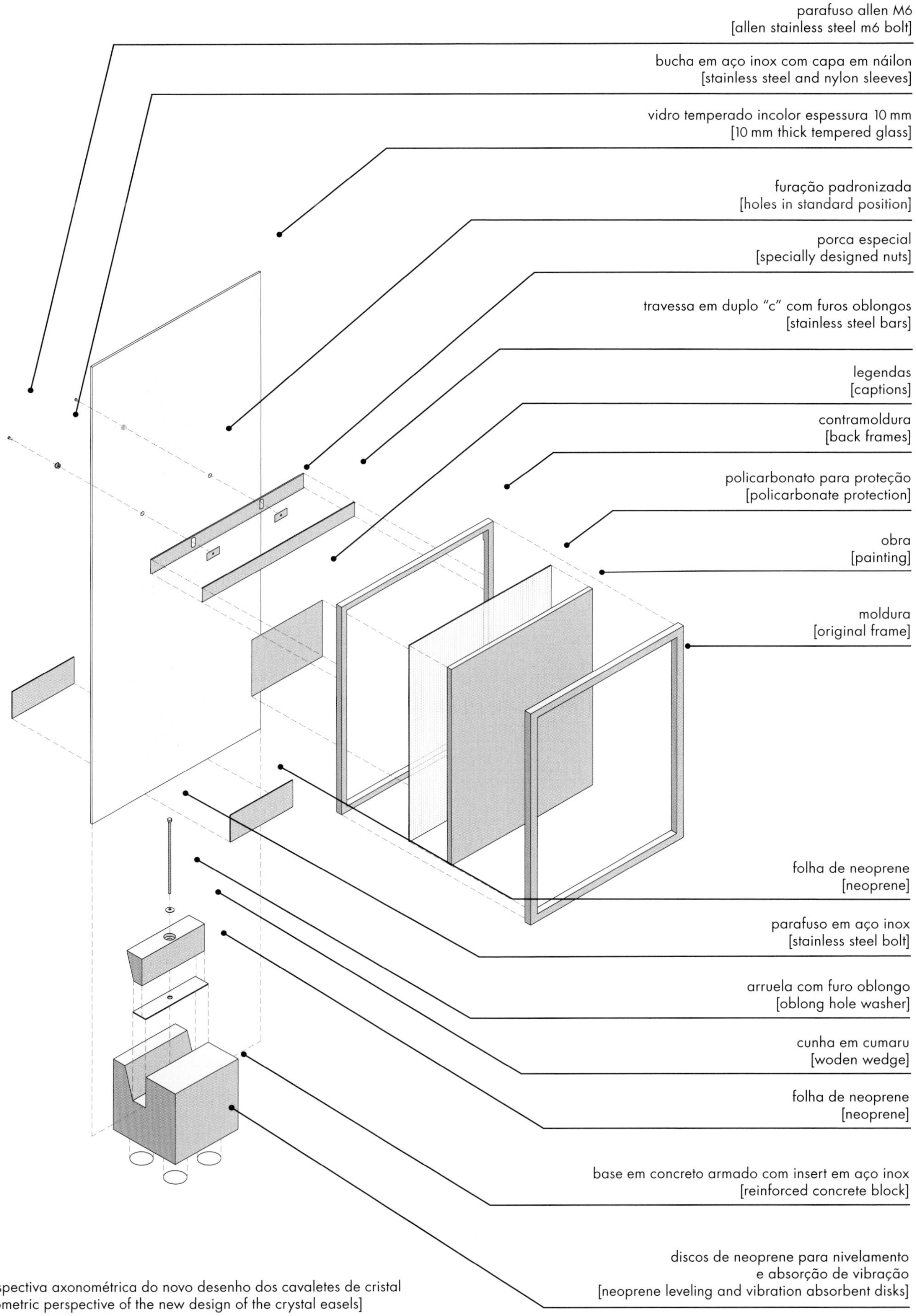

16. Perspectiva axonométrica do novo desenho dos cavaletes de cristal
[Axonometric perspective of the new design of the crystal easels]

de contato do vidro com a madeira e o concreto há uma manta de proteção em borracha.

Foram promovidas algumas mudanças no desenho das peças, no entanto, os materiais e o princípio de funcionamento do conjunto foram rigorosamente mantidos. Os principais ajustes foram feitos no sentido de garantir maior resistência aos blocos de concreto; incorporar a possibilidade de nivelamento do conjunto; permitir o funcionamento pleno da cunha com um sistema de aperto com maior eficiência e durabilidade; padronizar a dimensão e furação dos vidros para permitir a substituição de obras sem a necessidade de substituir também o vidro (na versão original, cada vidro correspondia a uma única obra, com furos em posições específicas); aumentar a proteção às arestas dos vidros para evitar rupturas e reduzir possíveis vibrações indesejáveis, com o uso de amortecedores adequados.

A seguir, são descritas as peças que integram o sistema e as alterações realizadas.

BASE

Ao cubo em concreto, foi introduzida uma armação de aço interna a fim de evitar seu rompimento. Além disso, foi concretada no interior do bloco uma peça em aço inox que permite o alojamento da porca inferior e garante a integridade do canal interno pelo qual passa o parafuso, especialmente em suas bordas. Também foram feitos rebaixos na face inferior do cubo para o alojamento dos calços, necessários para nivelar o conjunto no piso irregular do museu, substituindo as cunhas improvisadas de madeira anteriormente empregadas.

Foram mantidas as dimensões e proporções originais e a utilização de formas de madeira bruta, com o uso de concreto em traço convencional, para manter o aspecto original.

CUNHA

A cunha em madeira maciça recebeu apenas um rebaixo, para o alojamento da cabeça do parafuso, e um alargamento do canal central, para permitir a movimentação do parafuso quando pressionada. Nas peças originais, a contradição entre o movimento necessariamente diagonal da cunha e a posição vertical do parafuso implicava inevitavelmente sua deformação.

PEÇAS DE FIXAÇÃO E PRESSÃO DA CUNHA AO BLOCO

O sistema original contava com um parafuso, cuja cabeça ficava sob o cubo, em contato direto com o concreto, com a rosca aflorando acima da face superior da cunha em madeira. Sobre a cunha, uma porca e arruela simples permitiam o aperto do sistema. O novo desenho inverte a posição do parafuso, mantendo a cabeça na parte superior, em um alojamento na cunha em madeira, e a porca próxima ao chão. Uma arruela com furo oblongo na parte superior garante o aperto sem danificar a madeira e permite o deslocamento do parafuso para absorver as diferenças de alinhamento provocadas pelo movimento diagonal da cunha. Na parte inferior, a porca está alojada em um recesso criado no concreto e conta com uma arruela em neoprene.

VIDRO

Os vidros seguem as especificações originais, embora com qualidade superior, dada a evolução dos métodos de fabricação e controle da

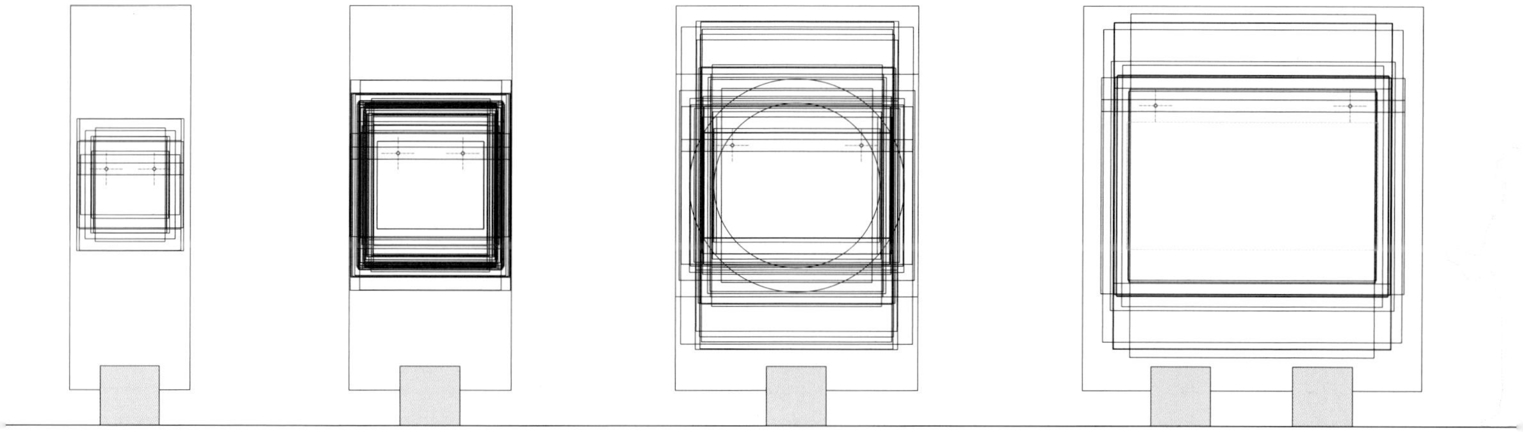

17. Diagrama com a sobreposição de todas as pinturas, nos respectivos cavaletes em quatro tamanhos diferentes de vidro, incluídas na montagem da coleção em dezembro de 2015 [Diagram with superimposition of all the paintings in their respective easels, in four different glass sizes, included in the collection display in December 2015]

produção. São temperados, com 10 mm de espessura, e foram fabricados em quatro larguras (0,75 m, 1,00 m, 1,50 m e 2,20 m, este último nunca produzido, embora constasse do croqui original), todos com a mesma altura (2,40 m).

A furação mantém um padrão de distância entre o eixo de exposição das obras e entre os dois furos para cada largura de vidro.

FIXAÇÃO DAS OBRAS AO VIDRO: BUCHAS, PARAFUSOS E TRAVESSAS

A maior adaptação feita ao sistema foi o modo de fixação das obras ao vidro. Com a finalidade de torná-lo mais flexível, permitindo a montagem de diferentes obras em um mesmo suporte, foi introduzida uma barra em aço inox fixada nas contramolduras — peças em madeira instaladas na parte posterior de todas as obras a serem expostas. Com furação oblonga na mesma posição-padrão da furação dos vidros, a travessa permite fixar e nivelar a obra de modo rápido e seguro. Para proteger as arestas dos furos no vidro e garantir a segurança da fixação, foram produzidas buchas em aço inox que alojam a cabeça do parafuso, encapadas por proteção em náilon, evitando o contato direto do aço com o vidro.

CALÇOS E MANTAS DE PROTEÇÃO

O material das mantas de borracha de proteção do vidro foi substituído por mantas elastoméricas com maior durabilidade e resistência, já que a utilizada originalmente ressecava e perdia gradativamente a elasticidade. Desse mesmo material foram feitos calços em diversas alturas. Essas peças, colocadas sob a base em rebaixos feitos na face inferior do cubo de concreto, permitem nivelar o conjunto e, simultaneamente, absorver vibrações que possam ser prejudiciais às obras. A dureza e o grau de absorção de vibração do material — normalmente empregado em dispositivos antivibração industriais — foram determinados após a identificação das frequências predominantes no segundo pavimento do museu, por meio de medição especializada.

Martin Corullon, Metro Arquitetos Associados

CONCRETE AND CRYSTAL: ARCHITECTURE

Martin Corullon

Although the main discussion around the crystal easels was of another order, the official arguments for their removal primarily mentioned technical and safety issues. Now, after a nearly twenty-year absence when they were only used in other places, they are coming back into use at MASP, in a reconstruction that dedicates special attention to those same technical aspects.

Now that the technical issues have been resolved, it will be possible to take a new look at their original aims, effects and formalization—the nearly total dematerialization of the support, paradoxically obtained through a rudimentary technique and from an expressive materiality, a recurrent mechanism in Lina Bo Bardi's (1914–1992) poetics. The crystal easels can be considered as part of the museum's collection and heritage, not only for their importance in the history of the ways of showing art, but also in light of the intimate link between their origin and that of the spaces conceived by Lina for the MASP building.

The premises and aims for the project of reconstructing the easels were based on extensive research into all the available documentation related to them. Most of the material consists of pictures of a prototype and of various configurations of exhibition setups in the museum throughout the span of nearly thirty years that they were used there. With the exception of a sketch by Lina, neither MASP's documentation center nor that of Instituto Lina Bo e P.M. Bardi contain records of their design, leading us to believe that they were developed in a rather empirical way. Other relevant sources were a survey and analysis of the various types of surviving easels and, especially, statements concerning the functioning of the system furnished by people who participated in the setup of previous exhibitions that used them, who are still members of the museum's staff.

The system—a very simple one—consists of a heavy concrete base for providing stability, along with a sturdy pane of glass, which holds the artwork at a position where it can be observed. The glass is attached to the base by a wooden wedge and a bolt, which applies pressure to the glass, holding it firmly in place. Where the glass contacts the wood and the concrete there is a protective rubber liner.

Even though some changes were made to the design of the pieces, the original materials and functioning principle were rigorously maintained. The main adjustments were made with the aim of strengthening the concrete cubes; adding the possibility of leveling the set; allowing for the full function of the wedge with a more effective and durable tightening system; standardization of the height of the drilled holes so that artworks can be switched interchangeably from one glass pane to another (in the original version; each glass pane was paired with a single artwork; with holes custom-drilled especially for it); increasing the protection of the edges of the glass panes to avoid breakage and to reduce undesirable vibrations, with the use of adequate damping.

The various pieces that make up the system and the modifications that were made are described below.

BASE

Steel reinforcing was added to the interior of the concrete cube to prevent breakage. Moreover, a piece of stainless steel was embedded in the concrete to hold the lower nut and to ensure the integrity of the internal canal through which the bolt passes, especially at the edges. The bottom of the base was provided with recesses for the insertion of shims which are necessary to level the set on the museum's uneven floor, substituting the improvised wooden shims used previously.

The original sizes and proportions were maintained, along with the use of shapes made with unfinished wood, and the use of concrete in a conventional outline, to maintain the original aspect.

WEDGE

The solid wooden wedge received only a recess to hold the head of the bolt, and a widening of the central channel, to allow for the movement of the bolt when it is tightened. In the original pieces, the contradiction between the necessarily diagonal movement of the wedge and the vertical position of the bolt inevitably led to its bending.

PIECES FOR ATTACHING THE WEDGE TO THE BLOCK, AND TIGHTENING IT

The original system used a single bolt, whose head was under the block, in direct contact with the concrete, with the bolt's thread protruding above the upper surface of the wooden wedge. On top of the wedge, a simple nut and washer were used to tighten the system. The new design inverted the position of the bolt, with the head in the upper part, in a recess in the wooden wedge, and the nut near the floor. A washer with an oblong hole allows the bolt to be tightened without damaging the wood, while allowing for the movement of the bolt to absorb the differences of alignment caused by the diagonal movement of the wedge. On the bottom, the bolt is housed in a recess created in the concrete and is fitted with a neoprene washer.

GLASS

The glass panes have the original specifications, though with a higher quality, due to developments in fabrication methods and production control. They are made of 10 mm thick tempered glass in four widths (0.75 m, 1.00 m, 1.50 m and 2.20 m, the latter one never produced although it was in the original sketch), all with the same height (2.40 m).

The holes are all drilled at a standard height and at a standard width, which varies according to the width of the glass.

FASTENING OF THE WORKS TO THE GLASS: SLEEVES, BOLTS AND BARS

The biggest change to the system involves the attachment of the works to the glass. In order to make the attachment system more versatile, allowing for different artworks to be mounted on the same support, a stainless-steel bar was introduced, attached to wooden backframes installed on all the works to be shown. With an oblong hole in the same standard position as the holes drilled in the glass, the bar allows the artwork to be leveled quickly and securely. To protect the edges of the holes in the glass and to ensure a firmer attachment, stainless steel sleeves were produced to hold the shaft of the bolt, covered with nylon protection, thus avoiding direct contact between the steel and the glass.

SHIMS AND PROTECTIVE LINERS

The material of the rubber protective liners for the glass was substituted by a more durable and stronger elastomeric material, since the original rubber dried out and gradually lost its elasticity. Shims of various heights were also made from the same material. These pieces, placed under the base in recesses made on the bottom of the concrete block, allow the set to be leveled, while simultaneously absorbing vibrations that could be harmful to the artworks. The hardness and degree of the material's vibrational absorption—normally used in industrial anti-vibration devices—was determined through the use of specialized measurements to identify the vibration frequencies that predominate within the concrete floor of the museum's second-story exhibition area.

Martin Corullon, Metro Arquitetos Associados

CONCRETO E CRISTAL: CONSERVAÇÃO

Karen Barbosa

Por ocasião da reinstalação dos cavaletes de cristal no segundo andar do MASP, muitos detalhes do projeto original tiveram que ser aprimorados para garantir a segurança e preservação das obras, em sua maioria, pinturas. Do projeto de Lina Bo Bardi (1914-1992), finalizado em 1968, até os dias de hoje, houve um avanço significativo nos princípios de conservação das obras em espaços expositivos. Preocupações com as radiações de luz nocivas às obras, além da prevenção contra outros riscos, levaram a equipe do MASP a rever alguns detalhes que antes não eram previstos.

O projeto de Lina permitia que pinturas fossem fixadas aos vidros dos cavaletes por dois pontos de fixação. Finas ripas de madeira eram colocadas atrás das molduras, aumentando sua espessura e permitindo que os parafusos fossem fixados nelas. Muitas dessas ripas eram feitas com madeira de baixa qualidade e parece terem sido colocadas sem muito planejamento.

Em 2015, enquanto a equipe de arquitetura se preocupava em aprimorar o encaixe das obras nos cavaletes de cristal, a equipe de conservação e restauração do museu ficou responsável por montar uma contramoldura — uma estrutura por trás das molduras originais, para facilitar esse encaixe.

Com uma lista de 110 pinturas nas mãos, começamos a medir as pinturas e molduras, fotografá-las frente e verso, pesá-las e anotar alguns detalhes sobre possíveis melhorias nas obras. Foram feitos testes com o acrílico Optium Museum Acrylic, da Tru Vue, que, além de ser antirreflexivo, apresenta outras características interessantes, como resistência a arranhões, proteção contra UV e a qualidade de ser antiestático. A ideia do acrílico parecia atender às nossas expectativas por ser bem mais leve que o vidro, mas a dúvida quanto à sua durabilidade foi decisiva para a escolha do vidro que tradicionalmente já se usava no museu. O vidro alemão da Schott Mirogard Protect foi escolhido por ser um vidro antirreflexivo, com proteção contra UV (99%) e proteção contra

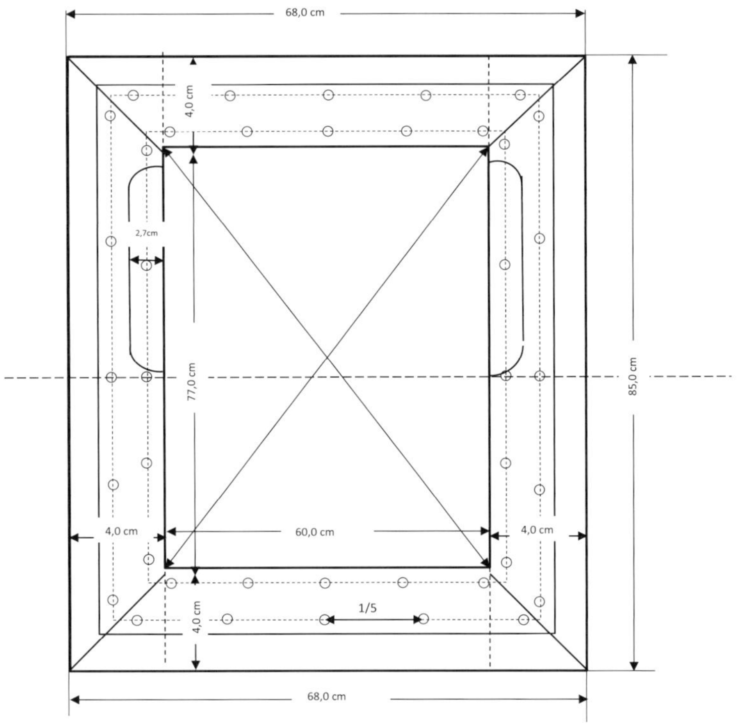

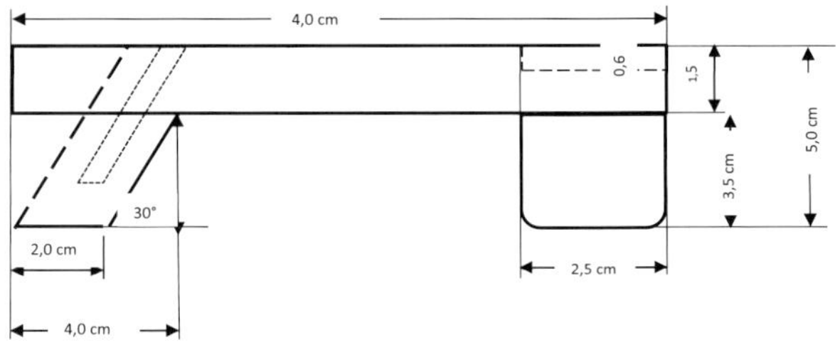

18. Projeto de contramoldura para o cavalete de cristal
[Project for backframe for the crystal easel]

estilhaçamento. Devido ao elevado custo desse vidro e com receio de que as pinturas de grande dimensão pudessem perder a nitidez através das várias fontes de luz, a direção artística optou, num primeiro momento, pelo uso dos vidros somente nas pinturas menores, um total de 69 pinturas, além de outras 15 que já utilizavam o mesmo vidro.

Todas as pinturas receberam contramolduras, especialmente desenhadas para cada uma delas. André Przemyslaw as projetou vazadas com reforço em algumas áreas para que suportassem todo o peso do conjunto: moldura, obra e vidro. As contramolduras foram produzidas na marcenaria do museu, em madeira de cedro-rosa, e tonalizadas para ficarem com uma cor semelhante ao envelhecido das molduras originais das obras.

Todas essas molduras foram fotografadas para garantir que as etiquetas e informações do verso fossem registradas, antes de serem cobertas pelas contramolduras. As etiquetas foram protegidas com filme Melinex, colado às bordas com filme Beva. Só então a contramoldura foi parafusada ao verso da moldura, acompanhando todas as suas irregularidades (empenamento e esquadros alterados). Os ajustes foram feitos um a um. O vidro foi colocado na moldura, limpo inúmeras vezes, e um distanciador de madeira preto foi colocado em suas extremidades para garantir que o vidro não tocasse a obra pela frente. Esse distanciador recebeu uma fita macia (Volara), que tem a função de evitar a abrasão nas bordas da obra. As cunhas foram presas com fios de náilon, substituindo os antigos fios de cobre. Com plaquinhas de fixação em aço galvanizado, todo o sistema de fixação foi padronizado. Por fim, as obras receberam uma proteção de policarbonato transparente no verso. Terminado todo o processo, a moldura recebeu a ferragem, que permite a fixação das obras nos cavaletes de cristal.

Karen Barbosa, coordenadora de conservação

CONCRETE AND CRYSTAL: CONSERVATION

Karen Barbosa

On this occasion of the reintroduction of the crystal easels on MASP's second floor, many details of the original design were improved to ensure the safety and preservation of the artworks, most of which are paintings. Since Lina Bo Bardi (1914–1992) designed the crystal easels—completed in 1968—until today, there have been significant advances in the principles of artwork conservation in exhibition spaces. Concern about radiation in the form of light that strikes the artworks, as well as the prevention of other risks, led MASP's team to review some details that were not considered previously.

Lina's design allowed the paintings to be attached to the glass panes of the easels at two attachment points. Thin wooden strips were placed behind the frames of the paintings, increasing the thickness and allowing the bolts to be attached to them. Many of these strips were made with low-quality wood and appear to have been placed without much planning.

In 2015, while the architecture team was focused on improving the attachment of the artworks to the crystal easels, the museum's conservation and restoration team was responsible for creating a backframe—a structure on the back of the original frames to help with this attachment.

With a list of 110 paintings in hand, we began to measure the paintings and frames, photographing them front and back, weighing them and noting some details about possible improvements to the artworks. Tests were made with the acrylic sheets called Optium Museum Acrylic, by Tru Vue, which, besides being anti-reflective, also offers scratch-resistance, UV-protection and antistatic properties. The idea of the acrylic sheets initially seemed to meet our expectations, as they were lighter than glass, but doubts about their durability led to the decision to use glass, as traditionally used in the museum. The German-made Schott Mirogard Protect glass was chosen for being anti-reflective, with 99% UV filtering and splinter protection. Due to the high cost of this glass and the concern that the larger-sized paintings could lose some of their clarity with various light sources, the museum's artistic direction initially decided to use glass only for the 69 smaller paintings, as well as for 15 others that were already using the same glass.

Each of the paintings received a custom-made backframe, designed by André Przemyslaw as a rectangular framework reinforced at certain points to provide the strength needed to support the weight of the entire set: frame, artwork and glass. Produced in the museum's carpentry shop, the backframes were made of pink cedarwood dyed to match the original, aged frames of the artworks.

All these frames were photographed to ensure that the labels and information on the back were recorded, before being covered by the backframe. The labels were protected with Melinex film, glued at the edges with Beva film. Only then was the backframe screwed to the back of the frame, accompanying all of its irregularities (warping and skewed angles). The adjustments were made one by one. The glass was placed in the frame, thoroughly cleaned, and a spacer made of black wood was placed at its edges to prevent the glass from touching the surface of the artwork. This spacer was covered with a soft tape (Volara), to prevent abrasion at the edges of the work. The stretcher-bar keys were snugged in place with nylon line, substituting the old copper wire. With small attachment plates made of galvanized steel, the entire attachment system was standardized. Finally, the artworks were given a transparent polycarbonate protection on the back. Once the entire process was complete, the frame was fitted with hardware that allows it to be attached to the crystal easels.

Karen Barbosa, conservation coordinator

CONCRETO E CRISTAL: EDITORIAL

Luiza Proença

Este livro reúne imagens das obras da coleção do MASP que integram a nova montagem do acervo em 2015, ao lado de fotografias de apresentações anteriores das mesmas obras ao longo da história do museu. O livro também publica ensaios de diferentes autores sobre os cavaletes de cristal concebidos por Lina Bo Bardi (1914-1992) para expor a coleção na pinacoteca do MASP na avenida Paulista, inaugurada em 1968. Cada autor foi convidado a abordar os cavaletes sob diferentes perspectivas, refletindo sobre seus aspectos históricos, conceituais e técnicos.

Renato Anelli resgata as influências na prática museológica de Lina, principalmente por meio das experiências dos arquitetos racionalistas italianos a partir dos anos 1930, como Franco Albini (1905-1977). Também sob um viés retrospectivo, Giancarlo Latorraca discorre sobre as experiências expositivas de Lina — como a primeira sede do museu na rua 7 de Abril, em São Paulo, a partir de 1947, ou a exposição *Civilização do Nordeste*, no Museu de Arte Popular do Solar do Unhão, em Salvador, em 1963 —, assinalando a importância do MASP e seus cavaletes de cristal como gesto conclusivo de todas aquelas experiências.

Gabriela Campagnol e Stephen Caffey tecem relações entre ideias e conceitos da filosofia contemporânea, como rizoma e porosidade, e a operação realizada pelos cavaletes, como a eliminação de hierarquias e da aura das obras, ou o movimento e o engajamento dos visitantes no espaço expositivo. Olivia de Oliveira entende essa operação numa dimensão pedagógica. A autora desenvolve correspondências entre a prática arquitetônica de Lina e a pedagogia radical de Paulo Freire — criando, respectivamente, antimuseus e antiescolas, abrindo espaços para a manifestação da autonomia e da liberdade.

Os autores, em sua maioria, refletem sobre a ausência dos cavaletes de cristal nas últimas duas décadas. Alexander Gaiotto Miyoshi descreve o intenso debate entre arquitetos e críticos sobre a substituição da expografia original por paredes — que se deu sobretudo na imprensa brasileira e que até hoje segue em questão. Em 1999, o Instituto

Lina Bo e P. M. Bardi, então dirigido pelo arquiteto Marcelo Ferraz, entrou com um pedido ao Instituto do Patrimônio Histórico e Artístico Nacional (IPHAN) para o tombamento dos cavaletes juntamente à arquitetura do museu. Em parecer de outubro de 2003, também reproduzido aqui, Luiz Marques, ex-curador do museu, e Luiz Hossaka (1928-2009), então curador-chefe, analisam a "inconveniência do tombamento" das "lâminas de vidro", apontando problemas técnicos e museológicos.

O texto de Lina Bo Bardi em resposta a um artigo publicado pelo redator Julio Tavares em o *Estado de S. Paulo*, em março de 1970, mostra que a resistência aos cavaletes não surgiu somente durante os anos 1990 e estava além dos aspectos de conservação museológica. No texto, Lina fala da arrogância da elite intelectual que reivindica o museu como um espaço cultural privilegiado e defende que, ao apresentar a obra de arte nos cavaletes de cristal, ela deve ser compreendida como o resultado de um trabalho, e não um objeto sacralizado e de luxo. Assim, o MASP reforça seu caráter como museu popular, não dedicado exclusivamente aos iniciados.

A ausência de quase vinte anos dos cavaletes de cristal no MASP viu emergir uma nova geração interessada em revisitar um projeto que conhece apenas por referências de imagens e textos. Poucos anos após a sua substituição, os cavaletes foram usados em muitas exposições e instituições, no Brasil e no exterior. Zeuler R. M. de A. Lima nos apresenta algumas dessas ocasiões: da 3ª Bienal de Arquitetura de São Paulo, em 1997, até a mostra *Maneiras de expor*, organizada pelo Museu da Casa Brasileira, São Paulo, em 2014.

Desde 1968, ocorreram importantes transformações no campo da arte, ampliando as possibilidades da prática artística — agora também na forma de "instalação" ou "site-specific". Nesse sentido, Roger M. Buergel compreende os cavaletes como proposta artística, com características estéticas e conceituais particulares, mais do que simplesmente um projeto para expor obras de arte.

Os cavaletes de cristal certamente foram o que de mais original foi feito no Brasil para se pensar a exposição de uma coleção em um momento em que os museus e suas formas tradicionais de colecionar, apresentar e educar já eram questionados. Este livro busca aprofundar e dar continuidade a esse projeto para a pinacoteca e, assim, incentivar novas formas de expor, pensar, usar e se relacionar com o trabalho de arte.

Luiza Proença, curadora

CONCRETE AND CRYSTAL: EDITORIAL

Luiza Proença

This book compiles images of artworks from MASP featured in the new exhibition of the collection in 2015, alongside photographs of previous exhibitions of the same works held throughout the history of the museum. It also contains essays by various authors about the crystal easels conceived by Lina Bo Bardi (1914–1992) to display the collection at MASP on Avenida Paulista, inaugurated in 1968. Each author was invited to consider the easels from a different standpoint, reflecting on their historical, conceptual and technical aspects.

Renato Anelli considers factors that informed Lina's museological practice, mainly the experiments of Italian rationalist architects from the 1930s onward, such as Franco Albini (1905–1977). Also from a retrospective point of view, Giancarlo Latorraca discusses Lina's experimental exhibition designs—like those held in the museum's first building on Rua 7 de Abril, in São Paulo, starting in 1947, or the exhibition *Civilização do Nordeste*, at the Museu de Arte Popular do Solar do Unhão, in Salvador, in 1963—underscoring the importance of MASP and its crystal easels as a concluding gesture of all those experiments.

Gabriela Campagnol and Stephen Caffey consider ideas and concepts of contemporary philosophy, such as rhizome and porosity, and weave relationships between them and the operations carried out by the easels, such as the elimination of hierarchies and of the aura of the works, coupled with increased movement and engagement for the visitors in the exhibition space. Olivia de Oliveira understands these operations in a pedagogical dimension. The author establishes correspondences between Lina's architectural practice and Paulo Freire's radical pedagogy — creating, respectively, anti-museums and anti-schools, opening spaces for the manifestation of autonomy and freedom.

Most of the authors reflect on the absence of the crystal easels in the last two decades. Alexander Gaiotto Miyoshi describes the intense debate among architects and critics about hanging the artworks on walls rather than using the original exhibition design — a debate which took place mainly in the Brazilian press and is still going on today. In 1999, the Instituto Lina Bo e P. M. Bardi, then directed by architect Marcelo Ferraz, made a request to the Instituto do Patrimônio Histórico e Artístico Nacional (Iphan) to confer official heritage status to the easels and to the museum's architecture. In a report dated October 2003, reproduced in this book, Luiz Marques, a former curator of the museum, and Luiz Hossaka (1928–2009), then chief curator, analyze the "inconvenience of granting heritage status" to the "panes of glass," pointing to technical and museological problems.

The text by Lina Bo Bardi in response to an article published by editor Julio Tavares of the newspaper *Estado de S. Paulo*, in March 1970, shows that the resistance to the easels did not arise only in the 1990s and went beyond the aspects of museological conservation. In that text, Lina talks about the arrogance of the intellectual elite that seeks to maintain the museum as a privileged cultural space and states that when the artwork is presented on the crystal easels, it should be understood as a result of an artistic labor and not as a sacralized object of luxury. MASP thus reinforces its character as a popular museum, not dedicated exclusively to the initiated.

The nearly twenty-year absence of the crystal easels at MASP saw a new generation emerge which is interested in revisiting a project they knew about only through images and texts. A few years after their substitution, the easels were used in many exhibitions and institutions in Brazil and abroad. Zeuler R. M. de A. Lima presents some of these occasions: the 3rd Bienal de Arquitetura de São Paulo, in 1997, up to the show *Maneiras de expor*, held by the Museu da Casa Brasileira, São Paulo, in 2014.

Since 1968 important transformations in the art field have taken place, enlarging the possibilities of artistic practice — which now includes installations and site-specific works. In this sense, in his text, Roger M. Buergel understands the glass easels as an artistic proposal, with particular aesthetic and conceptual characteristics, rather than simply a design for displaying artworks.

The crystal easels were certainly the most original innovation made in Brazil with the aim of conceiving new approaches for the display of an art collection, at a moment when museums and their traditional ways of collecting, presenting and educating were being questioned. This book seeks to deepen and lend continuity to this project for showing the museum's collection, thereby encouraging new ways of showing, thinking about, using and relating with the artwork.

Luiza Proença, curator

19. Vista da pinacoteca do MASP, mostrando painéis do verso dos cavaletes de cristal
[View of MASP's picture gallery including panels of the back of the crystal easels]

ORIGENS E ATUALIDADE DA TRANSPARÊNCIA NO MASP

Renato Anelli

Suprimida por quase duas décadas, a museografia dos suportes e fachada transparentes da pinacoteca do MASP permanece como um enigma sedutor. Novas gerações que jamais a visitaram, apenas a conhecendo pelos registros fotográficos, continuam questionando os motivos da sua remoção. É essa permanência da sua atração que leva a nova gestão do museu a preparar seu retorno. Enquanto a atenção se concentra nas várias dificuldades técnicas a serem resolvidas, pouco se pergunta sobre a concepção de museu que ela traz em si.

As justificativas da curadoria para sua substituição misturavam motivações de ordem técnica com as conceituais. Entre as primeiras, argumentava-se sobre o risco para as obras de arte, dada a fragilidade dos suportes de vidro e a iluminação excessiva. Entre as últimas, sua principal característica, a transparência, foi acusada de dificultar a fruição das obras.[1] Proteção e ordenação da fruição justificaram a construção de pequenas salas em meio ao enorme volume do último andar do museu, repetindo, a seu modo, a intervenção de Gae Aulenti (1927-2012) no Centro Georges Pompidou (1982-85) de Paris. Lá, também o espaço contínuo e transparente concebido por Richard Rogers e Renzo Piano foi seccionado em pequenos nichos expositivos. A concepção do cubo branco e da neutralidade do espaço expositivo[2] fundamentava a motivação inicial, ainda que posteriormente as paredes tenham deixado de configurar pequenas salas e recebido cores fortes.

Algumas manifestações se contrapuseram às justificativas apresentadas, sem nenhum sucesso para demover a direção do museu da sua decisão.[3] No pequeno debate que ocorreu, as origens e os significados da transparência foram explicitados, o que pode contribuir para entendermos os novos significados que eventualmente sua reconstrução poderá produzir.

1. O debate é reproduzido e analisado em profundidade em MIYOSHI, A. G. *Arquitetura em suspensão: o edifício do Museu de Arte de São Paulo. Museologias e museografias.* Dissertação de mestrado em história da arte. Instituto de Filosofia e Ciências Humanas (IFCH), Unicamp, Campinas, 2007.

2. O'DOHERTY, B. *No interior do cubo branco: a ideologia do espaço da arte* [1976]. São Paulo: Martins Fontes, 2002.

3. A primeira publicação em defesa da expografia original foi deste autor: ANELLI, R. L. S. "Reforma compromete projeto original do MASP". *O Estado de S. Paulo*. São Paulo. Caderno Cultura, 20.6.1998, p. 8. Posteriormente, em 1999, o Instituto Lina Bo e P. M. Bardi solicitou o tombamento do MASP e a sua museografia original ao IPHAN, tendo sido atendido.

4. Em outros dois textos, este autor já apresentou tal filiação e como ela se transformou nos anos em que Lina e Pietro atuaram no Brasil. Além da publicação já citada, destaca-se "Museu de arte: Das transparente Museum und die Entheiligung der Kunst", *in*: STEINER, B. e ESCHER, C. (orgs.). *Mögliche Museen*. Colônia: Walther König, 2007, pp. 65-78, cuja versão em português foi publicada on-line como "O Museu de Arte de São Paulo, o museu transparente e a dessacralização da arte". *Arqtexto*, n. 112, 2009. Disponível em: http://www.vitruvius.com.br/revistas/read/arquitextos/10.112/22. Destaca-se também o texto "A propagação do gosto moderno: o design da exposição e a exposição do design", *Arqtexto*, Porto Alegre, n. 14, 2009, republicado em LATORRACA, G. *Maneiras de expor: a arquitetura expositiva de Lina Bo Bardi*. São Paulo: Museu da Casa Brasileira, 2014, pp. 62-79.

5. Ver KATENHAUSEN, I. *Alexander Dorner (1893-1957): a German art historian in the United States*. Washington D.C.: American Institute for Contemporary German Studies/ The Johns Hopkins University, 2002.

6. *Ibid*.

7. Ver HUBER, A. *Il Museo Italiano*. Milão: Edizione Lybra Immagine, 1997.

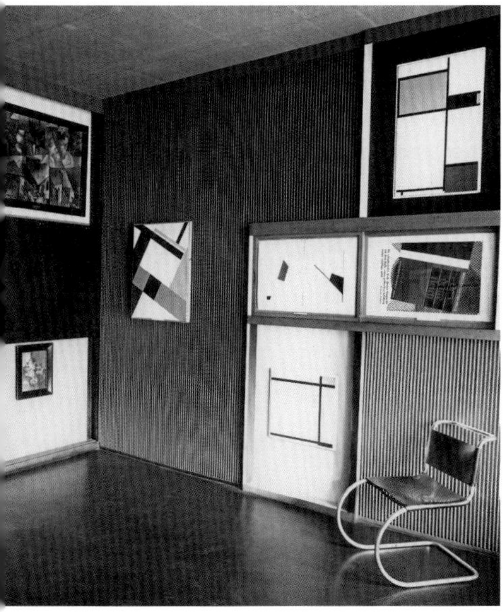

20. Vista do Gabinete da Abstração, projetado por El Lissitzky para o Kunstmuseum Hannover [View of the Abstract Cabinet, designed by El Lissitzky for Kunstmuseum Hannover], 1927-28

ORIGENS ABSTRATAS

Os modos de expor do MASP são derivados da experiência italiana dos arquitetos racionalistas a partir dos anos 1930.[4] Indo mais a fundo, sua origem pode ser identificada fora da Itália, no cerne das vanguardas abstratas europeias.

As instalações produzidas pelo austríaco Frederick Kiesler (1890-1965) para a *Cidade no espaço*, exposição sobre arte teatral realizada na *Exposição de artes decorativas e industriais modernas de Paris*, em 1925, eram constituídas por uma malha geométrica de linhas e planos suspensos, como a flutuar no espaço. A forma da exposição sobrepôs-se ao conteúdo, a arte teatral. Painéis com fotos e escritos eram reduzidos a planos de cores e grafismos em uma construção espacial abstrata. É nítido o alinhamento com Piet Mondrian (1872-1944) e Theo van Doesburg (1883-1931), que projetavam ambientes neoplasticistas nos quais as linhas e planos pintados nas paredes preexistentes alteravam a espacialidade original da arquitetura. Em 1926, no projeto de uma sala em Dresden, Mondrian expandia a construção neoplasticista de seus quadros para as três dimensões do espaço arquitetônico. No ano seguinte, Van Doesburg construiu o café Aubette em Estrasburgo, no qual um sistema de linhas e planos com cores neoplasticistas aplicados em diagonal subvertia a estabilidade ortogonal da sala. Ambos experimentavam no espaço as teses neoplasticistas, estruturando o espaço através de planos de cores puras.

Uma importante introdução dessas experimentações estéticas ao campo museográfico foi realizada no Museu Provincial de Hanôver, quando, em 1927, o curador Alexander Dorner (1893-1957) convidou o artista russo El Lissitzky (1890-1941) para montar uma sala dedicada à arte abstrata. El Lissitzky, que então já havia produzido os seus *Proun* (ambientes arquitetônicos que reproduziam no espaço arquitetônico as formas da pintura suprematista), concebe o Gabinete da Abstração, onde os quadros foram expostos sobre as paredes de modo a constituírem, eles próprios, as formas geométricas de uma construção espacial abstrata.[5]

Observe-se que os anos desses trabalhos das vanguardas abstratas holandesa, soviética, alemã e austríaca são os mesmos da institucionalização da museologia no âmbito da Sociedade das Nações, o que sugere um momento no qual a construção desse campo de conhecimento e atuação ainda tinha um forte caráter experimental.

Os trabalhos de Dorner com El Lissitzky em Hanôver encontraram ressonância em vários outros centros a ponto de o curador do Museu de Arte Moderna de Nova York, Alfred Barr (1902-1981), ter expresso que o Gabinete de Abstração era um exemplo de forma expositiva.[6] Entretanto, a opção de Barr na museografia do MoMA foi na direção oposta, a de aplicar ao espaço expositivo de arte moderna os princípios museológicos de isolamento da obra de arte em relação a interferências do ambiente externo — a base para o já citado cubo branco.

OS RACIONALISTAS ITALIANOS

Reconhecida pelos inovadores museus posteriores à Segunda Guerra Mundial, a arquitetura italiana apresenta um conjunto de experiências expositivas ao longo das décadas de 1930 e 1940 que incorporaram e desenvolveram as concepções dessas vanguardas abstratas.[7] Restritos inicialmente a exposições de caráter propagandístico, os arquitetos racionalistas italianos construíram uma abordagem para a concepção de exposições aplicadas nos anos posteriores ao final da guerra em mostras de artes plásticas e montagens de museus. Franco Albini (1905-1977), Carlo Scarpa (1906-1978) e o grupo milanês BBPR projetaram os principais exemplos italianos desse tipo de projeto expositivo.[8]

Através dessa via italiana, as concepções expositivas da vanguarda abstrata europeia chegariam ao Brasil, acompanhando o casal Lina Bo (1914-1992) e Pietro Maria Bardi (1900-1999) na construção do MASP.

Apesar da clara filiação à vanguarda abstrata, as montagens italianas se distinguiram pela forte presença de peças de arte de outros períodos históricos. As construções neoplasticistas de Van Doesburg e de Mondrian não faziam concessões figurativas: planos, cores e linhas definiam o espaço da tela, do objeto e do ambiente. El Lissitzky, que incorporava a tipografia em algumas das suas obras, mantinha a preponderância do abstracionismo geométrico.

Na Itália, em uma de suas primeiras montagens expositivas, a *Loja Parker*, em 1935, Edoardo Persico (1900-1936) incorporou a reprodução de uma escultura de anjo barroco em uma construção geométrico-abstrata destinada ao comércio. Objeto artístico de outro tempo, o anjo, junto a objetos produzidos industrialmente, as canetas em suas vitrines e ao logotipo da marca, foram dispostos em um só plano transparente, a vitrina da loja. Com tal operação, Persico construiu o plano abstrato moderno equivalente às colagens gráficas das artes plásticas, aplastando as diferenças dos tempos históricos aos quais cada um pertencia.

Ao analisar o conjunto de exposições realizadas por Persico, Giorgio Ciucci as identifica ao pensamento de Lionello Venturi (1885-1961), no qual o clássico seria "um momento eterno do espírito humano que se renova sempre que se cria arte".[9] Aline Corato identifica em texto do próprio Persico a possibilidade de a pintura metafísica de De Chirico (1888-1978) oferecer um motivo "original para a arquitetura 'italiana' na Europa". Esse motivo seria a coexistência de tempos distintos em um único contínuo espaçotemporal, a coexistência dos registros de várias épocas nas cidades italianas.

Guglielmo Pacchioni (1882-1969), um dos primeiros curadores a utilizar uma operação semelhante em uma exposição de artes plásticas, declarou que sua intenção foi de elevar a arte, antiga ou moderna, a um plano de atualidade que permita, assim, a sua aproximação às pessoas simples que visitam os museus.[10] A estratégia de suspensão dos quadros do artista italiano Il Scipione soltos das paredes e flutuando no espaço, em montagem de Franco Albini, em 1941, pretenderia trazer as obras ao tempo presente para aproximá-las dos visitantes, removendo a solenidade da antiga galeria da Academia de Brera.

Apesar de opostas — atualização e eternização —, ambas as interpretações justificam essa concepção expositiva como um tipo de ação sobre a temporalidade. A filiação às correntes abstratas não a separa dos problemas definidos pela pintura metafísica de De Chirico e de Carrà (1881-1966), um espaço constituído por um plano que representa a eternidade, sem pretender pertencer a nenhum presente.

Não seria casual que as perspectivas de Lina Bo Bardi para o seu *Museu à beira do oceano* (1951) apresentassem a pinacoteca com os mesmos recursos dessa pintura. Uma diferença essencial com o museu transparente concebido por Mies van der Rohe (1886-1969)[11] é que, enquanto os desenhos de Lina utilizam a profundidade e a luz metafísica, representando os quadros e esculturas como uma colagem em perspectiva, com o oceano infinito ao fundo, Mies van der Rohe dispôs as esculturas, o quadro, os caixilhos plenos de vidro e as paisagens como uma colagem de planos sucessivos e equivalentes, sem pontos de fuga. Diferença conceitual e não casual.

8. Destacam-se, de Franco Albini, a Galleria Comunale di Palazzo Bianco (Gênova, 1950-51) e a Galleria di Palazzo Bianco (Gênova, 1953-61); de Carlos Scarpa, o Museu Correr (Veneza, 1953-60), a Galleria Nazionale della Sicilia — Palazzo Abatellis (Palermo, 1953-54) e o Museu Cívico de Castelvecchio (Verona, 1957-64); do grupo BBPR, o Museu do Castello Sforzesco (Milão, 1954-63).

9. VENTURI, L. "Il gusto dei primitivi". *In:* CIUCCI, G. e DALCO, F. *Architettura Italiana del '900*. Milão: Electa, 1990, p. 128.

10. PACCHIONI, G. "Per una moderna presentazione delle opere d'arte". *Lo Stile*, n. 3, mar. 1941, pp. 4-5.

11. *Museum for a Small City Project* (1941-43). Disponível em: http://www.moma.org/collection/object.php?object_id=757.

21. *Loja Parker*, projeto de Edoardo Persico e Edoardo Nizzoli, Milão [*The Parker Store*, designed by Edoardo Persico and Edoardo Nizzoli, Milan], 1934-35

22. Lina Bo Bardi, *Estudo para a área de exposição do museu à beira do oceano [Study for the Exhibition Area of the Museum on the Seashore]*, 1951, colagem fotográfica [photographic collage]

O PROJETO MODERNO DO CASAL BARDI NO MASP

Ainda que Lina cite com frequência a Bauhaus, talvez a experiência da Werkbund possa ser mais adequada para uma comparação com o complexo de atividades desenvolvidas pelo MASP na sua primeira fase. Entre todos os movimentos voltados para a melhoria das qualidades dos produtos industriais por meio da incorporação de artistas no projeto de produtos industriais, a Werkbund alemã foi aquele que deixou marcas mais fortes na cultura moderna da primeira metade do século 20. Criada em 1907, essa associação de artistas, escolas de artes e de artes aplicadas, arquitetos, engenheiros e industriais foi a que mais apostou na potencialidade da colaboração entre essas áreas.

Ao enfocar o problema da renovação estética da produção industrial destinada ao mercado de consumo, a Werkbund procurou aproximar o sujeito fruidor da arte ao consumidor do produto de uso cotidiano, agora qualificado por ter sido concebido com intenções artísticas.[12] Entre os novos métodos de projeto dos objetos a serem produzidos industrialmente encontram-se ações de formação desse sujeito, ao mesmo tempo apreciador da arte e consumidor de produtos industriais.

O projeto do casal Bardi para o MASP procurou seguir esse paradigma. A rápida e intensa industrialização brasileira posterior à Segunda Guerra Mundial poderia propiciar a criação de um centro de modernização abrangente, que reproduzisse as condições do início do século 20 europeu. Para isso, o museu agregou ao seu programa de conservação

12. Ver SCHWARTZ, F. J. *The Werkbund: Design theory & mass culture before the First World War*. New Haven e Londres: Yale University Press, 1996.

23. Vista da sala de exposições educativas do Palazzo Bianco, Gênova, projeto de Franco Albini [View of the educational exhibition room at Palazzo Bianco, Genoa, designed by Franco Albini], 1949-51

e exposição de arte, atividades de difusão e formação em desenho industrial moderno. O Instituto de Arte Contemporânea (criado em 1951) difundia os novos conceitos de design com o objetivo de formação do gosto pelo moderno em amplos setores do público, entre eles o curso de propaganda e marketing. O moderno poderia ser difundido na sociedade através do consumo de produtos de qualidade.

A ação cultural do casal Bardi no MASP teve como objetivo a formação de público e produtores, em meio a uma sociedade cuja pujança econômica contrastava com o provincianismo cultural e o conservadorismo político e social.

A análise do desenvolvimento dos modos expositivos criados por Lina para o MASP deve ser feita nesse contexto. Exposição Didática, Vitrine das Formas e Pinacoteca foram concebidas para um museu "dedicado ao público em massa". A estratégia era a de "produzir um choque que desperte reações de curiosidade e de investigação", resultando em "uma atmosfera, uma conduta apta a criar no visitante a forma mental adaptada à compreensão da obra de arte".[13]

Através da ambientação da exposição, induz-se a massa de público visitante à fruição da obra como uma experiência de estranhamento capaz de estimular uma intenção de intelecção. A empatia e o choque operavam como meio de introdução em massa ao caminho formativo do julgamento estético esclarecido.

13. BARDI, L. B. "Função social dos museus". *Habitat*, n. 1, out.-dez. 1950.

14. RUSCONI, P. "A invenção de uma personagem: iconografia e fortuna crítica de Pietro Maria Bardi nos primeiros anos trinta". *In:* AGUILAR, Nelson (org.). *I Simpósio Internacional Pietro Maria Bardi — Construtor de um novo paradigma.* Campinas: Universidade Estadual de Campinas, set. 2011.

15. BARDI, L.B. "O novo Trianon, 1957/67". *Mirante das Artes*, n.5, set.-out. 1967, pp. 20-23.

16. Citação de Lina Bo Bardi em *Arquitetura: a transformação do espaço*, documentário de Walter Lima Jr., da série Globo Shell Especial, de 1972. Disponível em: https://www.youtube.com/watch?v=q0QHjzrEYOQ.

Com esse objetivo, o modo expositivo mais recorrentemente utilizado por Lina nesses anos foi destacar os quadros das paredes, por meio de suportes em delgados tubos apoiados no piso e no teto, que resultariam nos "cavaletes de cristal" da segunda sede do MASP. A disposição das obras nesses suportes lineares em meio ao espaço expositivo remete diretamente aos modos expositivos de Franco Albini, ainda que Pietro Bardi já tivesse apresentado quadros soltos das paredes em sua Galeria de Arte de Roma (1929).[14] Os primeiros dispositivos de exposição do MASP desenvolvem os utilizados por Albini na mostra da obra de Il Scipione (1941) e são contemporâneos ao seu projeto para as galerias do museu do Palazzo Bianco de Gênova (1949-52).

Além dos suportes tubulares, outros dispositivos foram intensamente utilizados. Amplos painéis destacados do piso e do teto nas exposições didáticas, vitrines para as exposições de objetos e planos escuros como fundo para esculturas procuravam acomodar as obras no interior dos salões do primeiro MASP, repleto de pilares que suportavam os andares superiores do edifício da rua 7 de Abril. Persianas permanentes transformavam as aberturas das janelas em texturas luminosas.

A interação difícil com o prédio seria completamente eliminada na segunda sede, projetada por Lina a partir de 1957, antes de sua estada em Salvador. Elevado do solo por apenas quatro pilares e inicialmente concebido com as faces externas opacas, a pinacoteca da nova sede propiciou um espaço completamente livre de interferências. Nesse espaço, novos suportes de vidro aproximariam ainda mais os visitantes das obras expostas, eliminando a ordem cronológica do percurso ao permitir a percepção simultânea dos vários corredores nos quais os quadros se perfilavam.

A transformação das fachadas também em planos transparentes de vidro radicalizou ainda mais a concepção do espaço expositivo. A transparência se estendia à cidade, rompendo com o caráter de "museu interno" dos projetos de seus colegas italianos, em sua maioria realizados em edifícios históricos. Em plena vigência da ditadura, tal transparência teve como objetivo afirmar a democratização da arte e da política, complementares entre si. A partir da pinacoteca, permitia-se a percepção das obras em um espaço contínuo com a cidade. A partir do exterior, apresentava-se as obras à cidade, oferecendo-as à visitação. Além de tirar "do museu o ar de igreja que exclui os não iniciados",[15] a pinacoteca inteiramente transparente sobre o vão livre oferecia uma visão simultânea desse espaço público livre e do acervo do museu. Houvesse essa transparência sobrevivido, veríamos ainda hoje a pinacoteca sobre as manifestações políticas no vão livre. Política e cultura em uma mesma ação arquitetônica na cidade.

Há um caráter provocativo e vanguardista na concepção de Lina para o MASP que permanece vivo em sua arquitetura.

"Eu quis fazer um projeto ruim, isto é, feio formalmente, mas que fosse um espaço aproveitável, que fosse uma coisa aproveitada pelos homens [...] uns espaços livres que pudessem ser criados pela coletividade."[16]

A persistência desse caráter na arquitetura e na expografia do museu, mesmo com tantos anos passados da morte de Lina e Pietro, desafia qualquer nova curadoria a conceber o seu futuro. Refletir sobre o papel de espaços com essa liberdade na sociedade contemporânea pode ser o passo seguinte ao da sua reconstituição.

Renato Anelli é professor titular do Instituto de Arquitetura e Urbanismo da USP, São Carlos, e diretor do Instituto Lina Bo e P.M. Bardi, São Paulo.

THE ORIGINS AND TOPICALITY OF THE MASP'S TRANSPARENCY

Renato Anelli

Suppressed for nearly two decades, the museography of the supports and transparent façade of the MASP's picture gallery remains a seductive enigma. New generations that have never visited it or are acquainted with it only through photographs continue to question the reasons behind its removal. It is the permanence of its attraction that leads the museum's new management to prepare for its return. While attention is concentrated on the various technical difficulties to be solved, little is asked regarding its museological concept.

The curator's justifications for its replacement mixed technical and conceptual reasons. The former argued about the risk to the artworks, given the fragility of the glass supports and the excessive lighting. Among the latter, transparency—its principal characteristic—was accused of restricting enjoyment of the works.[1] The protection and organization of the fruition justified the construction of small rooms amid the enormous volume of the museum's top story, repeating, in its fashion, the intervention made by Gae Aulenti (1927–2012) in the Centre Georges Pompidou (1982–85) in Paris. There, too, the continuous, transparent space conceived by Richard Rogers and Renzo Piano was sectioned in small exhibition niches. The conception of the white cube and the neutrality of the exhibition space[2] was the basis for the initial motivation, even though the walls later ceased to configure small rooms and were painted in loud colors.

Certain manifestations were in conflict with the justifications presented, unsuccessful in their attempts to dissuade the museum's directors from their decision.[3] In the brief debate that ensued, the origins and meanings of transparency were made explicit as possible contributors to our understanding of the new meanings that its reconstruction may eventually bring about.

1. The debate is reproduced and analyzed at length in MIYOSHI, A. G. *Arquitetura em suspensão: o edifício do Museu de Arte de São Paulo. Museologias e museografias*. Thesis (M. A. in Art History), IFCH, UNICAMP, Campinas. 2007.

2. O'DOHERTY, B. *No interior do cubo branco: a ideologia do espaço da arte*. São Paulo: Martins Fontes, 2002/1976.

3. The earliest publication in defense of the original expographics was by this author: ANELLI, R. L. S. "Reforma compromete projeto original do MASP". *O Estado de S. Paulo*. São Paulo, Caderno Cultura, p. 8, June 20, 1998. Later, in 1999, the Instituto Lina Bo e P. M. Bardi put in a request to the IPHAN for designating the MASP and its original museology as cultural heritage. The request was duly fulfilled.

24. Protótipo do cavalete de cristal com a obra *O escolar (O filho do carteiro — Gamin au Képi)* (1888), de Vincent van Gogh, no MASP na rua 7 de Abril [Prototype of a crystal easel with the work *The Schoolboy (The Postman's Son—Gamin au Képi)* (1888), by Vincent van Gogh, at MASP on Rua 7 de Abril], 1968

ABSTRACT ORIGINS

The MASP's modes of exhibition are derived from the Italian experiments of the 1930s with rationalist architecture.[4] On a deeper level, their origin may be identified outside Italy, at the core of the Abstractionist European avant-gardes.

The installations produced by the Austrian Frederick Kiesler (1890–1965) for the *City in Space*, an exhibition on stage design held at the Paris Exhibition of Decorative and Industrial Arts of 1925, were made up of a geometric grid of lines and suspended planes that seemed to float in space. The exhibition format was superimposed upon its content as a theatrical art. Panels covered with photographs and text were reduced to color planes and graphisms in an abstract spatial construction. It is clearly aligned with Piet Mondrian (1872–1944) and Theo van Doesburg (1883–1931), who designed neoplasticist environments in lines and planes painted upon pre-existing walls so as to alter the architecture's spatial originality. In 1926, in his design for a room in Dresden, Mondrian expanded the neoplasticist construction of his paintings to the three dimensions of architectural space. The following year, Van Doesburg built the Café Aubette in Strasbourg, in which a system of lines and planes in diagonally applied neoplasticist colors subverted the room's orthogonal stability. Both experimented with the neoplasticist theses regarding the structuring of space through planes of pure color.

An important innovation of those aesthetic experiments in museography was made in 1927 in the Hanover Provincial Museum, when curator Alexander Dorner (1893–1957) invited Russian artist El Lissitzky (1890–1941) to mount a room dedicated to abstract art. El Lissitzky, who had already produced his *Proun* (architectural environments that reproduced the forms of suprematist painting in architectural space), conceives the *Abstract Cabinet*, in which the paintings were exhibited on the walls in such a way that they themselves constituted the geometric forms of an abstract spatial construction.[5]

It should be noted that the years in which the work of the Dutch, Soviet, German and Austrian abstractionist avant-gardes correspond to the institutionalization of museology within the purview of the Society of Nations, which suggests a moment in which the construction of that field of knowledge and activity still possessed a powerfully experimental nature.

Such was the resonance of Dorner and El Lissitzky's Hanover partnership in various other centers that Alfred Barr (1902–1981) (curator of New York's Museum of Modern Art) declared that the *Abstract Cabinet* was an example of exhibition form.[6] Nevertheless, Barr's museographic choices for MoMA were made in an opposite sense—that of applying the museological principles of isolating works of art with regard to interference from the external environment; the foundation for the previously mentioned white cube, so to speak.

THE ITALIAN RATIONALISTS

Recognized by innovative museums following the Second World War, Italian architecture presented a set of exhibition experiments throughout the 1930s and 1940s that incorporated and developed the concepts of those abstractionist avant-gardes.[7] Initially restricted to exhibitions of a propagandistic nature, the Italian rationalist architects constructed an approach to the concept of applied exhibitions during the years following the end of the war

4. This author had already introduced such a relationship in two other texts, explaining how it was transformed during the years in which Lina and Pietro were active in Brazil. In addition to the previously mentioned publication, the following should also be mentioned: "Museu de arte: Das transparente Museum und die Entheiligung der Kunst." *In:* STEINER, B. e ESCHER, Ch. (eds.). *Mögliche Museen.* Cologne: Walther König, 2007, pp. 65–78. The Portuguese translation was published on-line as "O Museu de Arte de São Paulo, o museu transparente e a dessacralização da arte." *Arqtexto*, n. 112, 2009. Available at: http://www.vitruvius.com.br/revistas/read/arquitextos/10.112/22. Equally noteworthy is "A propagação do gosto moderno: o design da exposição e a exposição do design." *Arqtexto.* Porto Alegre, n. 14, 2009, reprinted in LATORRACA, G. *Maneiras de expor: a arquitetura expositiva de Lina Bo Bardi.* São Paulo: Museu da Casa Brasileira, 2014, pp. 62–79.

5. See KATENHAUSEN, I. *Alexander Dorner (1893–1957): a German art historian in the United States.* Washington D.C.: American Institute for Contemporary German Studies/The Johns Hopkins University, 2002.

6. *Ibid.*

7. See HUBER, A. *Il Museo Italiano.* Milan: Edizione Lybra Immagine, 1997.

in visual arts shows and the mounting of museum exhibitions. Franco Albini (1905–1977), Carlo Scarpa (1906–1978) and the Milanese group BBPR designed the principal Italian examples of that type of exhibition project.[8]

It was via Italy that the exhibition concepts of the avant-garde of European abstract art arrived in Brazil with the husband and wife team of Lina Bo (1914–1992) and Pietro Maria Bardi (1900–1999) in the MASP's construction.

In spite of their clear relationship to the abstractionist avant-garde, the mounting of Italian exhibitions was identifiable by the Strong presence of art from other historical periods. The neoplasticist constructions of Van Doesburg and Mondrian made no concessions to figurativism: planes, colors and lines defined the space of the canvas, of the object and of the environment. El Lissitzky, who incorporated typography to some of his works, maintained the preponderance of geometric abstraction.

In Italy, in one of the first exhibitions he mounted—that of the Parker store, in 1935—Edoardo Persico (1900–1936) incorporated the reproduction of a sculpture of a Baroque angel in an abstract-geometric construction for commercial purposes. The angel, some industrially produced objects, the pens and the brand's logo—all were arranged behind the single transparent plane of the store window. In this operation, Persico constructed the modern abstract plane equivalent of graphic visual arts collages, minimizing the differences between the historical periods to which each one belonged.

In analyzing the group of exhibitions designed by Persico, Giorgio Ciucci identifies them with the philosophy of Lionello Venturi (1885–1961), in which the classic would be "an eternal moment of the human spirit that is renewed whenever art is made".[9] In a text written by Persico himself, Aline Corato has identified the possibility that De Chirico's (1888–1978) metaphysical painting offers an "original motif for 'Italian' architecture in Europe". That motif was the coexistence of distinct periods within a single time-space continuum, the coexistence of the record of various eras in Italian cities.

One of the first curators to make use of a similar operation in a visual arts exhibition, Guglielmo Pacchioni (1882–1969) declared his intention to elevate art (whether ancient or modern) to a level of topicality that would thus allow its proximity to ordinary people who visit museums.[10] As mounted by Franco Albini in 1941, the Italian artist Il Scipione's strategy for detaching individual pictures from walls and floating them in space proposed to bring the works into the present in order to bring them nearer to the visitor, thus doing away with the solemnity of the former gallery of the Brera Academy.

In spite of the opposition between updating and perpetuation, both interpretations justify that exhibition concept as a type of action about temporality. Relationship to the abstract currents does not separate it from the problems defined by the metaphysical painting of de Chirico and Carrà (1881–1966), a space constituted by a plane that represents eternity, without aspiring to belong to any sort of present.

It was not by chance that Lina Bo Bardi's perspectives for her *Museum on the Seashore* (1951) presented the picture gallery with resources identical to those of that type of painting. One essential difference from the transparent museum conceived by Mies van der Rohe (1886–1969)[11] is that, whereas Lina's drawings made use of depth and metaphysical light to represent paintings and sculptures as a collage in perspective, with the infinite ocean in the background, Mies van der Rohe arranged sculptures and paintings, glass casements and landscapes in a collage of successive, equivalent planes without vanishing points—a conceptual (rather than casual) difference.

8. Worth of notice are Franco Albini's work in the Galleria Comunale di Palazzo Bianco (Genoa, 1950–51) and the Galleria di Palazzo Bianco (Genoa, 1953-61); Carlos Scarpa's in the Correr Museum (Venice, 1953-60), the Galleria Nazionale della Sicilia—Palazzo Abatellis (Palermo, 1953–54) and the Civic Museum of Castelvecchio (Verona, 1957-64); and the BBPR group's work in the Castello Sforzesco Museum (Milan, 1954–63).

9. VENTURI, L. "Il gusto dei primitivi." *In:* CIUCCI, G. and DALCO, F. *Architettura Italiana del '900*. Milão: Electa, 1990, p. 128.

10. PACCHIONI, G. "Per una moderna presentazione delle opere d'arte." *Lo Stile,* n. 3, Mar. 1941, pp. 4–5.

11. *Museum for a Small City Project* (1941–43). Available at: http://www.moma.org/collection/object.php?object_id=757.

THE BARDIS' MODERN PROJECT FOR THE MASP

Although Lina often mentions [the] Bauhaus, the Werkbund experiment may be more appropriate for a comparison with the complex of activities developed by the MASP in its first phase. Among all the movements dedicated to improving the quality of industrial products by incorporating artists in industrial product design, the German Werkbund was the one that left the most long-lasting marks on modern culture of the first half of the 20th century. Created in 1907, that association of artists, art and applied arts schools, architects, engineers and manufacturers was the one that invested most heavily on the potential for collaboration between these fields.

In focusing upon the problem of the aesthetic renewal of industrial production destined for the consumer market, the Werkbund sought to bring together the subject who enjoyed art and the consumer of products for everyday use, now qualified as having been conceived with artistic intentions.[12] Among the new design methods for objects to be produced industrially were actions for forming that subject—at once an appreciator of art and a consumer of industrial products.

The Bardis' design for the MASP sought to subscribe to that paradigm. Following the Second World War, Brazil's rapid and intense industrialization would afford the creation of a comprehensively modernizing center that would reproduce the conditions of early 20th century Europe. To this end, the museum added activities for disseminating and educating the public with regard to modern industrial design to its conservation and art exhibition programs. Created in 1951, the Instituto de Arte Contemporânea [Institute of Contemporary Art] disseminated the new design concepts (including the course of advertising and marketing) with an aim to awakening a taste for the modern in broad sectors of the public. The modern could be disseminated in society through the consumption of quality products.

The aim of the Bardis' cultural activity at the MASP was the formation of audiences and creators of art in a society whose economic strength contrasted with cultural provincialism and sociopolitical conservatism.

The development of modes of exhibition created by Lina for the MASP must be analyzed within that context. Didactic Exhibition, Window of Forms and Picture Gallery were conceived for a museum "dedicated to the mass audience". The strategy was "to produce a shock that would elicit reactions of curiosity and investigation", resulting in "an atmosphere, a behavior apt to create in the visitor a mental form adapted to an understanding of the work of art".[13]

Through the exhibition's setting, the mass of the visiting public is induced to enjoy the work as an experience of strangeness capable of stimulating an intended intellection. Empathy and shock operate as means for mass introduction to the educational path of enlightened aesthetic judgment.

With that aim, the mode of exhibition that Lina most consistently resorted to during those years was to detach the paintings from the walls by slender tube supports stemming from floors and ceilings that resulted in the "glass easels" of the MASP's second site. The arrangement of the works and their linear supports throughout the exhibition space refer directly to Franco Albini's exhibition modes, even though Pietro Bardi had already presented paintings unmoored from the walls in his own art gallery in Rome (1929).[14] The MASP's earliest exhibition devices developed those used by Albini in the show of work by Il Scipione (1941)

12. See SCHWARTZ, F. J. *The Werkbund: Design Theory & Mass Culture Before the First World War.* New Haven and London: Yale University Press, 1996.

13. BARDI, L. B. "Função social dos museus." *Habitat*, n. 1, Oct.–Dec. 1950.

14. RUSCONI, P. "A invenção de uma personagem: iconografia e fortuna crítica de Pietro Maria Bardi nos primeiros anos trinta." *In:* AGUILAR, N. (ed.). *I Simpósio Internacional Pietro Maria Bardi—Construtor de um novo paradigma.* Campinas: Universidade Estadual de Campinas, Sept. 2011.

15. BARDI, L. B. "O novo Trianon, 1957/67." *Mirante das Artes*, n. 5, Sept.–Oct. 1967, pp. 20–23.

16. Quote by Lina Bo Bardi in LIMA JR., W. *Arquitetura: a transformação do espaço.* Globo Shell Especial series, 1972. Available at: https://www.youtube.com/watch?v=q0QHjzrEYOQ.

and are contemporaneous with his design for the museum galleries in Genoa's Palazzo Bianco (1949–52).

In addition to the tubular supports, other devices were exhaustively used. Large panels detached from ceiling and floor in the didactic exhibitions, display windows for the exhibition of objects and dark planes as backgrounds for sculptures sought to accommodate the works in the first MASP's interiors, filled with pillars that supported the upper floors of the building on Rua 7 de Abril. Permanent Venetian blinds transformed the window openings into luminous textures.

The problematic interaction with the building was eliminated in its second site, which Lina began to design in 1957, before her sojourn in Salvador. Raised from the ground by four pillars and initially conceived with opaque external façades, the picture gallery of the new venue afforded a space that was utterly free of interferences. With that space, new glass supports would bring visitors even closer to the works of art on display, eliminating the chronological order of the trajectory by allowing for a simultaneous perception of the various corridors in which the paintings were lined up.

Likewise, transformation of the façades into transparent glass planes radicalized the concept of the exhibition space even further. The transparency extended to the city, breaking with the nature of the "internal museum" of his Italian colleagues' projects, most of them held in historical buildings. In the very midst of the dictatorship, the purpose of such transparency was to assert the democratization of art and politics, complementary among themselves. From the picture gallery, one could see the works in a space that was continuous with the city. From the outside, the works were presented to the city, offering them to visitation. Beyond removing "the church-like atmosphere of excluding the uninitiated",[15] the completely transparent art gallery over the clear span simultaneously offered a view of the free public space and of the museum's collection. Had that transparency survived, we would still be seeing the art gallery above political demonstrations taking place within the clear span—politics and culture in a single architectural action in the city.

The provocative, avant-garde nature of Lina's concept for the MASP lives on in its architecture.

"I wanted to make a bad project, that is, one that would be a useful space in spite of its formal ugliness, something that people could profit from [...] clear spans that might be created by the collectivity."[16]

The persistence of this nature in the museum's architecture and exhibition design, even so many years after the deaths of Lina and Pietro, challenges any new curator to conceive its future. To reflect so freely on the role of contemporary social spaces may be the next step in its re-establishment.

Renato Anelli is a professor at the Institute of Architecture and Urbanism at Universidade de São Paulo in São Carlos and director of the Instituto Lina Bo e P. M. Bardi in São Paulo.

MASP: ARQUITETURA EXPOSITIVA

Giancarlo Latorraca

A realização do Museu de Arte de São Paulo na avenida Paulista representou um gesto conclusivo, consequente e de expressão máxima das experimentações expositivas anteriores da arquiteta Lina Bo Bardi (1914-1992). Foi sua oportunidade de fundir conceitos e práticas de comunicação expositiva, integrando-as à própria concepção da arquitetura do edifício, utilizando-se da expressão técnica dos elementos construtivos como meio de comunicação, sem estabelecer fronteiras entre espaço e conteúdo.

Até a nova sede do MASP, a arquiteta havia realizado museus e mostras significativas no âmbito interno de arquiteturas preexistentes: o MASP 7 de Abril, de 1947, executado menos de um ano após sua chegada ao país, foi instalado em dois andares do edifício de escritórios projetado pelo arquiteto Jacques Pilon (1905-1962); a apresentação temporária da exposição *Bahia no Ibirapuera*, em 1959, que marcou um salto nas suas maneiras de expor ao romper teatralmente com a pureza do rigor estético modernista, foi construída sob a marquise do Parque do Ibirapuera, em área delimitada por tapumes, onde hoje está instalado o Museu de Arte Moderna (MAM–SP); o Museu de Arte Moderna da Bahia (MAM–BA), de 1960, foi montado no *foyer* do Teatro Castro Alves, projetado por José Bina Fonyat Filho (1918-1977) e Humberto Lemos Lopes (1921-2008); e, justamente anterior ao MASP da avenida Paulista, o Museu de Arte Popular do Solar do Unhão, de 1963, ocupava as instalações preservadas por Lina em sua obra inovadora de restauro do antigo casarão do século 16 e seus anexos, ambos preparados para receber mostras e um centro de pesquisa e documentação de arte popular.

O novo MASP foi revolucionário na maneira de expor e operacionalizar um novo modelo de museu "nos trópicos". Revolucionário tanto pelo aspecto das propostas inovadoras para a comunicação de acervos e coleções como pela contundência política característica de suas mostras iniciais. Foi o coroamento das proposições didáticas de museu-escola do MASP 7 de Abril, digeridas por Lina após seu contato profundo com a cultura brasileira de raiz no Norte e no Nordeste do país.

25. Verso do protótipo do cavalete de cristal com a obra *O escolar (O filho do carteiro — Gamin au Képi)* (1888), de Vincent van Gogh, no MASP na rua 7 de Abril [Back of the prototype of a crystal easel with the work *The Schoolboy (The Postman's Son—Gamin au Képi)* (1888), by Vincent van Gogh, at MASP on Rua 7 de Abril], 1968

VINCENT VAN GOGH
Holandês 1853 - 1890
O Escolar 1888, Arles
Bibliografia
Coleções
Doadores
NOTAS

A origem do MASP, nos anos 1950, representou a inserção das vanguardas mundiais na realidade cultural de São Paulo, simultaneamente à incorporação de artistas locais no universo consagrado das artes históricas. Era parte do projeto do museu oferecer uma visão ampla e atemporal sobre a criação humana a partir das artes, em busca da formação de um olhar democrático para a população local, não eurocêntrico, mas aberto às novas interpretações desde uma experiência cultural unicamente viável no Novo Mundo.

> A orientação do Museu de Arte foi sempre a de conduzir o problema da arte para a rua, para o cotidiano, para as pessoas que ainda não compreenderam a íntima relação da arte com a vida. Este trabalho desenvolve-se através de um esforço permanente, realizando cursos, conferências, publicações, exposições, etc.[1]

Este era o conceito de museu criado pelo professor Bardi (1900-1999), que, atendendo ao pedido de Assis Chateaubriand (1892-1968) para fazer o mais importante museu de arte antiga e moderna na América do Sul, negou a separação temporal, afirmando o compromisso de estabelecer um museu formador, denominando-o simplesmente Museu de Arte; um museu-escola por excelência, com o objetivo de expandir o campo das artes a uma ampla compreensão e interação dos saberes, oferecendo seu espaço público como uma "praça" aberta à formação de uma nova consciência cidadã. A procura de uma nova espacialidade para esse modelo de museu, até então reconhecido como espaço segmentado de palácios e edifícios neoclássicos históricos, era uma premissa fundamental. Em um texto à época da implantação do MASP 7 de Abril, que resultou na sede construída da avenida Paulista, Bardi esclarece:

> É preciso criar novos organismos, fora dos limites exíguos e das prescrições comuns da ciência tradicional dos museus. Organismos que desenvolvam atividade, não apenas no sentido estreito de informante, mas no de esclarecer não apenas uma colheita passiva de objetos, mas uma exposição e interpretação contínuas da civilização. Finalidade essa que se não pode alcançar com os museus atuais, tal como são concebidos, no interior de edifícios condenados, mal-iluminados, sem alma.[2]

Lina Bo, advinda da vanguarda arquitetônica italiana, estava apta a romper com esse paradigma espacial, já redimensionado na sistematização das suas montagens do primeiro MASP, e preparada, sobretudo após sua incursão na Bahia entre 1958 e 1964, a lidar com a contextualização museológica da produção popular da cultura brasileira. Inicialmente convidada a lecionar Teoria da Arquitetura na Universidade Federal da Bahia em 1958, Lina publicou na página dominical do *Diário de Notícias de Salvador* o texto "Crônicas de arte, de história, de costume, de cultura, de vida" e apresentou em São Paulo, em 1959, a exposição *Bahia no Ibirapuera.* A mostra trazia a cultura baiana sincrética e miscigenada, expressa através de objetos cotidianos, utilitários e de uso religioso. Após essa mostra-manifesto, estabelece-se em Salvador para dirigir o Museu de Arte Moderna da Bahia (MAM–BA), concebido como centro de "cultura viva", com acervo proposto como coleção em contínua formação e uma programação que ampliava as fronteiras de compreensão sobre arte moderna. Como um desdobramento do próprio MAM–BA, o Museu de Arte Popular do Solar do Unhão representou uma operação museológica para além da pura inserção da produção de objetos da cultura popular no universo moderno

1. *Mensário de Arte*, publicação do Museu de Arte de São Paulo (São Paulo: Habitat Editora Ltda., fev. 1954).

2. BARDI, P.M. "Museus e antimuseus". *Diário de São Paulo.* São Paulo, 1.1.1947.

3. Segundo sua definição, o Brasil não chegou a possuir uma produção artesanal nos moldes das corporações europeias, cujo auge se deu na Idade Média.

4. BARDI, L. B. "Museu de Arte de São Paulo". *In:* FERRAZ, Marcelo (org.). *Lina Bo Bardi.* São Paulo: Instituto Lina Bo e P. M. Bardi, 1993.

5. Cf. BARDI, L. B. "O Novo Trianon, 1957/67". *Mirantes das Artes.* São Paulo, n. 5, set.-out. 1967, pp. 20-23.

dos museus; foi um projeto de extenso levantamento das bases culturais do país, visando sua incorporação através da industrialização nascente.

A exposição *Civilização do Nordeste*, única realizada até o afastamento da arquiteta, em 1964, apresentava a riqueza da produção pré-artesanal[3] recolhida na Bahia, no Ceará e em Pernambuco. A mostra inaugura o museu em 1963, junto à apresentação coletiva de artistas contemporâneos dos mesmos estados no galpão anexo, em uma clara referência à não hierarquização das artes pretendida. Soluções técnicas para problemas do cotidiano foram apresentadas não pelo valor estético dos objetos, mas como testemunha cultural de resistência frente às condições precárias da população, como força criativa popular a ser resgatada pelo desenho industrial do país. Foi o encontro da simplificação espontânea observada nos saberes populares, advinda da limitação de recursos, com o ideal moderno de síntese.

O MASP surge sob esse novo olhar, transformando o gesto civilizatório inicial do primeiro museu em uma verdadeira revolução museológica e museográfica, com seu modernismo revigorado e de caráter político-nacional. Assim, o novo edifício emerge como um marco popular, referencial para a cidade, proposto de forma monumental, não na maneira tradicional de museu como privilégio de classe e afirmação de poder econômico.

> Uma premissa. Na projetação do Museu e Arte de São Paulo, na Av. Paulista, procurei uma arquitetura simples, uma arquitetura que pudesse comunicar de imediato aquilo que, no passado, se chamou de "monumental", isto é, o sentido do "coletivo", da "Dignidade Cívica". Aproveitei ao máximo minha experiência de cinco anos passados no Nordeste, a lição da experiência popular, não como romantismo folclórico, mas como experiência de simplificação.[4]

Os espaços de exposição do MASP, cuja implantação foi condicionada à não obstrução do antigo belvedere, concentram-se no volume transparente elevado em suspensão por dois pórticos vermelhos, no próprio novo belvedere em nível com a avenida Paulista e no embasamento do edifício, aberto ao centro da cidade pelo vale da avenida 9 de Julho. Acima, ficam o grande salão da pinacoteca, aberto à paisagem no segundo piso, e a sala de mostras temporárias, em um espaço fechado, na configuração típica de "cubo branco", localizado no centro da laje do primeiro piso, entre as salas técnico-administrativas. Abaixo, no embasamento, estendem-se as áreas para mostras temporárias, em um grande salão térreo circundado por amplos mezaninos, o Hall Cívico, inicialmente planejado para recepções públicas e bailes, quando a prefeitura cedeu o terreno para a construção do museu.[5]

MASP: MANEIRAS DE EXPOR

Alguns princípios de fruição inicialmente propostos em exposições anteriores foram potencializados na nova arquitetura: permitir ao espectador uma ampla apreensão do conjunto exposto, apresentando-o de forma aberta, com iluminação clara e geral; não estabelecer roteiros de visitação, dando liberdade à mediação, viabilizando descobertas por meio do contato individual com as obras e disponibilizando os objetos expostos através de isolamentos ou expressão de conjuntos. Outra questão fundamental foi a expansão do caráter didático e formativo do primeiro MASP, um "museu-escola" ou "museu vivo" que não se impunha como palavra final, mas buscava a ampla formação de seu público. Assim, a coexistência entre

26. Vista da exposição *A mão do povo brasileiro*, no MASP na avenida Paulista, projeto de Lina Bo Bardi [View of the exhibition *The Hand of the Brazilian People*, at MASP on Avenida Paulista, project by Lina Bo Bardi], 1969

tempos e definições de arte e distintas naturezas de obra, como escultura, pintura e objetos arqueológicos, foi intrínseca às apresentações do acervo. Da mesma forma, diferentes expositores também foram utilizados simultaneamente em algumas montagens, de acordo com a necessidade de conteúdo ou intenção desejada pelas ambientações.

"Liberdade" foi o eixo condutor adotado em sintonia com o novo conceito espacial e de museu proposto. Liberdade tanto na abertura do campo das artes e inserção do universo popular no espaço consagrado do museu como na interlocução junto ao espectador comum, abrindo espaço à pluralidade e às vozes fortes da sociedade, nem sempre visíveis ao senso comum. Trata-se de um trabalho que

> vai muito além da simples exposição, muito além da maneira de expor, é fazer com que as pessoas se vejam, se reconheçam e reconheçam sua cultura e o valor de sua cultura. [...] Lina não fazia uma exposição, ela não fazia exposições. Ela fazia movimentos, movimentos políticos de criar nas pessoas forças para que as culturas se falassem, aparecessem, entrassem em cena. Eram manifestos.[6]

O novo MASP é aberto ao público em 1969, um ano após ter sido inaugurado em cerimônia oficial com a presença da rainha da Inglaterra.

6. Depoimento do arquiteto Marcelo Ferraz, que trabalhou por 15 anos com Lina Bo Bardi, feito para a exposição *Maneiras de expor: arquitetura expositiva de Lina Bo Bardi*, no Museu da Casa Brasileira, entre agosto e novembro de 2014.

27. Vista do MASP com o Circo do Piolin no vão livre [View of MASP with the Piolin Circus in the free span], 1972

28. Vista da exposição *Playgrounds*, de Nelson Leirner, no vão livre do MASP [View of the exhibition *Playgrounds*, by Nelson Leirner, in MASP's free span], 1969

Agora, além da nova pinacoteca com os cavaletes de vidro, abria sua primeira mostra temporária, *A mão do povo brasileiro*, marcando a entrada da força criativa popular no mundo dos museus, e apresentava o novo belvedere como uma espécie de sala aberta de exposições através da mostra *Playgrounds*, que trazia instalações interativas do artista Nelson Leirner. Foi a materialização simbólica da ideia de museu desmistificado e engajado que se pretendia.

> Até procurei (e espero que aconteça) recriar um "ambiente" no Trianon. E gostaria que lá fosse o povo, ver exposições ao ar livre e discutir, escutar música, ver fitas. Até crianças, ir brincar no sol da manhã e da tarde. E retreta. Um meio mau gosto de música popular, que enfrentado "friamente", pode ser também um "conteúdo".[7]

Completando a projeção popular e a abrangência de sua inserção na cidade, outras ocupações foram propostas para a praça do belvedere, atualmente incorporada pela população como ponto de partida das mais diversas manifestações.

A mão do povo brasileiro, montada na sala fechada do primeiro andar, retoma o tipo de ambientação da mostra *Civilização do Nordeste*, de 1963, que inaugurou o Museu de Arte Popular do Solar do Unhão. Apresentava coleções de objetos do cotidiano popular[8] sobre "fundo geral" de tábua de pinho cru, em bases, prateleiras e painéis. Esse tipo de solução de caixas de madeira será retomado nas mostras do Sesc Pompeia, também em versão colorida. São ambientações que remontam às feiras nordestinas e aos armazéns de secos e molhados Brasil afora, origem de muitas das peças coletadas, mantendo uma separação tipológica dos objetos em repetição e diversidade.

O ambiente de "imersão" teatralmente criado incluía uma elaborada trilha sonora, com gravações feitas pelos interiores do país, como parte dos recursos cênicos já experimentados anteriormente nas montagens *Bahia no Ibirapuera*[9] e *Civilização do Nordeste*; além da experiência de Lina com cenários feitos para as peças do Teatro Castro Alves, junto ao MAM–BA — "arquiteturas cênicas", como definia.

Outra mostra temporária com grande impacto político-popular foi *Repassos: exposição-documento*, de 1975, realizada por Lina em parceria com Edmar de Almeida, que apresentava seu trabalho de tapeçaria desenvolvido junto às comunidades de artesãs do Triângulo Mineiro, e com o artista Flávio Império (1935-1985), que, além de participar da montagem, realizou um videodocumentário. A exposição apresentava uma saída "que não aquelas do consumo", através do uso de materiais naturais, remontando a tradições ancestrais vivas nas técnicas têxteis e de tingimento expostas. Foi um recorte antropológico de resistência cultural, feito nos moldes das apresentações de *A mão do povo brasileiro* e *Civilização do Nordeste*.

SISTEMAS EXPOSITIVOS

Os suportes técnicos desenvolvidos para as apresentações temporárias do novo museu reúnem tipologias e sistemas expositivos já realizados anteriormente pela arquiteta, agora ajustados à nova dimensão dos espaços e adaptados de acordo com as necessidades técnicas dos materiais e conteúdos. São sistemas pensados para solucionar questões de montagem nos espaços do museu, sem a necessidade de criar bloqueios,

7. BARDI, L. B. "Museu de Arte de São Paulo". *Op. cit.*, p. 102.

8. A exposição foi organizada com peças originárias do Museu de Arte da Universidade do Ceará, Museu do Estado da Bahia, Museu de Artes e Técnicas Populares de São Paulo e de vários colecionadores e antiquários paulistas.

9. A exposição de 1959 foi feita junto com Martim Gonçalves, diretor da Escola de Teatro da Universidade Federal da Bahia, com a colaboração de Glauber Rocha, Luiz Hossaka, Mario Cravo Jr. e Vivaldo Costa Lima. A montagem, teatralmente instalada sob a marquise com cortinas periféricas e um velário no forro para difusão de luz, contou com a apresentação de danças tradicionais da Bahia e um piso forrado com folhas de eucalipto em referência aos rituais dos terreiros de candomblé. Completava a construção cênica a instalação de árvores de flores de papel e cata-ventos, um grupo de carrancas do rio São Francisco e caracterizações das vestes de vaqueiro e dos orixás do candomblé.

29. Vista da exposição *Cem obras-primas de Portinari*, no MASP na avenida Paulista, expografia de Lina Bo Bardi
[View of the exhibition *One Hundred Masterpieces by Portinari*, at MASP on Avenida Paulista, exhibition design by Lina Bo Bardi], 1970

paredes e limitações à essência livre da arquitetura. Logo após a inauguração, em 1970, a exposição *Cem obras-primas de Portinari* foi apresentada no salão da Pinacoteca através da construção de um "corpo independente", uma estrutura simples, construída com sobreposições de pontaletes, caibros e ripas aparelhados e fixos sem encaixes. Vigas e pilares para fixação das obras compunham um ambiente no salão, com escala mais próxima para apreensão do material exposto.

Outra versão com colunas de madeira foi desenhada e utilizada em diversas mostras temporárias. Era composta por duplos sarrafos verticais que sustentavam painéis horizontais de compensado estruturado e com vidro nas duas faces. A fixação superior dessas colunas (no teto) era feita em trechos de madeira preposicionados na malha das vigas estruturais do edifício e, no piso, eram estabilizadas com calços. Foi uma espécie de derivação da tipologia proposta para a exposição didática do MASP 7 de Abril, que era apresentada junto ao acervo, feita com estrutura de tubos de alumínio com fixação piso-teto, suportando barras horizontais com painéis ensanduichados por duplo vidro. A mesma tipologia foi também utilizada em mostras didáticas e temporárias do MAM–BA.

30. Vista da exposição *Homenagem a Le Corbusier*, no MASP da rua 7 de Abril, expografia de Lina Bo Bardi [View of the exhibition *Homage to Le Corbusier*, at MASP on Rua 7 de Abril, exhibition design by Lina Bo Bardi], 1950

31. Montagem da exposição *Desenhos e gravuras Moscatelli*, no MASP na avenida Paulista, expografia de Lina Bo Bardi [Setup of the exhibition *Drawings and Prints by Moscatelli*, at MASP on Avenida Paulista, exhibition design by Lina Bo Bardi], 1979

32. Vista da exposição *Augusto Gerlinger*, no MASP na avenida Paulista, expografia de Lina Bo Bardi [View of the exhibition *Augusto Gerlinger*, at MASP on Avenida Paulista, exhibition design by Lina Bo Bardi], 1970

No novo MASP, uma derivação do primeiro painel didático, mais flexível, foi desenvolvida com módulos autoportantes, dois a dois, sem necessidade de fixação piso-teto. Executada com estrutura tubular de aço galvanizado para fixação de painel dupla-face de vidro, foi muito utilizada tanto para a apresentação de painéis didáticos complementares ao acervo como em mostras temporárias de fotografias, desenhos e gravuras.

Certa libertação dos painéis de suas estruturas acabou sendo proposta na mostra *História em quadrinhos*, em 1974, através da suspensão por cabos. Tratava-se de uma composição caleidoscópica do espaço, que foi maximizada na exposição da obra do artista e designer Roberto Sambonet (1924-1995): painéis de vidro atirantados verticais, para desenhos e pinturas, compõem espacialmente com outros horizontais, para objetos, criando uma atmosfera de leveza e flutuação.

A exposição de objetos tridimensionais, esculturas e peças arqueológicas do MASP, manteve o caráter didático-histórico proposto inicialmente. As primeiras instalações do museu, na rua 7 de Abril, traziam uma série de vitrines junto à mostra de painéis didáticos, expondo

33. Vista do MASP na rua 7 de Abril — em primeiro plano, a exposição *Homenagem a Le Corbusier*, no meio, a Vitrine das Formas; e, ao fundo, o acervo, expografia de Lina Bo Bardi [View of MASP on Rua 7 de Abril; in the foreground, the exhibition *Homage to Le Corbusier*; in the middle ground, Showcase of Forms; and, in the background, the collection, exhibition design by Lina Bo Bardi], 1950

34. Vista da exposição *Tempo dos modernistas*, no MASP na avenida Paulista
[View of the exhibition *Time of the Modernists* at MASP on Avenida Paulista], 1974

objetos arqueológicos egípcios. Em um segundo momento, com a expansão do museu, foi proposta uma vitrine longa, feita entre a exposição do acervo e a área de mostras temporárias, para apresentar objetos de distintas épocas e naturezas; um recorte feito no espírito da diversidade de acervo exposto ao lado, confrontando percepções e valores normalmente atribuídos às formas. Esta Vitrine das Formas, com iluminação difusa do teto, destacava os objetos no salão em uma espécie de aquário de formas, uma caixa de estrutura leve e com forte presença no espaço.

No museu da avenida Paulista, duas grandes vitrines são propostas como divisórias entre espaços funcionais e expositivos localizados, na sala térrea do Hall Cívico, entre o restaurante, de um lado, e a biblioteca, do outro, montadas como caixas de vidro sobre bases sólidas de concreto. Outras vitrines foram desenhadas com a mesma tipologia de caixa de vidro, apoiadas no piso, ou sobre estrutura tipo mesa, servindo para montagens junto ao acervo ou nas exposições temporárias. Com a mesma solução de vitrine, Lina propôs exposições didáticas sob o vão livre, na praça coberta do belvedere — um gesto não realizado, que expressa a força arquitetônica e de comunicação do museu com a cidade por meio da apropriação museológica da praça pública, estabelecendo um diálogo aberto com o cidadão.

A apresentação do acervo do novo museu em um grande salão elevado, "aberto" sobre a cidade, promoveu o encontro da liberdade espacial modernista, de planta livre e flexibilidade de montagem, com a liberdade de interlocução com o público através da unidade expositiva articulada em conjunto, sem hierarquizar períodos ou privilegiar referências históricas. Foi uma das propostas mais contundentes sobre a maneira de expor contemporânea, retomando experiências iniciais da Itália dos anos 1940, como as do arquiteto Franco Albini (1905-1977),[10]

10. ANELLI, R. "A propagação do gosto moderno". *In:* LATORRACA, G. *Maneiras de expor: arquitetura expositiva de Lina Bo Bardi*. São Paulo: Museu da Casa Brasileira, 2014.

11. BARDI, L. B. "Museu de Arte de São Paulo". *Museu de Arte de São Paulo*. São Paulo: Instituto Lina Bo e P. M. Bardi; Lisboa: Editorial Blau, 1997.

que havia proposto alterar a apresentação da "obra sobre o muro", extraindo sua condição inicial de "janela" ou "buraco", assinalando um novo significado à sua presença física no tempo e espaço presente. Um gesto físico que redimensionou a aproximação do observador com a obra, permitindo sua apreensão não passiva, livre do peso histórico e tradicional do modelo museográfico dos séculos 18 e 19.

Inicialmente, na instalação da pinacoteca do MASP 7 de Abril, em 1947, Lina Bo Bardi utilizou-se de estruturas tubulares metálicas de alumínio fixas do piso ao teto para apresentar as obras fora das paredes, fixando-as por meio de pinças reguláveis em altura. Essa estrutura permitiu redimensionar o espaço interno do edifício existente, através do alinhamento de conjuntos e da utilização de cortinas, em um ambiente que já integrava os "tempos" das artes e expunha junto objetos de natureza diversa. A expansão da pinacoteca do museu, em 1950, contando com maior quantidade de obras, foi organizada em paredes móveis de grande leveza, com apoios metálicos delgados, estabilizados por cabos atirantados. Foi um caminho intermediário em busca de resolver a neutralidade de fundo para obras, antes da adoção do "vazio" proposto na versão futura do cavalete solto. Outra montagem semelhante, de longas paredes "leves", foi proposta em 1957 para a breve apresentação do acervo na Fundação Alvares Penteado, por ocasião de uma tentativa de acordo para transferência do museu, pouco antes do projeto definitivo da nova sede na avenida Paulista.

Nas apresentações do MAM–BA, a partir de 1960, a intensa programação das mostras e o caráter de coleção em formação favoreceram a concepção de um sistema mais flexível em que a obra se estabilizava em uma haste vertical metálica, presa a uma base de concreto, livre das fixações piso-teto. A legenda e os suportes de apoio dos quadros eram fixados de forma ajustável na haste. Esta situação da obra anuncia sua inserção no espaço museológico na condição original da pintura sobre o tradicional cavalete do pintor, retomada no novo MASP. Ali, mantendo o princípio de estabilidade do sistema através da base-lastro de concreto, a fixação das obras é proposta em uma lâmina de vidro vertical, ajustada por meio de parafuso e cunha de madeira junto à base. Trata-se de um gesto conclusivo a toda reflexão anterior sobre a inserção espacial do objeto pictórico, livre das paredes e de quaisquer estruturas verticais visíveis.

No novo MASP, a pinacoteca foi pensada com aproveitamento da luz externa difusa através de persianas, complementada por refletores de luz rebatida no teto de concreto pintado de branco. As pinturas flutuam no tempo presente, apresentadas como em lamelas de observação científica, isentas de toda carga cultural de origem. No Brasil, o observador "isento" fica livre para apreciar as obras simultaneamente em uma nova leitura possível, viável a uma nova civilização. Existe um respeito cultural implícito na multiplicidade disposta através das unidades do cavalete de vidro, que disseca a obra, materializando-a em flutuação para ser desnuda, decupada em sua condição histórica e material, sem classificá-la antes do primeiro contato com o espectador. Lina completa: "as legendas descritivas colocadas na parte de trás não dizem: 'deves admirar, é Rembrandt', mas deixam ao espectador a observação livre e o prazer da descoberta".[11] São mais que legendas no verso dos expositores: um painel com texto descritivo sobre o autor e a obra retoma a função didática das proposições inicias do primeiro MASP. A quantidade não massifica, mas relativiza o tempo através das distintas expressões vistas em simultaneidade, apresentando a arte como trabalho humano através dos tempos, possibilitando em larga escala uma nova experiência para a mediação de coleções em museus.

Até a construção do novo MASP, existiram poucas propostas arquitetônicas com novas abordagens de fruição e apreciação de acervos e coleções em contraponto aos museus tradicionais. O Guggenheim Museum de Nova York, por exemplo, pensado para expor arte moderna de forma não convencional, havia sido finalizado em 1959. Ainda hoje, embora haja muita especulação formal externa, internamente os museus permanecem consolidados no conforto das caixas "brancas" ou "pretas". O legado histórico do MASP é, portanto, fundamental na experiência museológica e museográfica mundial, sobretudo se considerarmos seu caráter político-cultural ao propor a incorporação de um novo olhar a partir de uma "nova" civilização na América, frente à história até então consolidada no padrão europeu-ocidental.

Giancarlo Latorraca é arquiteto e diretor técnico do Museu da Casa Brasileira (MCB), em São Paulo, onde curou *Maneiras de expor: a arquitetura expositiva de Lina Bo Bardi*, em 2014.

MASP: EXHIBITION ARCHITECTURE

Giancarlo Latorraca

The construction of the Museu de Arte de São Paulo on Avenida Paulista represented a conclusive and consequential gesture, and was the greatest expression of previous exhibition experimentation by architect Lina Bo Bardi (1914–1992). This was her opportunity to merge concepts and practices of exhibition communication, integrating them into the very conception of the building's architecture and making use of the technical expression of constructive elements as a form of communication, without establishing any borders between space and content.

Before the new MASP headquarters, the architect had designed museums and shows of significance in the internal context of preexisting architectures. MASP 7 de Abril, from 1947, done less than a year after her arrival in Brazil, was installed on two floors of the office building designed by architect Jacques Pilon (1905–1962). The temporary presentation of the exhibition *Bahia no Ibirapuera* in 1959, which represented a leap in her forms of exhibiting by breaking theatrically with the purity of modernist esthetic rigor, was built under the Ibirapuera Park marquee, which is the current location of the Museu de Arte Moderna de São Paulo (MAM–SP). The Museu de Arte Moderna da Bahia (MAM–BA), from 1960, was built in the foyer of the Teatro Castro Alves, designed by José Bina Fonyat Filho (1918–1977) and Humberto Lemos Lopes (1921–2008). And shortly before the MASP at Avenida Paulista, the Museu de Arte Popular do Solar do Unhão, from 1963, occupied the facilities preserved by Lina with her innovative restauration work of the old 16th-century mansion and its annexes, both prepared to receive exhibitions and a popular art research and documentation center.

The new MASP was revolutionary in the presentation and operation of a new museum model "in the tropics", with innovative solutions for communicating collections and shows, and political boldness characterized its early exhibitions. It was the crown of MASP 7 de Abril school-museum's educational proposals, which Lina had processed after her first in-depth contact with grassroots Brazilian culture in the country's North and Northeast regions.

The origins of MASP itself, in the 1950s, represented the introduction of worldwide vanguards into the São Paulo cultural reality, when local artists were being incorporated into the canonical universe of historic arts. Part of the museum's design aimed to provide a broad and timeless view of human creation through the arts, seeking to develop a democratic perspective for the local population, not Eurocentric, but open to new interpretations from a cultural experience viable only in the New World.

> The orientation of the Art Museum was always to take the problem of art into the street, into ordinary life, to people who still did not understand the intimate relationship between art and life. This work is developed through a permanent effort, by organizing courses, conferences, publications, exhibitions, etc.[1]

This was the museum concept created by Professor P. M. Bardi (1900–1999), who, at the request of Assis Chateaubriand (1892–1968) to design the most important museum of ancient and modern art in South America, denied temporal separations and affirmed the commitment to establish a formative museum, calling it simply Art Museum—an authentic school-museum with the purpose of expanding the field of art to provide a broad understanding and interaction of fields of knowledge, offering its public space as a "square" open to the development of a new consciousness for its citizens. The search for a new space concept for this type of museum, until then recognized as a segmented space of historic palaces and neoclassic buildings, was a fundamental starting point. In a text from the time of the foundation of MASP 7 de Abril, which resulted in the headquarters later built at Avenida Paulista, Bardi clarifies:

> We need to create new organisms, outside the confined boundaries and common prescriptions of the traditional science of museums. Organisms that develop activities, not only in the strict sense of informing, but in the sense of clarifying not merely a passive collection of objects, but rather a continuous exposition and interpretation of civilization. Such goal cannot be reached with current museums as they are conceived, inside condemned buildings, poorly lit, without soul.[2]

Lina Bo, coming from the Italian architectonic vanguard, was able to break with this spatial paradigm, which had been re-dimensioned in the systematization of her designs for the first MASP, and, after her incursion in Bahia between 1958 and 1964, she was especially prepared to deal with the museological contextualization of popular production in Brazilian culture. Initially invited to each Theory of Architecture at the Federal University of Bahia in 1958, Lina published in the Sunday paper *Diário de Notícias de Salvador* the text "Crônicas de arte, de história, de costume, de cultura, de vida" [Chronicles of Art, History, Habit, Culture, Life] and, in 1959, had her exhibition *Bahia no Ibirapuera*, in São Paulo. It showcased the syncretic and miscegenated culture from Bahia expressed through daily objects, tools and religious items. After this show/manifesto, she settled in Salvador to head the Bahia (MAM–BA), conceived as a "live culture" center, with a collection intended to be in constant development and programming that sought to broaden the understanding of modern art. As an expansion of MAM–BA itself, the Museu de Arte Popular do Solar do Unhão represented a museological operation beyond the simple insertion of the production of popular-culture objects

1. *Mensário de Arte*, a publication from the São Paulo Museum of Art (edited by Habitat Editora Ltda., São Paulo, Feb. 1954).

2 BARDI, P. M. "Museus e antimuseus." *Diário de São Paulo*. São Paulo, January 1st, 1947.

3. According to her definition, Brazil did not have a craft production in the style of European guilds, which reached their peak in the Middle Ages.

4. BARDI, L. B. "Museu de Arte de São Paulo." *In:* FERRAZ, Marcelo (org.). *Lina Bo Bardi.* São Paulo: Instituto Lina Bo e P. M. Bardi, 1993.

5. See BARDI, L. B. "O Novo Trianon, 1957/67." *Mirantes das Artes.* São Paulo, n. 5, Sep.–Oct. 1967, pp. 20–23.

into the modern universe of museums; it was an extensive prospection project in the cultural pillars of the country, aiming to incorporate them through the incipient industrialization.

The *Civilização do Nordeste* [Northeastern Civilization] exhibition, the only one organized while the architect was active, in 1964, presented the richness of pre-art[3] production collected in Bahia, Ceará and Pernambuco. The show marked the opening of the museum in 1963, combined with a collective exhibition of contemporary artists from the same states in the annex, a clear reference to the intended lack of hierarchy among the arts. Technical solutions to everyday problems were shown not because of the aesthetic value of the objects, but as cultural witnesses to their resistance in the face of the precarious conditions of the population, as popular creative power to be rescued by Brazil's industrial design. It was an encounter between spontaneous simplification observed in popular knowledge, stemming from limited resources, and the modern ideal of synthesis.

MASP emerges within this new vision, turning the initial civilizational gesture of the first museum into a real museological and museographical revolution, with its repurposed modernism of a political-national character. Thus, the new building rises as a popular landmark, a reference to the city, conceived in a monumental way and not in the traditional manner of a museum as class privilege and affirmation of economic power.

> A hypothesis. In designing the Museu de Arte de São Paulo at Avenida Paulista, I sought a simple architecture, an architecture that could immediately communicate what, in the past, was called "monumental", that is, the sense of "collective", of "civic dignity". I made the best out of my five-year experience living in the Northeast, a lesson in popular experience, not as folkloric romanticism, but as a simplification experience.[4]

MASP's exhibition spaces, whose construction was conditioned upon the non-obstruction of the old belvedere, are concentrated in the transparent volume suspended by two red porticos, the new belvedere at the level of Avenida Paulista, and the base of the building, which opens to the city via the Avenida Nove de Julho, at a lower level. Above are the great picture gallery hall, open to the view of the second floor, and the temporary exhibition room, in an enclosed space with a typical "white cube" configuration, located at the center of the first floor, between the technical and management offices. Below, at the base, are areas for temporary exhibitions in the Civic Hall, a great ground-level hall surrounded by large mezzanines, originally designed for public receptions and balls when the City donated the space for the construction of the museum.[5]

MASP: FORMS OF EXHIBITING

Some fruition principles that had been initially proposed in previous exhibitions were amplified in the new architecture: offering the visitor a comprehensive view of the work on display, presenting it openly, with clear and general illumination; not determining visitation itineraries, allowing for mediation, promoting discoveries by means of individual contact with the work and making the displayed objects available through their isolation or expression as a set. Another fundamental question was the expansion of the educational and formative character of the first MASP, a "school-museum" or "living museum" that did not claim to have the final word, but sought to offer its audience a broad education. Thus, the coexistence of periods and definitions of art and work of various natures, such as sculpture, painting and archaeological objects, was intrinsic to the collection presentations. In the same way, different exhibitors were also used simultaneously in some displays, according to the content's needs or the desired intention in the designs.

"Freedom" was the guideline adopted in sync with the new space and museum concept proposed. Freedom both to open the field of arts and introduce the popular universe into the sacred museum space, and to dialogue with the common visitor, giving room to plurality and to strong voices in society which are not always visible to the common sense. This is about a work that

> goes far beyond the simple exhibition, far beyond the way of exhibiting; it is about making people see themselves, recognize themselves and their culture and the value of this culture. [...] Lina did not make an exhibition; she made exhibitions. She made movements, political movements that gave people strength so their cultures could talk, stand out, enter the scene. They were manifestos.[6]

The new MASP opened to the public in 1969, one year after its inauguration in an official ceremony in the presence of the Queen of England. Besides the new picture gallery with the glass easels, it opened its first temporary show, *A mão do povo brasileiro* [The Hand of the Brazilian People], marking the entrance of the popular creative force into the world of museums, and presented the new belvedere as a kind of open exhibition hall through the show *Playgrounds*, which displayed interactive installations by Nelson Leirner. The intention was a symbolic materialization of the idea of a demystified and engaged museum.

> I even tried (and I hope it happens) to recreate an "environment" at the Trianon Park. I would like the people to go there to see outdoor exhibitions and debate, listen to music, watch tapes. Children too, playing in the morning and afternoon sun. And a street band. A sort of bad-taste popular music which, taken "coldly", could also be some kind of "content".[7]

Completing the popular projection and the comprehensiveness of its insertion in the city, other occupations were proposed for the belvedere square, now appropriated by the population as the starting point of all kinds of manifestations.

A mão do povo brasileiro, installed in the closed room of the first floor, revisited the type of setting of the *Civilização do Nordeste* show from 1963, which inaugurated the Museu de Arte Popular do Solar do Unhão. It presented collections of everyday popular objects[8] over the "general background" of natural pine boards in bases, shelves and panels. This type of solution with wooden boxes would be used again, in color, in the Sesc Pompeia exhibitions. These settings evoke the Northeastern street markets and the general stores all over Brazil, the origins of several of the collected pieces, keeping a typological separation of the objects in terms of repetition and diversity.

The theatrical "immersive" environment created included an elaborate soundtrack with recordings made in various rural regions as part of the scenic resources previously tested in the shows *Bahia no Ibirapuera*,[9]

6. Statement by architect Marcelo Ferraz, who worked with Lina Bo Bardi for 15 years, for the exhibition *Maneiras de expor: arquitetura expositiva de Lina Bo Bardi*, at the Museu da Casa Brasileira, between August and November 2014.

7. BARDI, L. B. "Museu de Arte de São Paulo." *Op. cit.*, p. 102.

8. The exhibition was organized with pieces from Museu de Arte da Universidade do Ceará, Museu do Estado da Bahia, Museu de Artes e Técnicas Populares de São Paulo and several collectors and antique dealers from São Paulo.

9. The 1959 exhibition was organized with Martim Gonçalves, director of the Theater School of the Universidade Federal da Bahia, in collaboration with Glauber Rocha, Luiz Hossaka, Mario Cravo Jr and Vivaldo Costa Lima. The show, theatrically installed under the marquee with peripheral curtains and a tent ceiling to diffuse the light, included the presentation of traditional dances from Bahia and a floor covered in eucalyptus leaves, referencing the Candomblé rituals. It contemplated the scenic construction and installation of paper-flower trees and windmills, a set of masks from the São Francisco River region, and characterizations of cattle-rancher vests and Candomblé orishas.

and *Civilização do Nordeste*. They also reflected Lina's experience with stage designs for plays at the Castro Alves Theater together with MAM–BA—"scenic architectures", as she would define them.

Another temporary exhibition of great political and popular impact was *Repassos: exposição-documento* [Retracing: Exhibition-Document], from 1975, organized by Lina with Edmar de Almeida, who presented his tapestry work developed with popular artist communities from Minas Gerais, and with artist Flávio Império (1935–1985), who, apart from joining the exhibition, produced a video-documentary. The show presented a solution "which is not like those for consumption" by using natural materials, revisiting ancestral traditions that live on in the textile and dying techniques on display. This was an anthropologic approach to cultural resistance following the structure of *A mão do povo brasileiro* and *Civilização do Nordeste*.

EXHIBITION SYSTEMS

The technical supports developed for the temporary exhibitions in the new museum brought together typologies and exhibition systems that had been previously used by the architect, adjusted to the new space dimensions and adapted to the technical needs of the materials and contents. These systems were designed to solve assembly issues in the museum spaces and do not require creating blocks, walls and limitations to the free essence of the architecture. Just after the opening, in 1970, the exhibition *Cem obras-primas de Portinari* [One Hundred Masterpieces by Portinari] was presented in the picture gallery hall through the construction of an "independent body", a simple structure built with fixed overlapping wooden beams, rafters and purlins. Beams and pillars to keep the works in place created an environment in the hall at a more adequate scale to view the material on display.

Another version with wooden columns was designed and used in several temporary shows. It was made of double vertical beams that supported horizontal-structured plywood panels with glass on both sides. The upper fixation of these columns (on the ceiling) was made with pieces of wood positioned in the mesh of structural beams of the building and, on the floor, they were stabilized with wedges. It was a kind of derivation of the typology proposed for the educational exhibition at MASP 7 de Abril, which was displayed with the collection and built with a structure of aluminum tubes attached to the floor and the ceiling, supporting horizontal bars with panels between double glass. The same typology was used in educational and temporary shows at MAM–BA.

In the new MASP, a more flexible derivation of the first educational panel was developed with self-contained module pairs, without the need for floor-ceiling fixation. Executed in a galvanized-steel tubular structure to hold the double-face glass panels, it was used often to present educational panels that were added to the collection, as well as temporary photography, drawing and printing shows.

The suggestion to somehow free the panels from their structures was made in the *História em quadrinhos* [Comic Book] exhibition, in 1974, when they were suspended by cables. It created a kaleidoscopic composition of the space, which was maximized when showing the work of artist and designer Roberto Sambonet (1924–1995)—stretched vertical glass panels for drawings and paintings were spatially composed with others, horizontal, for objects, creating a light, floating atmosphere.

The exhibition of three-dimensional objects, sculptures and archaeologic pieces continued the educational-historic character initially proposed by MASP. The first installations of the museum at Rua 7 de Abril presented a series of windows that showed Egyptian archaeological objects beside the didactic panels. In a second moment, with the museum's expansion, a longer window built between the permanent collection and the temporary exhibition areas was proposed to display objects from different times and natures, marking a division in the spirit of the diversity of the collection shown beside it, confronting perceptions and values usually attributed to forms. This Window of Forms, with diffuse ceiling lighting, highlighted the objects in the hall in what resembled a fishbowl of shapes; a light-structure box with strong presence in the space.

In the Avenida Paulista museum, two large windows were proposed as divisions between functional and exhibition spaces located in the ground-level room of the Civic Hall, between the restaurant on one side and the library on the other, mounted as glass boxes over solid concrete bases. Other windows were designed with the same glass-box typology, placed either on the floor or over a bench-like structure, used in compositions with the collection or in the temporary exhibitions. Relying on the same window solution, Lina proposed educational exhibitions under the open, roofed square of the belvedere—an unfulfilled gesture that expresses the museum's powerful architecture and its communication with the city by means of the museological appropriation of the public square, establishing an open dialogue with the citizens.

The presentation of the new museum's collection in a large, suspended hall, "open" above the city, promoted the encounter between modernist spatial freedom—of flexible open spaces—with the freedom to dialogue with the public through the exhibition unit articulated as a set, without hierarchizing periods or privileging historical references. It was one of the boldest proposals on contemporary ways of exhibiting art, revisiting early experiences from 1940s Italy, such as those of architect Franco Albini (1905–1977),[10] who had suggested changing the presentation of the "work on the wall", removing its initial condition as "window" or "hole" and pointing to a new meaning to its physical presence in current time and space as a physical gesture that gave new dimension to the viewer's approximation to the work, allowing non-passive viewing free of the historic and traditional weight of the museographical model of the 18th and 19th centuries.

Initially, in the picture gallery installation at MASP 7 de Abril, in 1947, Lina Bo Bardi used fixed, floor-to-ceiling tubular aluminum structures to show the work away from the walls, attaching them with clamps with height adjustment. This structure allowed changing the dimensions of the internal space of the existing building by aligning the sets and using curtains in an environment that already integrated the "times" of the art and displayed objects of diverse natures together. The expansion of the museum picture gallery, in 1950, with a larger number of works, was arranged using extremely light mobile walls, with thin metallic supports stabilized by tout cables. It was an intermediate solution for the issue of background neutrality for the works before adopting the "emptiness" proposed in the future version of the free-standing easel. Another similar design, with long, light walls, was proposed in 1957 for the brief presentation of the Fundação Armando Alvares Penteado collection, during a tentative agreement to transfer the museum shortly before the definitive design of the new Avenida Paulista headquarters.

10. ANELLI, R. "A propagação do gosto modern." *In:* LATORRACA, G. *Maneiras de expor: arquitetura expositiva de Lina Bo Bardi*. São Paulo: Museu da Casa Brasileira, 2014.

11. BARDI, L. B. "Museu de Arte de São Paulo." *Museu de Arte de São Paulo*. São Paulo: Instituto Lina Bo e P. M. Bardi; Lisboa: Editorial Blau, 1997.

In the MAM–BA presentations starting in 1960, the intense programming and the nature of the collection under development favored the conception of a more flexible system, in which the piece was stabilized on a vertical metallic shaft supported by a concrete base, free of floor-ceiling attachments. The label and supports for paintings were placed on the shaft, where they could be adjusted. This situation announces the work's insertion in the museological space in the original condition of the painting on the traditional painter's easel, which was rescued by the new MASP. There, maintaining the principle of system stability using the concrete base/ballast, the works are held by a vertical glass sheet adjusted with screws and wooden wedges at the base. This is a conclusive gesture for the previous reflection on the spatial insertion of the pictorial object, free of walls and any visible vertical structures.

In the new MASP, the picture gallery was conceived making use of the external light, which is diffused by blinds, supplemented with reflectors that project light onto the white-painted concrete ceiling. The paintings float in the present time, displayed as if in scientific slides, depleted of all of their original cultural load. In Brazil, the "neutral" visitor is free to appreciate the works simultaneously in a new interpretation which is possible, feasible in a new civilization. There is an implicit cultural respect in the multiplicity displayed by the glass easel units, which dissect each work, materializing it as a floating object to be stripped, described in its historical and material condition, without classifying it before its first contact with the viewer. Lina adds: "the descriptive labels placed on the back don't say 'you shall admire this, it's Rembrandt', but leave the free observation and the pleasure of the discovery to the viewer."[11] Behind the works are more than labels: a panel with descriptive texts about the author and the piece preserves the educational function of the early proposals of the first MASP. Quantity does not mean massification, but makes time more relative by means of the various expressions seen simultaneously, presenting art as a human activity throughout the times, making possible a new, large-scale experience for mediating collections in museums.

Up until the construction of the new MASP, there were few architectural proposals with new approaches for the fruition and appreciation of collections and shows that counterbalanced traditional museums. The Guggenheim Museum in New York, for instance, conceived to display modern art in an unconventional way, had been completed in 1959. Even today, although there is much formal external speculation, internally the museums remain consolidated in the comfort of their "white" or "black" boxes. MASP's historic legacy is thus fundamental in the global museological and museographical experience, especially considering its political and cultural character when it proposes adopting a new look from a "new" civilization in America, confronting the history which had consolidated around the Western European standards.

Giancarlo Latorraca is an architect and a technical director of the Museu da Casa Brasileira (MCB), in São Paulo, where he curated *Ways of Showing: the Exhibition Architecture of Lina Bo Bardi*, 2014.

O MASP DE LINA BO BARDI: PERSPECTIVAS TEÓRICAS E CRÍTICAS[1]

Gabriela Campagnol e Stephen Mark Caffey

Os racionalistas italianos em Milão nas décadas de 1930 e 1940 e os surrealistas em Nova York em 1942 já haviam desafiado a rigidez institucional da prática museal antes que o MASP abrisse suas portas para o público brasileiro em 1968, mas ninguém foi tão bem-sucedido quanto Lina (1914-1992) em libertar o museu de sua função enquanto tesouraria-relicário-mausoléu, concebido para se dirigir a, valorizar e reafirmar as elites culturais.[2] Como observa Olivia de Oliveira, Lina "descristianizou" a experiência museológica, tornando todas as obras igualmente acessíveis tanto para os leigos quanto para "os ordenados", removendo o que Walter Benjamin (1892-1940) chamara de "aura" das pinturas.[3] Lina contestou a valorização tradicional das pinturas enquanto artigos de luxo e objetos preciosos, preferindo, em vez disso, apresentá-las como os produtos do trabalho artístico, como "itens triviais" ligados à vida cotidiana.[4] No cálculo curatorial de Lina, a instalação tornou-se — nos sentidos literal e figurado — um campo desestabilizado e desestabilizante de produção cultural.[5] Sua abordagem eliminava hierarquias de cronologia, movimentos artísticos, materiais e status dos artistas, nivelando metaforicamente, e literalmente elevando as obras da coleção permanente do MASP. (Mesmo que as pinturas tivessem sido organizadas por artista, século e/ou país de origem, a ausência de paredes e a aparente aleatoriedade do espaço subvertiam a inclinação do indivíduo a acompanhar qualquer sequência desse tipo.) Ao colocar todos os rótulos na parte de trás dos cavaletes, Lina obrigava os espectadores a dar a volta no objeto para descobrir o nome do artista e outras informações pertinentes. A tática também podia significar que a moldura, os pregos e grampos, assim como qualquer rótulo referente ao transporte ou à alfândega, ficariam visíveis ao mesmo tempo que o nome do artista, o título da obra, a data, o suporte e as informações de dimensão e acesso. Finalmente, o fato de o espectador não poder ver a obra e o texto de modo simultâneo significava que o objeto e seu rótulo tinham de ser olhados separadamente no tempo e no espaço.

1. Partes deste ensaio apareceram originalmente em "Pepper the Walls with Bullets: Lina Bo Bardi's Museu de Arte de São Paulo" (*Creating_Making Forum*. Norman: University of Oklahoma, 2011, pp. 145-151) e "Dis/Solution: Lina Bo Bardi's Museu de Arte de São Paulo"(*Journal of Conservation and Museum Studies*, 13(1): 5, 2015, pp. 1-13). Os autores gostariam de agradecer a Angela Person e Anastasia Sakelliardi.

2. A prática de transformar pinturas em "'imagens eidéticas', como se elas tivessem perdido sua materialidade e pairassem feito imagens oníricas no espaço, sem suporte físico ou moldura" também aparecera no projeto curatorial de Frederick Kiesler para a galeria de Peggy Guggenheim, *Art of This Century*, em Nova York em 1942. Ver DEMOS, T.J. "Duchamp's Labyrinth: 'First Papers of Surrealism' 1942". Outubro 97(3), 2001, pp. 93-94. Para um debate sobre o museu enquanto tesouraria-relicário-mausoléu, ver CARRIER, D. *Museum Skepticism: A History of the Display of Art in Public Galleries*. Durham: Duke University Press, 2006.

Com a intervenção de Lina, um seringueiro pobre vivenciaria as pinturas da coleção permanente do MASP da mesma forma que o mais rico paulistano ou turista europeu: como objetos — objetos libertados de hierarquias de espaço, tempo, perícia ou academicismo; objetos produzidos pelo trabalho de artistas; e objetos reunidos em protesto contra as hierarquias e relegações museológicas e museográficas que dominavam a prática expositiva na Europa e nos Estados Unidos. Como observa Daniela Sandler: "não havia um caminho definido de uma obra a outra. Os visitantes tinham de construir seu próprio caminho, e cada nova visita ou novo itinerário podia criar conexões novas e inesperadas".[6] Lina esperava ver multidões turbulentas reunidas abaixo do MASP, ecoando as fileiras e colunas sincopadas dos cavaletes de vidro que pairavam acima delas. Nos dias em que multidões se reuniam no espaço aberto sob o vão, a vista de fora do museu oferecia um vislumbre de solidariedade: pessoas e arte em protesto; estrutura, espaço e expografia como revolta. De dentro da estrutura, os "retângulos de vidro que se projetavam para fora de suas bases de concreto ecoavam os materiais e as relações volumétricas da paisagem urbana lá fora... unindo o espaço da galeria" à cidade de arranha-céus caótica e movimentada de São Paulo de um lado e ao Vale do Anhangabaú do outro.[7]

O MASP de Lina, talvez mais do que qualquer outra instituição do mesmo tipo, exige uma consideração por meio de um aparato crítico e teórico que permite diversas conexões entre textos — uma espécie de amostra "rizomática". Inspirando-se em mecanismos da propagação vegetal, os filósofos Gilles Deleuze (1925-1995) e Félix Guattari (1930-1992) definem o rizoma como caracterizado pela conectividade, heterogeneidade e multiplicidade — propriedades incorporadas ao projeto de Lina, mas também aplicáveis para conectar esse projeto a modos de pensar dentro e fora das modalidades arquitetônicas.[8] Para Deleuze e Guattari, "o rizoma conecta qualquer ponto a qualquer outro ponto", operando através de "variação, expansão, conquista, captura, picada... Um rizoma não tem início nem fim; está sempre no meio, entre coisas, inter-ser, *intermezzo*".[9] Feito um elo em uma "cadeia semiótica", o MASP de Lina estendia suas redes rizomáticas a diversos textos relevantes convidando públicos a participar de atos "perceptivos, miméticos, gestuais e cognitivos" em seu envolvimento popular e acadêmico com o museu e seus cavaletes de vidro.[10]

Ao escrever sobre o trabalho do arquiteto Steven Holl, a arquiteta e historiadora Shima Mohajeri articula uma série de pontos que nos oferecem meios de caracterizar a experiência das fenestrações de tempo e espaço do MASP.[11] Adaptando uma postura originalmente codificada pelo filósofo Maurice Merleau-Ponty (1908-1961) (que a escreveu seis anos antes da inauguração do MASP na avenida Paulista), Mohajeri examina os *Experiments in Porosity* [Experimentos com a porosidade] de Holl em uma análise que pode também facilmente ser aplicada ao museu de Lina:

> [...] trazer a ideia de profundidade espacial infundida com tempo. As camadas porosas no espaço indicam a simultaneidade de presença em que [o] corpo se move pela profundidade no tempo. É então que o corpo vivencia o acontecimento do tempo e do espaço em sua continuidade. A porosidade espacial é um método para desestabilizar os contornos e limites ao mesmo tempo que os desloca para a frente e para atrás entre os espaços. Esse fechamento e essa abertura contínuos do espaço fornecem uma área para que o corpo descubra sua visibilidade entre as criaturas invisíveis criadas pelos espaços vazios. Assim, a porosidade no espaço aparece como resultado de um fluxo ininterrupto de acontecimentos interpenetrados dentro da profundidade espacial.[12]

3. Ver Oliveira, O. de. *Subtle Substances: The Architecture of Lina Bo Bardi.* Barcelona: Editorial Gustavo Gili, 2006, p. 276 e BENJAMIN, W. *Illuminations* [1968]. Londres: Fontana, 2006.

4. Oliveira, O. de. *Op. cit.*, p. 276.

5. Pierre Bourdieu identifica o "campo da produção cultural" como um espaço de forças e lutas no qual artistas-produtores, produtos-artísticos e consumidores-de-arte exercem "tomadas-de-posição" que "transformam ou conservam" o espaço através de uma relacionalidade objetiva. Ver BOURDIEU, P. *The Field of Cultural Production.* Nova York: Columbia University Press, 1993, p. 30.

6. SANDLER, D. "The Other Way Around." *In:* Lu D. (org). *Third World Modernisms.* Abingdon: Routledge, 2011, p. 47.

7. *Ibid.*

8. DELEUZE, G. e GUATTARI, F. *A Thousand Plateaus: Capitalism and Schizophrenia.* Minneapolis: University of Minnesota Press, 1987, pp. 3-25.

9. *Ibid.*

10. *Ibid.*

11. MOHAJERI, S. "The Time of Place in Architecture: The Simultaneity of Spatial Depth and Steven Holl's Design Method". International Merleau-Ponty Circle Conference, Mississippi State University, 9.9.2009.

12. Ver HOLL, S. *Experiments in Porosity.* Buffalo: Buffalo Books e MERLEAU-PONTY, M. *Phenomenology of Perception.* Nova York: The Humanities Press, 2005.

Na pinacoteca do MASP, o indivíduo movia-se por dentro, em torno e entre os campos fenomenológicos e as fronteiras temporais e espaciais desmaterializadas da caixa transparente flutuante que pairava acima do espaço vazio. Para o espectador acostumado com a prática expositiva europeia e americana convencional, o MASP desestabilizou de fato os contornos e limites da experiência estética. Os visitantes cujos primeiros encontros com museus, com a arte europeia do início e meio da modernidade e com a pintura modernista brasileira que ocorreram no MASP experimentaram uma forma de engajamento visual-cultural essencialmente inédita, sem qualquer referência de comparação ou contraste — é possível perguntar como foram suas primeiras impressões de obras expostas de maneira convencional após terem sido visualmente aculturados pelo programa de Lina.

Em vez de vivenciar o museu como um espaço sedentário com pinturas enfileiradas penduradas do chão ao teto em todas as paredes ou com construções lineares de movimentos artísticos e cronologias de história da arte, os espectadores inexperientes trocaram o que Deleuze e Guattari poderiam caracterizar como olhares nômades com os objetos expostos, sempre incapazes de ver os objetos e seu rótulo mediador e filtrante ao mesmo tempo.[13] A desconexão resultante desterritorializava as obras, separando-as de seus sistemas semióticos — efetiva e afetivamente —, e neutralizava a autoridade de classificações como Renascimento, Barroco, Romantismo, francês, italiano etc.[14] Na prática museal convencional gerou uma semiosfera — uma atmosfera de sinais, símbolos e significados — que transformava as valências das obras por não possuir qualquer relevância direta com relação aos artistas ou suas pinturas.[15] Através de um mecanismo catalisador de (des)engajamento performativo, o iniciante (que poderia ter sido, de outra forma, alienado pela aura benjaminiana de cada expressão da hegemonia acadêmica euroimperialista na coleção do MASP) recebia e era recebido por cada obra como um objeto discreto e um produto do trabalho artístico. De modo inverso, a estratégia alienava de maneira intencional aqueles que faziam parte dos culturalmente ordenados (que haviam sido condicionados pelas exigências institucionais da convenção museológica e museográfica europeia a buscar uma asseguração disciplinar por meio do ritual que privilegia o texto de rótulo nas paredes). Lina proporcionou tanto ao leigo quanto ao especialista um espaço deleuziano suave e nômade dentro do qual podiam encarar aquilo que Martin Heidegger (1889-1976) caracterizava como "contenção de todo o fazer e apreciar habituais, todo o saber e o olhar, de forma a permanecer dentro da verdade que ocorre na obra".[16] Pelo processo de reterritorialização e ressurreição das obras-primas europeias na presença não hierárquica de obras do modernismo brasileiro, Lina retificou e revivificou a "relação vital" entre espectador e objeto dentro da "manifestação local" das qualidades e propriedades do espectador enquanto objeto e da arte enquanto objeto.[17] Assim, a abordagem de Lina gerou o campo livre dentro do qual cada obra podia "expor seu caráter de coisa diretamente" e no qual espectadores com passados diversos representando a gama inteira de exposição às artes plásticas podiam se tornar guardiões voluntários de sua instalação.[18]

O objeto de arte enquanto "manifestação local" reifica a política do próprio MASP enquanto objeto arquitetônico e leva ao que talvez seja um dos mecanismos teórico-críticos mais potencialmente produtivos para abordar o museu: a filosofia orientada para os objetos (*Objetc-oriented Philosophy*, OOP) — ou, mais especificamente, o que o filósofo Levi Bryant denominou onticologia.[19] Reconhecendo a distinção de Heidegger entre o

13. DELEUZE, G. e GUATTARI, F. *Op. cit.*, pp. 474-500.

14. Deleuze e Guattari introduziram o conceito de desterritorialização, que, no caso do MASP, pode ser empregado de maneira positiva (libertando os objetos das amarras semióticas de categorias culturo-temporais artificiais) e crítica (para considerar a presença dos objetos em suas prerrogativas imperialistas europeias). Ver DELEUZE, G. e GUATTARI, F. *Anti Oedipus: Capitalism and Schizophrenia.* Nova York: Viking, 1977.

15. Para uma discussão sobre a semiosfera, ver LOTMAN, J. "On the Semiosphere". *Sign Systems Studies,* 33 (1), 2005, pp. 205-229.

16. HEIDEGGER, M. *Poetry, Language, Thought.* Nova York: Harper & Row, 1971, p. 66.

17. Para uma discussão a respeito da perda da "relação vital" entre espectador e objeto, ver ADORNO, T. *Prisms.* Cambridge: MIT Press, 1982. O filósofo Levi Bryant enfatiza a viabilidade teórica e crítica da "manifestação local". Ver BRYANT, Levi. "Larval Subjects to an Interview: Levi Bryant" [entrevistado por Tim Gratton], 2010. Disponível em: http://philosophyinatimeofferror.com/2010/04/28/larval-subject-to-an-interview-levi-bryant/.

18. Para uma discussão a respeito do "campo livre" no contexto da arte, ver HEIDEGGER, M. "On the Origin of the Work of Art". *In:* YOUNG, J. e HAYNES, K. (orgs.). *Off the Beaten Track.* Cambridge: Cambridge University Press, 2002, pp. 23-25.

19. A ontologia orientada para os objetos surgiu no início do século 21 dentro do movimento filosófico mais amplo conhecido como Realismo Especulativo. A filosofia orientada para os objetos se distingue da ontologia orientada para os objetos em diversos níveis. Para uma discussão a respeito do Realismo Especulativo, ver BRYANT, L., SRNICECK, N. e HARMAN, G. (orgs.). *The Speculative Turn: Continental Materialism and Realism.* Melbourne: re.press, 2011. Ver também BRYANT, L. "Larval Subjects to an Interview: Levi Bryant" [entrevistado por Tim Gratton]. *Op. cit.*

ôntico, que "se refere a objetos comuns, objetos físicos, objetos materiais", e o ontológico, que "se refere ao sentido de ser e aquilo que confere o ser aos seres", o filósofo Levi Bryant sugere a onticologia como sendo a "ontologia plana em que objetos de todo tipo e de diferentes escalas existem em igualdade sem ser redutíveis a outros objetos e na qual não existem entidades transcendentes como essências eternas fora das interações dinâmicas entre objetos".[20] Na aplicação da OOP a obras de arte, nem a teoria nem a práxis podem dar conta de um objeto, que vai sempre além daquilo de que é feito (pigmento em pó, óleo, lona esticada e moldura de madeira) e aquém daquilo que faz (como ele funciona dentro da produção de um artista, do movimento ao qual foi atribuído e do espaço arquitetônico dentro do qual é exposto em dado momento). As relações entre os objetos expostos devem estar em pé de igualdade com as relações objeto-humano. As práticas museais convencionais tentam territorializar o objeto de modo espacial dentro do museu, geográfico em termos de origens e temporal em termos de momento de criação. Esses parâmetros derivam de um privilegiamento da experiência humana e, portanto, limitam o que uma pintura pode ser enquanto objeto. A pinacoteca de Lina não subordinava o espectador aos objetos expostos lá dentro; em vez disso, seu projeto aplainava o plano de imanência de forma que todos os objetos (humanos e outros) constituíssem igualmente o plano onticológico em constante mutação. Ao fazer isso, Lina abria um espaço ideológico suficiente para o que Graham Harman chamou de excedente de objetos — embora esse excedente, por sua natureza, nunca seja revelado ao conhecimento humano.[21] Quer Lina concordasse, quer não com uma "ontologia realista que se recusa a tratar os objetos como construções ou meros correlativos de mente, tema, cultura ou linguagem", a base ideológica que honra o organismo inerente dos objetos fornece uma ferramenta valiosa com a qual interrogar retrospectivamente o programa do MASP.[22]

Por fim, o MASP de Lina pode situar-se dentro de e em contraste com o quadro conceitual dos compromissos filosóficos do século 21 com a noção de *ungrounding*[23] — literalmente, "remover do chão da terra" —, uma postura teórica que nega qualquer "camada primal" ou "substrato final" sobre o qual tudo repousa, tanto literal quanto figurativamente. Ao separar o MASP do chão, penetrando e erguendo de forma a preservar a vista, e ao fazer levitar as pinturas na pinacoteca, longe das paredes e do chão, Lina desautorizou toda e qualquer superfície hierarquizante. Como declara Reza Negarestani, o *ungrounding* "incapacita o poder de consolidação do chão".[24] Contudo, ao contrário da formulação discursivamente negativa de Negarestani, o MASP confunde e exacerba a interação entre sólidos e vazios como narradores e geradores, frustrando as relações entre prédio e local e adiando perpetuamente, sem apagar de maneira definitiva, a força hegemônica do chão.[25] De maneira semelhante, as ecologias de vazios e sólidos, superfícies e transparências de Lina especificam a decomposição arquitetônica, porém sem o tipo específico de decadência que Negarestani estipula em suas especulações.[26] Mais uma vez, não se trata de termos que Lina teria usado, e só se pode especular se, e até que ponto, ela teria aceitado a noção filosófica de *ungrounding* como meio de abordagem do museu. Em resumo, o MASP de Lina, assim como as estratégias museológicas e museográficas que ela inaugurou para a pinacoteca, registra e reflete as formações ideológicas do seu tempo, mas convida igualmente uma consideração de um ponto de vista teórico do século 21.

Gabriela Campagnol e Stephen Caffey fazem parte do corpo docente do Departamento de Arquitetura da Texas A&M University, EUA.

20. Ver BRYANT, L. *A Lexicon of Onticology*, 2010. Disponível em: https://larvalsubjects.wordpress.com/2010/05/22/a-lexicon-of-onticology; e BRYANT, L. *The Democracy of Objects*. Ann Arbor: Open Humanities Press, 2011.

21. BRYANT, L., SRNICECK, N. e HARMAN, G. (orgs.). *Op. cit*, p. 295.

22. BRYANT, L. *Democracy of Objects*. *Op. cit.*, p. 26.

23. Ver GRANT, I. H. "Mining Conditions: A Response to Harman". *In:* BRYANT, L., SRNICECK, N. e HARMAN, G. (orgs.). *Op. cit.*, p. 44.

24. NEGARESTANI, R. *Cyclonopedia: Complicity with Anonymous Materials*. Melbourne: re.press, 2008, p. 239.

25. *Ibid.*, p. 382.

26. Ver NEGARESTANI, R. "Undercover Softness: An Introduction to the Architecture and Politics of Decay". *COLLAPSE VI: Geo/Philosophy*, Reino Unido, jan. 2010, pp. 379-430.

LINA BO BARDI'S MASP: THEORETICAL AND CRITICAL PERSPECTIVES[1]

Gabriela Campagnol and Stephen Mark Caffey

The Italian Rationalists in Milan in the 1930s and 1940s and the Surrealists in New York in 1942 had challenged the institutional rigidity of museal practice before MASP opened its doors to the Brazilian public in 1968, but none succeeded so completely as Lina (1914–1992) in liberating the museum from its function as a treasury-reliquary-mausoleum conceived to address, valorize and reassure cultural elites.[2] As Olivia de Oliveira notes, Lina "dechristianized" the museum experience, making all works equally accessible to both the uninitiated and "the ordained," removing what Walter Benjamin (1892–1940) termed the "aura" of the paintings.[3] Lina contested the traditional valuation of paintings as luxury goods and precious objects, preferring instead to present them as the products of artistic labor, as 'trivial items' linked to quotidian life.[4] In Lina's curatorial calculus, the installation became—in senses literal and figurative—a destabilized and destabilizing field of cultural production.[5] Lina's approach eliminated hierarchies of chronology, artistic movements, materials and artists' status, metaphorically leveling and literally elevating the works in the MASP permanent collection. (Even if the paintings had been organized by artist, century and/or country of origin, the absence of walls and the apparent randomness of the space subverted one's inclination to following any such sequence.) By affixing all labels to the backs of the easels, Lina forced viewers to walk around the object in order to learn the name of the artist and other pertinent information. The tactic could also mean that the frame, the nails or staples, and any transport and customs labels would be visible along with the artist's name, title of the work, date, medium, dimensions and accession information. Finally, the fact that a viewer could not see the work and the wall text at the same time meant that the object and its label text had to be viewed separately in time and in space.

With Lina's intervention, the impoverished rubber tapper would experience the paintings in the MASP permanent collection in the same way as the wealthiest of *Paulistanos* and visiting Europeans: as objects—objects

1. Portions of this essay first appeared in "Pepper the Walls with Bullets: Lina Bo Bardi's Museu de Arte de São Paulo" (*Creating_Making Forum.* Norman: University of Oklahoma, 2011, pp. 145–151.), and "Dis/Solution: Lina Bo Bardi's Museu de Arte de São Paulo" (*Journal of Conservation and Museum Studies,* 13(1): 5, 2015, pp. 1–13). The authors wish to thank Angela Person, Anastasia Sakelliardi.

2. The practice of transforming paintings into "'eidetic images,' as if they had lost their materiality and hovered as dream images in space without physical support or frame" had also appeared in Frederick Kiesler's curatorial scheme for Peggy Guggenheim's Gallery, *Art of This Century,* in New York City in 1942. See DEMOS, T. J. "Duchamp's Labyrinth: 'First Papers of Surrealism' 1942." October 97(3), 2001, pp. 93–94. For a discussion of the museum as treasury-reliquary-mausoleum, see CARRIER, D. *Museum Skepticism: A History of the Display of Art in Public Galleries.* Durham: Duke University Press, 2006.

liberated from hierarchies of space, time, connoisseurship and scholarship; objects produced by the labor of artists; and objects standing united in protest against the museological and museographical hierarchies and relegations that dominated exhibition practice in Europe and the United States. As Daniela Sandler notes, "there was no prescribed path from artwork to artwork. Visitors should build their own path, and each visit or itinerary could create new and unexpected connections."[6] Lina hoped to see boisterous crowds gathered beneath MASP, echoing the syncopated rows and columns of *cavaletes de vidro* [the glass easels] that hovered above them. On the days when crowds assembled in the open space beneath the span, the view from outside the museum would provide a vision of solidarity: people and art in protest; structure, space and display as uprising. From within the structure, the "rectangles of glass sticking out of their concrete bases, echoed the materials and volumetric relationships of the cityscape outside... joining the gallery space" with the chaotic, bustling high-rise city of São Paulo on one side and the Anhangabaú Valley on the other.[7]

Perhaps more than any other institution of its kind, Lina's MASP demands consideration through a theoretical and critical apparatus that allows for multiple connections across texts—a sort of "rhizomatic" sampling. Drawing from mechanisms of plant propagation, philosophers Gilles Deleuze (1925–1995) and Félix Guattari (1930–1992) define the rhizome as marked by connectivity, heterogeneity and multiplicity—properties incorporated into Lina's scheme, but also applicable in connecting that scheme to ways of thinking within and outside architectural modalities.[8] For Deleuze and Guattari, "the rhizome connects any point to any other point," operating by "variation, expansion, conquest, capture, offshoots. ...A rhizome has no beginning or end; it is always in the middle, between things, interbeing, *intermezzo*."[9] As a link in a "semiotic chain," Lina's MASP extended its rhizomatic networks to a number of relevant texts by inviting audiences to engage in acts "perceptive, mimetic, gestural and cognitive" in their popular and scholarly engagements with the museum and its glass easels.[10]

Writing about the work of architect Steven Holl, architect and historian Shima Mohajeri articulates a series of points that offer one means through which to characterize the experience of MASP's fenestrations of space and of time.[11] Adapting a position first codified by philosopher Maurice Merleau-Ponty (1908–1961) (who wrote six years before MASP opened on Avenida Paulista), Mohajeri examines Holl's *Experiments in Porosity* in an analysis that one might just as easily apply to Lina's museum:

> [...] bring in the idea of spatial depth infused with time. The porous layers in space indicate the simultaneity of presence where [the] body moves through depth in time. That is when the body experiences the event of time and space in its continuity. The spatial porosity is a method for destabilizing the outlines and limits while displacing them back and forth in-between spaces. This continual closing and opening of space provides a room for the body to discover its own visibility among the invisibles created by the empty voids. Thus, the porosity in space will appear as a result of an uninterrupted flow of interpenetrated events within the spatial depth.[12]

In the MASP picture gallery, one moved in and around and through and between the phenomenological fields and the dematerialized temporal and spatial boundaries of the transparent floating box hovering above the void. For the viewer accustomed to conventional European

3. See OLIVEIRA, O. de. *Subtle Substances: The Architecture of Lina Bo Bardi*. Barcelona: Editorial Gustavo Gili, 2006, p. 276; and BENJAMIN, W. *Illuminations*. London: Fontana, 1968.

4. OLIVEIRA, O. de. *Op. cit.*, p. 276.

5. Pierre Bourdieu identifies the "field of cultural production" as a space of forces and struggles in which artist-producers, art-products and art-consumers engage in "position-takings" that "transform or conserve" the space through objective relationality. See BOURDIEU, P. *The Field of Cultural Production*. New York: Columbia University Press, 1993, p. 30.

6. SANDLER, D. "The Other Way Around." *In:* Lu D. (ed.). *Third World Modernisms*. Abingdon: Routledge, 2011, p. 47.

7. *Ibid.*

8. DELEUZE, G. and GUATTARI, F. *A Thousand Plateaus: Capitalism and Schizophrenia*. Minneapolis: University of Minnesota Press, 1987, pp. 3–25.

9. *Ibid.*

10. *Ibid.*

11. MOHAJERI, S. "The Time of Place in Architecture: The Simultaneity of Spatial Depth and Steven Holl's Design Method." International Merleau-Ponty Circle Conference, Mississippi State University, Sep. 9, 2009.

12. See HOLL, S. *Experiments in Porosity*. Buffalo: Buffalo Books, 2005; and MERLEAU-PONTY, M. *Phenomenology of Perception*. New York: The Humanities Press, 1962.

and American exhibition practice, MASP indeed destabilized the outlines and limits of the aesthetic experience. Those viewers whose first encounters with museums and with early-modern and modern European art and with Brazilian modernist painting occurred at MASP experienced an essentially unprecedented form of visual-cultural engagement with neither comparative nor contrastive referent—one wonders about their first impressions of conventionally exhibited works after having been visually acculturated to Lina's program.

Rather than experiencing the museum as a sedentary space striated by paintings hung wall-to-wall and floor-to-ceiling or by linear constructs of artistic movements and art-historical chronologies, the uninitiated viewer exchanged what Deleuze and Guattari might characterize as nomadic gazes with the objects on display, never able to see the object and its mediating, filtering label at the same time.[13] The resulting disconnection deterritorialized the works, separating them from their semiotic systems—effectively and affectively—and neutralized the authority of such classifications as Renaissance, Baroque, Romanticism, French, Italian, etc.[14] In conventional museum practice it generated a semiosphere—an atmosphere of signs, symbols and meanings—that transformed the valences of the works while bearing no direct relevance to the artists or their paintings.[15] Through a catalyzing mechanism of performative (dis)engagement the novice (who might have been otherwise alienated by the Benjaminian aura of each expression of Euro-imperialist academic hegemony in the MASP collection) welcomed and was welcomed by each work as a discrete object and as a product of artistic labor. Conversely, the strategy intentionally alienated those among the culturally ordained (who had been conditioned by the institutional mandates of European museological and museographical convention to seek disciplinary reassurance through the ritual privileging of wall label text). Lina's installation afforded both the uninitiated and the expert a smooth, nomadic, Deleuzian space within which to undertake what Martin Heidegger (1899–1976) characterized as "restrain[t] from all usual doing and prizing, knowing and looking, in order to linger within the truth that is happening in the work."[16] Through the process of reterritorializing and resurrecting the European masterworks in the non-hierarchical presence of works of Brazilian modernism, Lina rectified and revivified the "vital relationship" between viewer and object within the "local manifestation" of the qualities and properties of the viewer as object and art as object.[17] Thus Lina's approach generated the free field within which each work could "display its thingly character directly" and within which viewers from various backgrounds representing the full range of exposure to the fine arts could become the willing guardians of her installation.[18]

The art object as "local manifestation" reifies the politics of MASP itself as architectural object and leads to perhaps one of the most potentially productive theoretical-critical mechanisms for approaching the museum: object-oriented philosophy (OOP)—or, more specifically, what philosopher Levi Bryant terms onticology.[19] Acknowledging Heidegger's distinction between the ontic, which "refers to ordinary objects, to physical objects, to material objects" and the ontological, which "refers to the meaning of being and that which bestows the being of beings", philosopher Levi Bryant proposes onticology as the "flat ontology where objects of all sorts and at different scales equally exist without being reducible to other objects and where there are no transcendent entities such as eternal essences outside of dynamic interactions among objects."[20]

13. DELEUZE, G. and GUATTARI, F. *Op. cit.*, pp. 474–500.

14. Deleuze and Guattari introduced the concept of deterritorialization, which in the case of MASP can be deployed as a positive (freeing the objects from the semiotic restraints of artificial cultural-temporal categories) and critically (to consider the presence of the objects in their European imperialist prerogatives). See DELEUZE, G. and GUATTARI, F. *Anti-Oedipus: Capitalism and Schizophrenia*. New York: Viking, 1977.

15. For a discussion of the semiosphere, see LOTMAN, J., "On the Semiosphere". *Sign Systems Studies*, 2005, 33(1), pp. 205–229.

16. HEIDEGGER, M. *Poetry, Language, Thought*. New York: Harper & Row, 1971, p. 66.

17. For a discussion on the loss of the "vital relationship" between viewer and object, see ADORNO, T. *Prisms*. Cambridge: MIT Press, 1982. Philosopher Levi Bryant emphasizes the theoretical and critical viability of the "local manifestation." See BRYANT, Levi. "Larval Subjects to an Interview: Levi Bryant" [interviewed by Tim Gratton], 2010. Available at: http://philosophyinatimeoferror.com/2010/04/28/larval-subject-to-an-interview-levi-bryant/.

18. For a discussion of the "free field" within the context of art see HEIDEGGER, M. "On the Origin of the Work of Art." *In:* YOUNG, J. and HAYNES, K. (eds.). *Off the Beaten Track*. Cambridge: Cambridge University Press, 2002, pp. 23–25.

19. Object-oriented ontology emerged in the early twenty-first century within the broader philosophical movement known as Speculative Realism. Object-oriented philosophy may be distinguished from object-oriented ontology on a number of bases. For a discussion of Speculative Realism, see BRYANT, L., SRNICEK, N. and HARMAN, G. (eds.). *The Speculative Turn: Continental Materialism and Realism*. Melbourne: re.press, 2011. See also BRYANT, L. "Larval Subjects to an Interview: Levi Bryant" [interviewed by Tim Gratton] *Op. cit.*

20. See BRYANT, L. *A Lexicon of Onticology*, 2010. Available at: https://larvalsubjects.wordpress.com/2010/05/22/a-lexicon-of-onticology; and BRYANT, L. *The Democracy of Objects*. Ann Arbor: Open Humanities Press, 2011.

21. BRYANT, L., SRNICEK, N. and HARMAN, G. (eds.). *Op. cit.*, p. 295.

22. BRYANT, L. *Democracy of Objects*. *Op. cit.*, p. 26.

23. See GRANT, I. H. "Mining Conditions: A Response to Harman". *In: The Speculative Turn. Op. cit.*, p. 44.

24. NEGARESTANI, R. *Cyclonopedia: Complicity with Anonymous Materials*. Melbourne: re.press, 2008, p. 239.

25. *Ibid.*, p. 382.

26. See NEGARESTANI, R. "Undercover Softness: An Introduction to the Architecture and Politics of Decay." *COLLAPSE VI: Geo/Philosophy*, United Kingdom, Jan. 2010, pp. 379–430.

In the application of OOP to works of art, neither theory nor praxis can exhaust an object, which is always more than what it is made from (ground pigment, oil, stretched canvas and wood frame) and less than what it does (how it functions within the artist's oeuvre, within the movement to which it has been assigned and within the architectural space within which it is displayed at any given moment). Relations between the objects on display must be on the same footing as human object relations. Conventional museal practices attempt to territorialize the object spatially within the museum, geographically in terms of origins, and temporally in terms of moment of creation. These parameters derive from a privileging of human experience and thus limit what a painting can be as an object. Lina's picture gallery did not subordinate the viewer to the objects displayed within; rather, her scheme flattened the plane of immanence such that all objects (human and otherwise) constituted equally the ever-changing onticological plane. In doing so, Lina allowed sufficient ideological space for what Graham Harman has called the objects' surplus—though by its nature that surplus is never revealed to human cognition.[21] Whether Lina would have agreed or disagreed with a "realist ontology that refuses to treat objects as constructions or mere correlates of mind, subject, culture, or language," the ideological framework that honors objects' inherent agency provides a valuable tool with which to retrospectively interrogate the MASP program.[22]

Finally, Lina's MASP can stand within and against the conceptual framework of twenty-first century philosophical engagements with the notion of "ungrounding,"[23] a theoretical position that denies any "primal layer" or "ultimate substrate" upon which everything rests—literally and figuratively. By uncoupling MASP from the earth, penetrating down and lifting up in order to preserve the belvedere, and by levitating the paintings in the picture gallery away from both wall and floor, Lina de-authorized all hierarchizing surfaces. As Reza Negarestani claims, ungrounding "incapacitates the consolidating power of the ground."[24] But contrary to Negarestani's discursively negative formulation, MASP both confounds and exacerbates the interplay between solids and voids as narrators and generators, frustrating the relations between building and site and perpetually postponing without permanently erasing the hegemonic force of the ground.[25] Similarly, Lina's ecologies of voids and solids, surfaces and transparencies specify architectural decomposition, but without the specific type of decay that Negarestani stipulates in his speculations.[26] Again, these are not terms that Lina would have used, and one can only speculate whether and to what extent she would have embraced the philosophical notion of ungrounding as a means through which to address the museum. In sum, Lina's MASP and the museological and museographical strategies that she innovated for the picture gallery register and reflect the ideological formations of her time, but invite equal consideration from a twenty-first century theoretical position.

Gabriela Campagnol and Stephen Caffey are faculty members in the Department of Architecture at Texas A&M University, USA.

35. Visita de estudantes ao MASP com pinturas de Pierre-Auguste Renoir nos cavaletes de cristal
[Visit of students at MASP with paintings by Pierre-Auguste Renoir on the crystal easels], 1983

OS ANTIMUSEUS E ANTIESCOLAS DE LINA BO BARDI E PAULO FREIRE

Olivia de Oliveira

1. WEFFORT, F. C. "Educação e política: reflexões sociológicas sobre uma pedagogia da liberdade". *In:* FREIRE, Paulo. *Educação como prática da liberdade*. Rio de Janeiro: Paz e Terra, 1967.

2. *In:* ZEVI, B. "Incontro con Lina Bo Bardi. Un supervisore con mitra e speroni". *L'Expresso*. 27.5.1973, p. 28.

Neste escrito queremos apontar a existência de uma profunda relação entre os métodos expositivos e didáticos dos museus de Lina Bo Bardi (1914-1992) e os métodos revolucionários de alfabetização propostos pelo educador Paulo Freire (1921-1997), enfatizando o fato de ambos estarem clamando, a partir de suas obras, por uma pedagogia da emancipação e da liberdade.

O tema da educação como afirmação da liberdade é uma das ideias mais caras ao humanismo ocidental, mas o que é singular tanto na obra de Lina Bo Bardi como na de Paulo Freire é que a ideia de liberdade não aparece apenas como conceito ou como aspiração humana, mas em seu modo de instauração histórica, provocando o esforço de superação liberadora da consciência humana. Quando Paulo Freire propõe a "educação como prática de liberdade", reconhece nessa afirmação a existência da opressão e, do mesmo modo, a luta por sua libertação.[1]

Essa visão da liberdade ganha uma posição de relevo tanto na pedagogia de Paulo Freire como nos museus de Lina Bo Bardi, pois é a matriz que atribui sentido a uma prática educativa que só pode alcançar efetividade e eficácia na participação livre e crítica das pessoas a quem se referem — os educandos, no caso de Freire, e os visitantes, no caso dos museus de Lina. Ademais, é também um dos princípios essenciais na estruturação do "círculo de cultura", unidade de ensino para jovens e adultos que, no método de alfabetização proposto por Paulo Freire, substitui e se opõe claramente à escola como instituição autoritária por sua estrutura e tradição. Se Paulo Freire está propondo uma *antiescola*, Lina propõe um *antimuseu*. Ambos lançam um olhar extremamente crítico sobre essas duas instituições, escola e museu, posicionando-se claramente contra os processos de massificação impostos à educação e à cultura, ao mesmo tempo que propõem uma ampla democratização do ensino e da cultura, reconhecendo a arte como uma das necessidades primárias do homem.

Os escritos de Paulo Freire são contemporâneos à construção do MASP. Ele escreve *Educação como prática da liberdade* após a queda do governo João Goulart (1919-1976), em 1964, e vai concluí-lo no exílio. Lina concebe o MASP em 1957 e termina sua construção em 1968. Nesse intervalo, vive e trabalha na Bahia, onde cria um outro museu: o Museu de Arte Moderna da Bahia, em Salvador. Bo Bardi e Freire encontram-se impregnados das condições históricas vividas no Brasil, num período de transição da experiência democrática à ditadura militar, particularmente no Nordeste, onde ocorre uma forte ascensão das classes populares. O trabalho de Lina no MAM–BA (1960-64) coincide com o de Freire realizado nos mesmos anos no Movimento de Cultura Popular (MCP), durante o governo de Miguel Arraes (1916-2005) na Prefeitura do Recife. O MCP não apenas pôs em prática o método de Freire, mas também um amplo projeto multidisciplinar, valorizando os elementos da cultura popular para, a partir deles, desmistificar os processos de dominação. Esse projeto sociopolítico não ocorreu somente em Pernambuco, mas incluía todo o Nordeste — Salvador, Ceará, Polígono da Seca — e Triângulo Mineiro.

A experiência de Lina na Bahia coloca-a em contato direto com artistas e intelectuais engajados em projetos emancipatórios e de libertação às dominações culturais. É certo que a função social, humanista e didática dos museus já vinha sendo abordada desde os anos 1950 na revista *Habitat*, mas parece ganhar uma dimensão ainda maior nesse momento. A própria arquiteta reconhece quanto a passagem pela Bahia teve influência direta sobre ela e também sobre o projeto para o MASP:

> Quando se reabre o canteiro [do MASP] eu tinha me transformado em outra pessoa. Tinha vivido a Bahia, encontrado o Brasil autêntico, não aquele dos imigrantes europeus. As frustrações seguidas à crise de 1964 não me dissuadiram do programa de construir alguma coisa de heterodoxa e provocadora.[2]

Em 1960, Glauber Rocha (1939-1981) publica no *Jornal da Bahia* um artigo intitulado "MAMB não é museu: é escola e movimento por uma arte que não seja desligada do homem", no qual Lina recusa o termo "museu", considerando-o impróprio: "O museu conserva, [...] esse nosso devenir chama-se centro, movimento, escola".[3]

Museu enquanto atividade viva de cultura, evoca Lina em outro manuscrito sobre o MAM–BA, no qual a palavra *conservação* assume um sentido didático enquanto *documentação*. Lina distingue o termo *conservação*, no sentido de "mumificação" inerte, daquele sentido vivo que ela quer dar aos museus com a palavra *documentação*, e que assume aqui um duplo sentido: o de *testemunho* — documentação do trabalho humano — e de *formação* do trabalhador, da sociedade ou das novas gerações, isto é, documentação para a formação estética e expansão do ser humano. Museu como tomada de contato crítico do desenvolvimento do processo artístico, não como algo restrito a uma elite.

> ["Museu" como] centro de expansão da arte, ponto de reunião das atividades estéticas, escola democrática apta a conservar no homem a necessidade estética vivida na infância de forma incondicional e que vem sistematicamente sufocada e definitivamente suprimida na vida adulta, pelo que chamamos "cultura". O Museu é uma necessidade vital num país: do Museu-Escola partirá a atenção às coisas, o respeito por tudo aquilo que representa o homem, a sua escala, o seu verdadeiro humano, para além da metafísica indiferente.[4]

3. ROCHA, Glauber. "MAMB não é museu: é escola e movimento por uma arte que não seja desligada do homem". *Jornal da Bahia*. 21.9.1960.

4. BARDI, L.B. *Il Museo d'Arte Moderna*. Manuscrito em italiano, sem data. Arquivo MAM–BA.

5. BARDI, L. B. "O Museu de Arte de São Paulo. Função social dos museus". *Habitat*, n. 1, out.–dez. 1950, p. 17

6. BARDI, L. B. "Explicações sobre o Museu de Arte". *O Estado de S. Paulo*, 5.4.1970.

7. FREIRE, P. "Educação e conscientização". *Educação como prática da liberdade*. Rio de Janeiro: Paz e Terra, 1967, pp. 6-7 e 52.

8. BARDI, L. B. *Op. cit.*, pp. 8 e 52.

Contrária à imagem do *mausoléu intelectual*, Lina vai afirmar a necessidade de uma certa "vulgarização" dos museus e do seu caráter didático, elementar, acessível a todos,[5] tal como explica neste texto escrito em 1970 sobre o MASP:

> Tirar do Museu o ar de igreja que exclui os iniciados, tirar dos quadros a "aura" para apresentar a obra de arte como "trabalho", altamente qualificado, mas trabalho; apresentá-lo de modo que possa ser compreendido pelos não iniciados [...]. Ver milhares de pessoas andarem entre os quadros, numa atmosfera quase familiar, não áulica [...] dá medo, como profecia de mudanças fundamentais. [...] O museu é popular. Demonstrava-nos os milhares de visitantes dos sábados e domingos (aqueles visitantes que tanto incomodam os senhores Julios Tavares) que olham um quadro com os mesmos olhos com que olham uma vitrina em liquidação, mas que, graças à vida e à alegria da Pinacoteca do Museu, conseguem tomar parte, mesmo sem "bases culturais" em fatos de cultura. Como responsável pelo projeto do Museu e pelo projeto do cavalete de cristal (porque é um cavalete e um quadro nasce no ar, num cavalete) com painel didático, para a exposição dos quadros, quero esclarecer que no projeto do Museu foi minha intenção destruir a aura que sempre circunda um museu, apresentar a obra de arte como trabalho, como profecia de um trabalho ao alcance de todos. Revitalizar um quadro tirando-o do papel de múmia.[6]

O texto de Lina Bo Bardi ecoa nos escritos de Paulo Freire, cuja base do trabalho está na utilização de palavras e imagens estreitamente relacionadas ao cotidiano da população, palavras, aliás, que são propostas pelos próprios educandos e não impostas pelo educador:

> Pensávamos numa alfabetização direta e realmente ligada à democratização da cultura, que fosse uma introdução a essa democratização. Numa alfabetização que, por isso mesmo, tivesse no homem não apenas esse paciente do processo, cuja virtude única é ter mesmo paciência para suportar o abismo entre sua experiência existencial e o conteúdo que lhe oferecem para sua aprendizagem, mas o seu sujeito.[7]

Na verdade, desdenha Freire, somente com muita paciência seria possível tolerar, após um dia de trabalho ou sem "trabalho", lições do tipo "Eva viu a uva", que falam de palavras que esses homens nunca viram.

> Pensávamos numa alfabetização que fosse em si um ato de criação, capaz de desencadear outros atos criadores. Numa alfabetização em que o homem, porque não fosse seu paciente, seu objeto, desenvolvesse a impaciência, a vivacidade, característica dos estados de procura, de invenção e reinvindicação.[8]

Nas escolas de Freire os homens deixam de ser ouvintes e espectadores para tornarem-se sujeitos e atores, isto é, seres que detêm o poder de decisão e de transformação do existente.

Tal estado de inquietude também é clamado nos museus de Lina Bo Bardi:

> O fim do museu é o de formar uma atmosfera, uma conduta apta a criar no visitante a forma mental adaptada à compreensão da obra de arte, e neste sentido não se faz distinção entre uma obra de arte antiga e uma obra de arte moderna. No mesmo objetivo, a obra de arte não é locali-

zada segundo um critério cronológico, mas apresentada quase propositadamente no sentido de produzir um choque que desperte reações de curiosidade e investigação.[9]

Esse é o sentido didático-crítico fundamental na obra de Lina Bo Bardi e que se "destina especificamente à massa não informada, não intelectual, não preparada"[10] a quem seus museus querem formar, criando condições para a compreensão da arte através da convivência e da familiarização com a arte. Os cavaletes de vidro são fundamentais para alcançar tal objetivo. Neles, os quadros se apresentam suspensos sobre grandes placas de vidro transparente fixadas sobre uma base cúbica de concreto apoiada no solo. Dessa forma, os quadros destacam-se do plano bidimensional da parede para vir ocupar o espaço tridimensional cotidiano, lado a lado com o visitante, à altura dos seus olhos. Esse sistema permite que os quadros percam sua aura e se convertam em objetos autônomos, colocando-se na mesma situação que o observador, misturando-se com a multidão e permitindo a esta um convívio literal com a obra de arte.

García Calvo (1926-2012) chamou atenção para o fato de que a instituição do museu é concomitante ao surgimento da reprodução mecânica da escrita e implica o mais avançado submetimento dos objetos a sua ideação, invertendo a relação de valores em seu estatuto de objeto: para a contemplação e não para o uso, para olhar e não para tocar.[11] Os cavaletes de vidro vão contra as formas tradicionais que protegem a obra de arte do contato direto com o público, nas quais os quadros estão suspensos contra uma parede e distanciados do público por um cordão de separação física ou virtual. Com os cavaletes, a interação entre obra de arte e visitante é direta e franca, sem leituras intermediárias.

O quadro "nasce no ar", afirma Lina, e quando propõe expô-lo em "cavaletes de cristal" é para retorná-lo ao ar, aludindo ao momento em que ele ainda encontra-se no cavalete do pintor, isto é, ao momento da criação, quando o quadro ainda está sendo produzido e em pleno diálogo com o artista. É esse diálogo, esse intercâmbio vivo e criativo com a obra que Lina quer resgatar. Sintomática é a série de fotos na qual quadros e esculturas da pinacoteca são fotografados junto a pessoas que assumem a mesma situação retratada na obra. O diálogo se dá nessa relação horizontal entre quadro e visitante, numa relação de simpatia entre dois polos. Só aí há comunicação, dizia Freire, explicando também o seu método de alfabetização. O diálogo nutre-se do amor e da humildade, da confiança. O antidiálogo é vertical, imposto de cima para baixo, arrogante e autossuficiente, ele é acrítico e não gera criticidade, exatamente porque é "desamoroso".

> A educação é um ato de amor, e por isso um ato de coragem. Não pode temer o debate. A análise da realidade. Não pode fugir à discussão criadora, sob pena de ser uma farsa.[12]

A sua é uma pedagogia que elimina pela raiz as relações autoritárias, na qual não há escola nem professor, mas *círculos de cultura* e um *coordenador*, cuja tarefa essencial é a do diálogo. Diálogo que tanto faltou no tipo de formação dominadora até então praticado, e que justamente se busca resgatar nesses anos de experiência democrática, como explica Freire citando Padre Antônio Vieira em seus *Sermões*: "O Brasil nasceu e cresceu sem experiência de diálogo. De cabeça baixa, com receio da Coroa. Sem imprensa. Sem relações. Sem

9. BARDI, L.B. "O Museu de Arte de São Paulo. Função social dos museus". *Op. cit.*

10. *Ibid.*

11. GARCÍA CALVO, A. *Historia contra tradición. Tradición contra Historia.* Madri: Lucina, 1983, pp. 45-46.

12. FREIRE, P. *Op. cit.*, pp. 18 e 52.

13. FREIRE, P. *Educação como prática da liberdade. Op. cit.*, cap. 2., nota 30, pp. 1/8.

14. OLIVEIRA, O. de. *Sutis substâncias da arquitetura de Lina Bo Bardi*. São Paulo/Barcelona: Gustavo Gili/Romano Guerra Editora, 2006.

15. FREIRE, P. "Educação e conscientização". *Op. cit.*, pp. 36 e 52.

16. WEFFORT, F. C. *Op. cit.*, pp. 14 e 74.

17. FREIRE, P. *Op. cit.*, pp. 8 e 52.

18. BARDI, L. B. "O Museu de Arte de São Paulo. Função social dos Museus". *Op. cit.*

19. FREIRE, P. *Op. cit.*, pp. 20 e 52.

escolas. 'Doente'. Sem fala autêntica",[13] um estado de *infans*, infante, quer dizer, o que não fala. Recuperar a fala, segundo Freire, seria então sinônimo de cura, de saúde. Um sentido de cura que também já ressaltamos como fundamental na obra de Lina Bo Bardi.[14]

A atitude dialogal por parte dos coordenadores, recorda Freire, é primordial para que façam realmente educação e não "domesticação".

> Como aprender a discutir e debater com uma educação que se impõe? Ditamos ideias. Não trocamos ideias. [...] Trabalhamos *sobre* o educando. Não trabalhamos *com* ele. Impomo-lhes uma ordem que ele não adere, mas se acomoda. Não lhe propiciamos meios para o pensar autêntico, porque recebendo as fórmulas que lhe damos, simplesmente as guarda. Não as incorpora porque a incorporação é o resultado da busca de algo que exige, de quem o tenta, esforço de recriação e de procura. Exige reinvenção.[15]

O ponto central do trabalho dos círculos de cultura estava em assumir a liberdade e a crítica como modo de ser do homem. Nas duas primeiras noites de encontro ocorria uma discussão sobre as noções de "cultura" e de "trabalho" em torno de dez situações existenciais. O coordenador apresentava primeiro apenas imagens sem palavras e, a partir das imagens, surgia o debate. O que importava nessa etapa não era uma elucidação teórica, mas sim que cada homem pudesse reconhecer-se como sujeito e como criador de cultura. Era o que permitia introduzir e motivar os participantes a iniciar, já na terceira noite, sua alfabetização. Só assim, a partir dessas discussões e tomada de consciência, é que a alfabetização cobraria sentido, passando então a ser vista como uma chave para ascender à comunicação escrita.

A conscientização é o princípio essencial do método Paulo Freire: "O aprendizado está intimamente ligado à tomada de consciência da situação vivida pelo educando, estamos perante uma pedagogia para homens livres".[16] Trata-se de um método ativo que seria capaz de criticizar o homem através do debate de situações desafiadoras que teriam de ser existenciais para os grupos. Não fosse por este último fator, se estariam se repetindo os erros de uma educação alienada.

> Desde logo, afastávamos qualquer hipótese de uma alfabetização puramente mecânica. Desde logo, pensávamos a alfabetização do homem brasileiro, em posição de tomada de consciência, na emersão que fizera no processo de nossa realidade. Num trabalho com que tentássemos a promoção da ingenuidade em criticidade, ao mesmo tempo em que alfabetizávamos.[17]

Sobre os cavaletes de vidro, os quadros interpelam o visitante. As obras estão colocadas sobre um fundo neutro, são situadas de modo que não se coloquem em relevo antes que o observador lhes ponha a vista. "Não dizem, portanto, 'deves admirar, é Rembrandt', mas deixam ao espectador a observação pura e desprevenida."[18] Nos cavaletes, as legendas são abolidas e toda a informação teórica é colocada detrás dos quadros, tornando-os ainda mais autônomos. No MASP, a arte dá, literalmente, as costas para a academia — elas tomam direções opostas. O mesmo faz Freire, opondo-se aos métodos acadêmicos, que ditam caminhos para serem decorados pelos estudantes, sem levar em conta o aprendizado. "Cultura como aquisição sistemática da experiência humana. Como incorporação, por isso, crítica e criadora, e não como uma justaposição de informes ou prescrições 'doadas'."[19]

No MASP também não existem percursos predeterminados. Os quadros dançam no espaço sem qualquer tipo de baliza ou classificação, nem separações entre estilos e épocas. Quadros e público, mesclados e liberados. Como em um baile, os visitantes passeiam entre os quadros e escolhem livremente com quem querem dançar. Sim, os cavaletes são importantes não apenas por sua aparência formal, mas porque abrem uma nova maneira de relacionar visitantes e quadros. Pois tal como na obra dos mestres da arquitetura moderna, assim como nas primeiras vanguardas europeias e radicais latino-americanas, a ruptura formal aqui apoia-se na superação da percepção habitual e rotineira do espectador e jamais num formalismo inconsequente.

O sentido didático dessa forma de expor é análogo ao método de alfabetização proposto por Paulo Freire em que a palavra, tal como um quadro para Bo Bardi, jamais é vista como um dado (uma doação do educador para o educando), mas como um tema de debate. Analogamente ao quadro, as palavras ou as ilustrações de Francisco Brennand que apresentavam as "situações existenciais" são *geradoras*; provocam novas descobertas e possibilidades para o analfabetizando, que jamais é chamado ali de analfabeto. "Sempre acreditávamos que tínhamos algo a permutar com ele [o povo], nunca exclusivamente a oferecer-lhe", dizia Freire.[20]

Essa capacidade de escuta ao outro é fundamental na obra de Lina Bo Bardi, materializada principalmente nos espaços de transição, nos vazios, e, no caso dos cavaletes, pelo volume de *ar* em torno do quadro. Este não é menos importante que os objetos aos quais está relacionado, e é ele quem vai dar sentido ao visível. A palavra "ar" relaciona-se ao prefixo *pneuma*, entendido enquanto sopro vital, mas também em sua dimensão política de estado de consciência pura, tal como definiu Yves Klein (1928-1962).[21] Vazio como ponto de partida, um aqui-agora vivido em grupo, livre visão de tempo e espaço.

É própria da consciência crítica a sua integração com a realidade. Há um sentido extremamente prático nos propósitos de Lina, assim como nos de Freire: para ela, a produção da arte deve estar absolutamente ligada à vida prática, mas uma prática que se conecta tanto às necessidades materiais como às espirituais. "Arte não é requinte, mas apenas uma das necessidades essenciais do homem não alienado."[22]

Freire buscava uma educação que dava lugar ao que Aldous Huxley (1894-1963) chamou de "a arte de dissociar ideias", enquanto antídoto à força domesticadora da propaganda.[23] O material proposto no método de Freire funda-se nessa arte da dissociação. A partir de uma *palavra geradora*, por exemplo "tijolo", os educandos vão formando livremente novas combinações com as sílabas dissociadas da palavra e respectivas famílias fonêmicas apresentadas numa *ficha descoberta*: tatu, luta, lajota, loja, jato, juta, tela etc. Terminados esses exercícios orais, onde ocorre não apenas produção de conhecimento, mas também de reconhecimento, sem o que não há aprendizagem, as pessoas passam a escrever. Isso acontece na primeira noite de alfabetização.

Paulo Freire "curto-circuita" o tempo linear do aprendizado, alfabetizando pessoas em poucos dias, um processo que, no sistema institucional, leva anos. Esse mesmo colapso do tempo estará ocorrendo com os cavaletes de vidro na pinacoteca do MASP. Através deles, o visitante vê não apenas o quadro que tem diante de si, mas todos os demais objetos expostos, como se 500 anos de história estivessem comprimidos em um único instante-lugar. Reencontramos aqui a ideia de compressão do tempo, de um tempo colapsado, de um tempo

20. *Ibid.*, pp. 3 e 52.

21. KLEIN, Y. *In:* UCAD (org.). *Yves Klein* 1928-62. Paris: Union Centrale des Arts Décoratifs et Centre Nacional d'Art Contemporain, 1968, p. 64.

22. "Arte não é requinte mas apenas uma das necessidades essenciais do homem não alienado. O Museu de Arte Moderna da Bahia, unidade cultural, vai lhe ajudar no caminho da cultura, procurando aproximar diretamente, sem intermediários, o artista do público." Era com este pequeno parágrafo que Lina Bo Bardi solicitava, através de um boletim bancário do Banco Irmãos Guimarães, doações para o MAM–BA. Fonte: arquivo MAM–BA.

23. FREIRE, P. *Op. cit.*, pp. 49 e 52.

absolutamente ligado à experiência da vida, "um tempo que pertence à humanidade".[24]

Como as palavras, os quadros relacionam-se entre si. Para Lina, uma obra de arte não tem o sentido de peças mais ou menos prestigiosas e valiosas a serem contempladas, mas de todas as coisas que estão reclamando nossa atenção, objetos com os quais nos comunicamos diretamente. Somente nós somos capazes de encontrar interesse e sentido nas coisas, em qualquer coisa, utensílios, objetos do cotidiano, obras de arte ou palavras.

Lina concebe um museu *hors des limites* no sentido mais amplo. Não por acaso, ao visitar o MASP, o músico John Cage (1912-1992), reconhecendo essa qualidade, afirmou: "É a arquitetura da liberdade!"[25] E a luta pela liberdade exige uma responsabilidade total, "não basta apenas uma liberdade para comer", recorda Freire, "mas liberdade para criar e construir, para admirar e aventurar-se. Tal liberdade requer que o indivíduo seja ativo e responsável, não um escravo nem uma peça bem alimentada da máquina".[26] Nos museus de Lina, o espectador transforma-se em ator, é chamado a um estado consciente e crítico frente ao que vê e analisa. É uma atitude idêntica àquela buscada por Freire ou pelo teatro brechtiano onde o espectador não é mais somente um consumidor, mas deve também produzir, sendo incitado a adotar uma atitude que não seja dócil, mas de lucidez, uma atitude que lhe permita compreender o que consome. Todo esse esforço de reflexão sobre si e sobre o mundo o faz descobrir que o mundo é seu também e que o seu trabalho não é pena, mas uma contribuição para um mundo melhor. Esse é o sentido didático e político, mas, antes de tudo, emancipatório desses *antimuseus* e *antiescolas*, onde "a leitura do mundo precede a leitura da palavra".[27]

24. OLIVEIRA, O. de. *Op. cit.*, p. 288.

25. "Lina Bo Bardi, a arquitetura da liberdade". Depoimento de Lina na FAUUSP, em abril de 1989, publicado parcialmente em SUVINIL (org.). *MASP: a cor da paixão pela arte.* São Paulo: Glasurit do Brasil, Grupo BASF, 1990, p. 16.

26. FREIRE, P. *Pedagogia do oprimido.* Rio de Janeiro/São Paulo: Paz e Terra, 2014, 58ª ed., p. 76.

27. FREIRE, P. *A importância do ato de ler. Em três artigos que se completam.* Coleção Polêmicas do Nosso Tempo, v. 4, 23ª ed. São Paulo: Autores Associados/Cortez Editores, 1989, p. 9.

Olivia de Oliveira é doutora em arquitetura e autora dos livros *Lina Bo Bardi: obra construída* (Editora Gustavo Gili, 2002) e *Lina Bo Bardi. Sutis substâncias da arquitetura* (Editora Gustavo Gili e Romano Guerra, 2006).

LINA BO BARDI'S AND PAULO FREIRE'S ANTI-MUSEUMS AND ANTI-SCHOOLS

Olivia de Oliveira

In this text, we want to indicate the existence of a profound relationship between the exhibition and didactic methods of Lina Bo Bardi's (1914–1992) museums and the revolutionary literacy methods proposed by educator Paulo Freire (1921–1997), emphasizing how, in their work, both are calling for a pedagogy of emancipation and freedom.

The theme of education as affirmation of freedom is one of Western humanism's most valued ideas. What is unique in the work of both Lina Bo Bardi and Paulo Freire, though, is that the idea of freedom is not seen only as a concept or human aspiration, but in the way it is historically constructed, driving the effort for a liberating triumph of human conscience. When Paulo Freire proposes "education as practice of freedom", he recognizes in this statement the existence of oppression at the same time as the fight for liberation from it.[1]

This view of freedom is given prominence both in Paulo Freire's pedagogy and in Lina Bo Bardi's museums because it is the matrix that gives meaning to an educational practice which can only achieve effectiveness and efficacy with the free and critical participation of the people they refer to—the learners in the case of Freire and the visitors in the case of Lina's museums. Moreover, it is one of the essential principles in the structuring of the "culture circle", a learning unit for youngsters and adults which, in the literacy training method proposed by Paulo Freire, replaces and clearly opposes the school as authoritative institution, due to its structure and tradition. If Paulo Freire proposes an *anti-school*, then Lina proposes an *anti-museum*. Both cast an extremely critical view of these two institutions, the school and the museum, taking a clearly opposing stance to the massification processes imposed on education and culture, and propose, at the same time, a broad democratization of learning and culture, recognizing art as one of humankind's basic needs.

Paulo Freire's writings are contemporary to MASP's construction. He writes *Educação como prática da liberdade* [Education, the practice of freedom] after the fall of President João Goulart (1919–1976) in 1964, concluding

1. WEFFORT, F. C. "Educação e Política: reflexões sociológicas sobre uma pedagogia da liberdade." *In:* FREIRE, P. *Educação como prática da liberdade.* Rio de Janeiro: Paz e Terra, 1967.

2. ZEVI, B. "Incontro con Lina Bo Bardi. Un supervisore con mitra e speroni." *L'Expresso*, May 27, 1973, p. 28.

3. ROCHA, G. "MAMB não é museu: é escola e movimento por uma arte que não seja desligada do homem." *Jornal da Bahia*, Sep. 21, 1960.

4. BARDI, L. B. *Il Museo d'Arte Moderna*. Manuscript in Italian, undated. MAM–BA Archive.

5. BARDI, L. B. "O Museu de Arte de São Paulo. Função social dos Museus." *Habitat*, n. 1, Oct.–Dec. 1950, p. 17.

the book while in exile. Lina conceives MASP in 1957 and finishes its construction in 1968. In the meantime, she lives and works in Bahia, where she creates another museum: the Museu de Arte Moderna da Bahia (MAM–BA), in Salvador. Bo Bardi and Freire find themselves impregnated with the historical conditions of life in Brazil during a transition period from democratic experience to a military regime, particularly in the Northeast region, where the popular classes are strongly on the rise. Lina's work at MAM–BA (1960–64) coincides with Freire's work, carried out in the same years as the Movement for Popular Culture (MCP) during Miguel Arraes's (1916–2005) municipal government in Recife. The MCP put not only Freire's method into practice, but also a vast multidisciplinary project that valued elements of popular culture in order to use them to demystify domination processes. This sociopolitical project occurred in both Pernambuco and in the entire Northeast region, Salvador, Ceará, the Draught Polygon and the Minas Triangle areas.

Lina's experience in Bahia puts her in direct contact with artists and intellectuals who are engaged in projects for emancipation and liberation from forms of cultural domination. The social, humanist and didactic function of museums was being addressed by *Habitat* magazine since the 1950s, but in that moment it seems to reach an even bigger dimension. The architect herself recognizes the extent to which her time in Bahia directly influenced her and her MASP design:

> When the [MASP] construction site was reopened, I had become a different person. I had experienced Bahia, had found the authentic Brazil, not the one of the European immigrants. The frustrations following the crisis of 1964 did not dissuade me from the program of building something heterodox and provocative.[2]

In 1960, Glauber Rocha (1939–1981) publishes in *Jornal da Bahia* an article entitled "MAMB is not a museum: it is a school and movement for an art that is not disconnected from man," where Lina refuses to use the term "museum," considering it inadequate: "A museum preserves, [...] the one we're building is called center, movement, school."[3]

Lina evokes a museum as a living activity of culture in another manuscript about MAM–BA in which the word *conservation* is given a didactic meaning as *documentation*. Lina distinguishes the term *conservation*, in the sense of motionless "mummification," from the living sense she wants to give the museums with the word *documentation*. Here this word has a double meaning: that of *witness*—documentation of human labor—and that of *education* of the worker, of society or the new generations; that is, it is documentation for an esthetic education and expansion of the human being. A museum as a critical contact with the development of the artistic process, not as something restricted to an elite.

> ["Museum" as] a center for the expansion of art, a meeting point of esthetic activities, a democratic school able to preserve in men the esthetic need experienced unconditionally during childhood and which is systematically suffocated and definitively suppressed in adult life by what we call "culture". The Museum is a vital need in a country: from the School-Museum will spring attention to things, respect for all that represents man, its scale, its true human, beyond the indifferent metaphysics.[4]

Opposing the image of an *intellectual mausoleum*, Lina affirms the need for a certain "vulgarization" of the museums and for their didactic, elementary character to be accessible to everyone,[5] as she explains in this text written in 1970 about MASP:

> Stripping the Museum of that church atmosphere that excludes the uninitiated, stripping the paintings of their "aura" to present the work of art as "work", highly specialized, but still work; presenting it in a way that can be understood by the uninitiated [...]. Seeing thousands of people walk to the paintings with an almost familiar, non-auric air [...] is frightening, like a prophecy of fundamental changes. [...] The museum is popular. This was demonstrated by the thousands of visitors on Saturdays and Sundays (those visitors that made the Misters Julios Tavares so uncomfortable) who looked at a painting with the same eyes they looked at the window of a shop on sale, but who, thanks to the life and joy of the Museum picture gallery, can participate, even without the "cultural fundamentals" on culture facts. As the one responsible for the Museum's design and for designing the crystal easel (because it's an easel and a painting is born in the air, on an easel) with didactic panels to display the paintings, I want to clarify that in designing the Museum it was my intention to destroy the aura that always surrounds a museum, to present the work of art as work, as a prophecy of work at everyone's reach. To revitalize a painting, liberating it from the role of mummy.[6]

Paulo Freire's writings echo Lina Bo Bardi's text. His work is based on the use of words and images that are strictly related to the population's daily life—words, that, in fact, are proposed by the learners themselves and not imposed by the educator:

> We were thinking about direct literacy training, really connected to the democratization of culture, which was an introduction to this democratization. Training that, for this reason, saw man not just as the patient in the process, whose only virtue is just to have the patience to stand the abyss between his existential experience and the contents offered for his learning, but rather the subject.[7]

In truth, Freire says with disdain, only with a lot of patience would it be possible for them to tolerate, after a day of work or without "work", repetitive lessons using silly sentences with words these people never saw.

We were thinking about literacy training that in itself was an act of creation, able to unfold other creative acts. Training in which man, because he is not its patient, its object, can develop impatience, vitality, a characteristic of states of search, invention and urge.[8]

In Freire's schools, people are no longer listeners and spectators to become subjects and actors, that is, beings who have the power to decide and transform what is there.

Such state of restlessness is also called for in Lina Bo Bardi's museums:

> The finality of the museum is to create an atmosphere, a conduct able to instill in the visitor a mental form adapted to understanding the work of art, and in this sense an old work of art is not distinguished from a modern one. With the same objective in mind, the work of art is not positioned according to chronological criteria, but is presented almost on purpose with the aim of producing a shock that awakens reactions of curiosity and investigation.[9]

This is the fundamental didactic and critical sense of Lina Bo Bardi's work, which is "destined specifically to the uninformed, unintellectual, unprepared masses"[10] who her museums want to educate, creating conditions for understanding art through coexistence and familiarization with art. The glass easels are essential to reach such objective. In them, the paintings are suspended over large transparent glass boards attached to a cubical concrete base resting on the floor. This way, the paintings stand out from the two-dimensional plane of the wall and occupy the ordinary three-dimensional

6. BARDI, Lina Bo. "Explicações sobre o Museu de Arte." *O Estado de S. Paulo*, Apr. 5, 1970.

7. FREIRE, P. "Educação e Conscientização." *Educação como prática da liberdade*. Rio de Janeiro: Paz e Terra, 1967, pp. 6–7 and 52.

8. BARDI, L. B. *Op. cit.*, pp. 8 and 52.

9. BARDI, L. B. "O Museu de Arte de São Paulo. Função social dos Museus." *Op. cit.*

10. *Ibid.*

11. GARCÍA CALVO, A. *Historia contra tradición. Tradición contra Historia.* Madrid: Lucina, 1983, pp. 45-46.

12. FREIRE, P. *Op. cit.*, pp. 18 and 52.

13. FREIRE, P. *Educação como prática da liberdade. Op. cit.*, chapter 2, note 30, pp. 1 and 8.

14. OLIVEIRA, O. de. *Sutis substâncias da arquitetura de Lina Bo Bardi.* São Paulo/ Barcelona: Gustavo Gili/ Romano Guerra Editora, 2006.

15. FREIRE, P. "Educação e conscientização." *Op. cit.*, pp. 36 and 52.

space, side by side with the visitor, in his or her line of sight. This system allows the paintings to lose their aura and become autonomous objects, presenting themselves in the same situation as the observer, mingling with the crowd and allowing the crowd to literally interact with the work of art.

García Calvo (1926–2012) called attention to the fact that the institution of the museum is contemporaneous to the beginning of the mechanical reproduction of written texts, implying that the objects are subject to their ideation in more advanced ways, inverting the value relationship in their statute as objects: they are meant for contemplation and not for use, for seeing, but not touching.[11] The glass easels go against the traditional forms that protect the work of art from direct contact with the public, in which the paintings are suspended against a wall and kept distant from the public by a physical or virtual line of separation. With the easels, the interaction between work of art and visitor is direct and open, without intermediary readings.

The painting "is born in the air," Lina claims, and when she proposes to display it on "crystal easels," she means to return it to the air, alluding to the moment when it was still on the painter's easel, that is, the moment of creation, when the painting is still being produced and in full dialogue with the artist. It is this dialogue, this living and creative exchange with the work, that Lina wants to retrieve. The photography series in which paintings and sculptures of the picture gallery are pictured beside people imitating the situation portrayed by the piece is symptomatic. The dialogue takes place in this horizontal relationship between painting and visitor, in an empathy relationship between two poles. It is only there that communication takes place, Freire said when explaining his literacy training method. Dialogue is nurtured with love, humility and trust. The anti-dialogue is vertical, imposed from above, arrogant and self-sufficient; it is acritical and does not generate a critical view precisely because it is "loveless."

> Education is an act of love, and because of that an act of courage. It cannot fear debate, the analysis of reality. It cannot escape the creative discussion without risking being a farce.[12]

His pedagogy is one that unearths the authoritarian relationships, where there is no school or culture, but *culture circles* and a *facilitator* whose essential role is promoting dialogue. Dialogue that was largely absent from the type of dominating education practiced up to then and that he seeks to rescue in these years of democratic experience, as Freire explains citing Father Antônio Vieira's *Sermons*: "Brazil was born and grew without the experience of dialogue. With its head down, fearing the Crown. Without a press. Without relationships. Without schools. 'Sick.' Without an authentic voice."[13] A state of *infans*, infant, which means one who does not talk. Recovering speech, according to Freire, would be synonymous with cure, health. A sense of cure that, as we have noted, is also essential in Lina Bo Bardi's work.[14]

A dialogical attitude by the facilitators, Freire notes, is fundamental for them to really educate, rather than "domesticate".

> How to learn to discuss and debate with an education that imposes itself? We dictate ideas. We don't share ideas. [...] We work *on* the learners. We don't work *with* them. We impose on them an order that does not adhere, but settles. We don't give them tools for authentic thinking, because they receive the formulas we give them and simply store them. They don't incorporate them, because incorporation is the result of looking for something that demands a recreating and searching effort by those who attempt it. It demands reinvention.[15]

The central point of his work with culture circles was in understanding freedom and critical thinking as humankind's way of being. In the first two evenings they met, there was a discussion about the notions of "culture" and "work" around ten existential situations. The facilitator first presented images without words and the debate stemmed from the images. The point of this stage was not theoretical clarification, but for each person to recognize him or herself as subject and creator of culture. This allowed introducing and motivating participants to start, in their third meeting, their literacy learning. Only this way, stemming from these discussions and awareness, would literacy training make sense, as then it would be seen as key to achieve written communication.

Awareness is the core principle of Paulo Freire's method: "Learning is intimately related to gaining awareness of situations experienced by the learner; we are before a pedagogy for free people."[16] This active method would be able to develop critical thinking through debate around challenging situations that should be existential to the groups. Without this last factor, the errors of an alienated education would be repeated.

> We soon discarded any possibility of a purely mechanical training. From early on, we were considering the literacy of the Brazilian people in a position to gain awareness, emerging from the process of our reality. A work with which we tried to promote naïveté to critical thinking while we were teaching basic education.[17]

Over the glass easels, the paintings approach the visitors. The works are placed over a neutral background, positioned in a way as to not stand out before the observer sets eye on them. "They don't say, therefore, 'you shall admire this, it's Rembrandt', but leave the pure and casual observation to the viewer."[18] On the easels, labels are abolished and all theoretical information is placed behind the paintings, making them even more autonomous. At MASP, art literally turns its back on academia—they follow opposite directions. Freire does the same, opposing academic methods that dictate paths to be memorized by the students without taking learning into account. "Culture as the systematic acquisition of human experience. As incorporation, and as such critical and creative, not as a juxtaposition of 'donated' reports or prescriptions."[19]

There are also no predetermined itineraries at MASP. The paintings dance in the space without any type of alignment or classification, nor separations between styles and periods. Paintings and people, mixed and free. As in a ball, the visitors walk among the paintings and freely choose who they want to dance with. Yes, the easels are important not only because of their formal appearance, but because they offer a new way to make visitors and paintings relate. Just like in the work of the masters of modern architecture, just like in the first European vanguards and Latin American radicals, the formal rupture here is based on overcoming the viewer's habitual and ordinary perception and never on an inconsequential formalism.

The didactic aspect of this way of exhibiting is analogous to the literacy method proposed by Paulo Freire, in which the word, like a painting to Bo Bardi, is never seen as something given (a donation from the teacher to the learner), but as a theme for debate. Analogously to the painting, the words or illustrations by Francisco Brennand that presented "existential situations" are *generative*; they provoke new discoveries and possibilities for the learner, who is never called illiterate. "We always believed we had something to exchange with them [the people], not just to offer them," said Freire.[20]

This ability to listen to the other is essential in Lina Bo Bardi's work, especially when this materializes in the transition spaces, the hollows, and,

16. WEFFORT, F.C. *Op. cit.*, pp. 14 and 74.

17. FREIRE, P. *Op. cit.*, pp. 8 and 52.

18. BARDI, L.B. "O Museu de Arte de São Paulo. Função social dos Museus." *Op. cit.*

19. FREIRE, P. *Op. cit.*, pp. 20 and 52.

20. *Ibid.*, pp. 3 and 52.

21. KLEIN, Y. *In:* UCAD (org.). *Yves Klein* 1928–1962. Paris: Union Centrale des Arts Décoratifs et Centre Nacional d'Art Contemporain, 1968, p. 64.

22. "Art is not extravagance, but simply one of the non-alienated human's essential needs. The Museu de Arte Moderna da Bahia, a cultural unit, will help you find the way of culture, trying to bring the artist close to the audience directly, without intermediaries" (free translation). It was with this brief paragraph that Lina Bo Bardi asked for donations for MAM–BA using a bank deposit form from bank Irmãos Guimarães. Source: MAM–BA Archive.

23. FREIRE, P. *Op. cit.*, pp. 49 and 52.

24. OLIVEIRA, O. de. *Op. cit.*, p. 288.

25. "Lina Bo Bardi, a arquitetura da liberdade". Lina's speech at FAUUSP in April 1989, partially published in SUVINIL (org.). *MASP: a cor da paixão pela arte*. São Paulo: Glasurit do Brasil, Grupo BASF, 1990, p. 16.

26. FREIRE, P. *Pedagogia do oprimido*. Rio de Janeiro/São Paulo: Paz e Terra, 2014, p. 76.

27. FREIRE, P. *A importância do ato de ler. Em três artigos que se completam*. Coleção Polêmicas do Nosso Tempo, vol. 4, 23th edition. São Paulo: Autores Associados/Cortez Editores, 1989, p. 9.

in the case of the easels, the volume of *air* around the painting. This air is not less important than the objects to which it relates, and it will give meaning to that which is visible. The word "air" relates to the prefix "*pneuma*", understood as the vital breath, but also in its political dimension of a state of pure conscience, such as defined by Yves Klein (1928–1962).[21] The emptiness is a starting point, a here-and-now experienced in a group, free vision of time and space.

It is in the nature of critical conscience to integrate with reality. There is an extreme sense of practicality in Lina's purposes as well as Freire's: to her, art production must be absolutely connected to practical life, but a practice that is linked both to material needs and spiritual ones. "Art is not extravagance, but simply one of the non-alienated human's essential needs."[22]

Freire searched for an education that opened way to what Aldous Huxley (1894–1963) called "the art of dissociating ideas", an antidote to the domesticating force of propaganda.[23] The materials proposed in Freire's method are based on this art of dissociation. From a *generative word* such as "brick", the learners freely form new combinations with the syllables dissociated from the word and its respective phonemic families presented in an *open page*: block, bring, build, tick, rock, back, etc. After these oral exercises, where not only knowledge production takes place, but also recognition, without which there is no learning, people start writing. This happens in the first evening of literacy training.

Paulo Freire "short-circuits" the linear time of learning, teaching people literacy in just a few days—a process that takes years in the institutional system. This same time collapse happens with the glass easels at the MASP picture gallery. Through them, the visitors see not only the painting in front of them, but all other exposed objects as well, as if 500 years of history had been compressed into a single instant/place. Here again we find the idea of time compression, collapsed time, a time absolutely related to the experience of life, "a time that belongs to humanity."[24]

Like the words, the paintings relate to one another. To Lina, a work of art does not mean more or less prestigious and valuable pieces to be contemplated, but all things that demand our attention, objects with which we communicate directly. Only we are capable of finding interest and meaning in things, anything, utensils, daily objects, works of art or words.

Lina conceives an *hors-limites* museum in the broadest sense. It is not coincidence that, when the musician John Cage (1912–1992) visited MASP, he recognized this quality and exclaimed: "It's the architecture of freedom!"[25] And the fight for freedom requires total responsibility. "Only freedom to eat is not enough," reminds Freire, "but freedom to create and construct, to admire and venture. Such freedom requires the individual to be active and responsible, not a slave or a well-fed machine part."[26] In Lina's museums, the viewer becomes an actor, is brought to a conscious and critical state in front of that which she or he sees and analyzes. This attitude is identical to the one sought by Freire or by Brechtian theater, where the spectators are no longer merely consumers, but must also produce, being driven to adopt an attitude that is not docile, but lucid, an attitude that allows them to understand what they consume. This effort to reflect about oneself and about the world makes individuals discover that the world is also theirs, that their work is not toil, but a contribution for a better world. This is the didactic and political sense, but above all the emancipatory sense of these *anti-museums* and *anti-schools* where "reading the world precedes reading the word."[27]

Olivia de Oliveira has a PhD in Architecture and is author of *Lina Bo Bardi: obra construída* (Editora Gustavo Gili, 2002) and *Lina Bo Bardi. Sutis substâncias da arquitetura* (Editora Gustavo Gili and Romano Guerra, 2006).

SOBRE CRISTAIS E PAREDES: RECEPÇÃO CRÍTICA DOS CAVALETES DE VIDRO E SOLUÇÕES DA PINACOTECA DO MASP

Alexander Gaiotto Miyoshi

Os cavaletes de vidro do MASP são controversos. Criados nos anos 1960 por Lina Bo Bardi (1914-1992), enquanto o edifício-sede desenhado por ela era construído, eles foram instalados em 1968 no segundo andar, sustentando, como se flutuasse, a pinacoteca do museu. Ficaram lá até 1996, quando foram retirados e substituídos por paredes de gesso.

A mudança foi polêmica. Os defensores dos cavaletes frisaram-lhes a originalidade, a coesão com o projeto arquitetônico e o estímulo à liberdade de fruição. Os opositores viam neles agravos à integridade e à apreciação das obras de arte, menosprezadas em favor da concepção de Bo Bardi. Ambas as posições, no entanto, convergiam num ponto: a solução mista, isto é, a integração de paredes e cavaletes de vidro, era tida por elas como impraticável no MASP. É necessário matizar as posições, reavaliá-las, abrindo-se para o novo e considerando a força do acervo e da arquitetura do MASP desde a sede da rua 7 de Abril.

1. Trato da questão em minha dissertação de mestrado de 2007 e no livro que a compila, subsidiário a este artigo: MIYOSHI, A. *Arquitetura em suspensão: o edifício do Museu de Arte de São Paulo*. São Paulo: Armazém do Ipê, 2011, pp. 76-84.

2. Um embrião da ideia dos cavaletes de vidro é de 1958, quando Bo Bardi publicou no *Diário de Notícias de Salvador* a coluna "Qual dos dois você escolheria?". Nela, o leitor observava primeiramente uma imagem, para depois ser informado do que se tratava.

DOS CAVALETES DE VIDRO ÀS PAREDES DE GESSO

O desenho dos cavaletes de vidro iniciou-se por volta de 1963, possivelmente em conjunto com uma transformação arquitetônica mais ampla. O projeto inicial do edifício previa cobertura translúcida e paredes opacas: desistiu-se da cobertura translúcida e as paredes foram substituídas por caixilhos de vidro. Os cavaletes, portanto, correspondem à extensão dessa mudança da arquitetura.[1]

Os esboços dos cavaletes apresentam modelos para mais de um quadro. A solução final, no entanto, foi o cavalete para apenas um quadro. Do mesmo modo, as legendas seriam fixadas inicialmente ao lado dos quadros, mas a arquiteta decidiu transpor as informações sobre obras e autores para o verso dos suportes, para que, segundo ela, os fruidores pudessem ter juízo artístico independentemente de orientações de gosto, sugestionadas por textos.[2]

Os cavaletes de vidro foram exaltados por muitos. A rainha Elizabeth surpreendeu-se com eles na abertura do museu. Houve quem os reprovasse, como Michel Laclotte, conservador-chefe do Louvre. Ainda assim, enquanto Pietro Maria Bardi (1900-1999) foi diretor do museu, os cavaletes lá permaneceram. A substituição por suportes opacos começou no início dos anos 1990, após a saída de Bardi do MASP. A alegação, entre outras, foi de que isso preservaria os quadros e eliminaria os reflexos, multiplicados na superfície dos vidros. As informações sobre as pinturas foram retiradas da parte de trás dos quadros e colocadas na parte da frente.

A DEFESA DOS CAVALETES DE VIDRO

Os arquitetos colaboradores de Bo Bardi — André Vainer, Marcelo Ferraz e Marcelo Suzuki — criticaram a mudança. "Os quadros dialogavam entre si. Questionavam o tempo, na medida em que obras de várias épocas conviviam",[3] disse Ferraz, defendendo também as informações atrás da tela. Para Vainer, "a ideia era ter um museu liberto dos padrões europeus. Sem paredes, podia-se ter uma ampla noção da arte exposta".[4] Suzuki foi contundente: "Essas paredes do MASP são vexatórias. As pessoas até hoje não têm coragem de assumir que os painéis eram geniais".[5]

O arquiteto e coordenador de exposições do MASP, Vasco Caldeira, rebateu as críticas: "um museu é feito para expor arte e não os seus suportes".[6] Caldeira considerava a museografia original "extremamente forte e coerente com seu tempo", "uma linda instalação", mas "cada geração tem o direito de dar a uma exposição a leitura que quiser". Para ele, a crença na fruição de um quadro ser estorvada pelo conhecimento prévio da autoria menospreza a capacidade crítica do fruidor. O arquiteto acrescentou que o cavalete danificava materialmente as pinturas: a falta de circulação de ar entre o vidro e algumas delas causou o surgimento de fungos.

Em 1997, foi publicada a monografia *Museu de Arte de São Paulo*. A publicação é expressiva desde a capa, onde aparece o salão da pinacoteca em construção. Bo Bardi está ao lado de um protótipo do suporte com a reprodução de *O escolar*, de Van Gogh (1853-1890). A mensagem do livro é clara: defender a museografia original do MASP. O texto apaixonado do arquiteto holandês Aldo van Eyck (1918-1999) expõe os argumentos em defesa daquela museografia, assinalando a integridade entre o exterior e o interior do edifício, discorrendo sobre a ruptura com a parede e o contexto de origem do quadro, o cavalete do artista, e também sobre as relações entre as obras no espaço do MASP, "todas ao mesmo tempo num conjunto *contemporâneo*". A proposta do MASP, para Van Eyck, "surge como um choque no primeiro encontro, contrário a tudo aquilo a que fomos acostumados equivocadamente". O arquiteto clama, por fim, pela reinstalação "sem concessão" da "mais bela exposição do mundo de uma coleção de pinturas e esculturas".[7]

Em 1998, o arquiteto Renato Anelli também defendeu a preservação total da museografia de Bo Bardi, já que para ele não havia possibilidade de atualização sem lhe extrair a essência do conceito. Os argumentos pautaram-se pelo desenvolvimento histórico dos suportes, ligados de modo coerente e inédito a um edifício concebido para aquela forma de exposição. Anelli observou o liame com museus italianos de meados do século 20, acrescentando que os cavaletes de vidro eram fruto das experiências da arquiteta na rua 7 de Abril. Reivindicou

3. SALLUM, E. "Cavalete de vidro gera polêmica no Masp". *Folha de S.Paulo*. São Paulo, 17.12.1996, caderno Ilustrada, p. 7.

4. *Ibid.*

5. *Ibid.*

6. *Ibid.*

7. BARDI, L. B. e VAN EYCK, A. *In:* FERRAZ, M. (org.). *Museu de Arte de São Paulo, Lina Bo Bardi*, 1957-68. São Paulo: Instituto Lina Bo e P. M. Bardi; Lisboa: Editorial Blau, 1997, [s/p].

pesquisas efetivas sobre iluminação natural no MASP e defendeu que as fachadas transparentes, unidas aos cavaletes de vidro, definiam o espaço museográfico e simbolizavam a abertura do museu para a cidade e a população.

Outras manifestações foram feitas nos anos seguintes,[8] mas nunca houve um verdadeiro debate entre os defensores de cada proposição. As paredes de gesso, em princípio tão móveis e flexíveis quanto os cavaletes seriam, como o presidente do MASP à época, Julio Neves, afirmou, pouco ou nada se moveram desde que foram adotadas naquela gestão.

8. Em defesa dos cavaletes de vidro também se manifestaram Ruth Verde Zein (2001), Lauro Cavalcanti (2001) e Olivia de Oliveira (2003 e 2006), entre outros.

9. MARQUES, L. *A evolução da museologia do Masp no último decênio* (1986-98), reprodução de fax enviado ao MASP no dia 26.11.1998, p. 6.

A DEFESA DAS PAREDES DE GESSO

Um texto de 1998 escrito pelo curador-chefe do MASP, Luiz Marques, baseia a justificativa da remoção dos cavaletes de vidro em três problemas conceituais: 1) a submissão das obras de arte ao espaço arquitetônico do museu, não o oposto; 2) a inexistência da alegada liberdade de apreciação do visitante, pois, mesmo com a possibilidade de disposição livre dos quadros, o acervo fora sempre organizado em ordem cronológica e por escolas artísticas; e 3) a consideração ingênua de que cada pintura seria vista na condição original, no cavalete do artista, quando as obras são criadas para paredes e ambientes diversificados, como igrejas, galerias etc.

Foram apresentados cinco problemas técnicos: 1) a incapacidade de as lâminas sustentarem quadros de grandes dimensões; 2) a fragilidade do vidro e o decorrente risco de rompimento; 3) as deformações nos quadros ocasionadas por dilatação e contração dos vidros (os quadros eram fixados nas lâminas com parafusos); 4) a iluminação artificial inadequada; e 5) a iluminação natural que atravessava as persianas, ressaltando problemas de conservação das pinturas e expondo-as aos danos dos raios solares.

Em defesa das altas e espessas paredes brancas foram dados sete argumentos: 1) oferecem suportes seguros aos quadros; 2) ajustam as condições térmicas e de umidade do ar; 3) permitem a visita orientada a grupos de pessoas; 4) criam ambientações diversificadas, respeitosas à variedade de formatos e às características culturais das pinturas; 5) propõem iluminação adequada a cada obra; 6) sugerem abordagens historicamente orientadas, facultando o direito de se percorrer livremente o espaço; e 7) restauram "o equilíbrio fenomenológico e civilizacional entre a obra de arte e o suporte arquitetônico com o qual sempre dialogou — a parede —, elemento constitutivo de sua própria identidade histórica".[9]

Perguntado, em 2006, sobre as referências museológicas e museográficas de sua proposta, Marques retomou os argumentos que desde o início a justificaram, avaliando os resultados:

> Fundo as duas questões — museografia e museologia — em uma só resposta. Não houve referências ou modelos específicos, isto é, não me baseei em nenhuma experiência de outro museu. O que procurávamos então — o arquiteto Vasco Caldeira e eu — era "desbrutalizar" tanto quanto possível o espaço devastado (no sentido primeiro da palavra) do segundo andar do museu, ambiente particularmente hostil à fruição da arte não contemporânea, em especial pela ausência de todo percurso propositivo, pela eliminação de todo e qualquer diferencial, pela luz suja, acachapante e

tangencial às telas, pela amplitude desmesurada de todas as coordenadas espaciais, supressora de uma dimensão fundamental da apreciação artística: a escala entre o quadro e o espaço circundante. O que se procurava era devolver a cada obra a chance de ocupar, por um momento, a totalidade do campo visual do espectador, devolver-lhe também a parede (com quem ela mantém histórica e fenomenologicamente uma relação essencial), devolver-lhe ainda os jogos com o espaço: a perspectiva, a experiência da galeria e do gabinete, de onde a alternância entre visão distanciada e próxima, entre pés-direitos altos e baixos, entre ambientes maiores e menores, entre salão e espaços mais privativos etc. A avaliação dos resultados obtidos depende do critério de avaliação. Em relação ao ponto de partida, houve um verdadeiro salto de qualidade, em grande parte por puro demérito do ponto de partida. Se o critério for, entretanto, o de uma avaliação independente do ponto de partida, diria que os resultados foram razoáveis, mas bastante desiguais. Conseguimos efeitos excelentes em termos de visão distante/próxima, efeitos satisfatórios de percurso, efeitos de luminosidade nem sempre satisfatórios, sobretudo para os dois salões. Mas mesmo, repito, quando permanecia ela insatisfatória, tínhamos agora algo melhor que a luminosidade exterminadora, proveniente da luz mirrada e indireta situada em um teto de seis metros de altura.

A tentativa estava em certa medida fadada ao fracasso ou, na melhor das hipóteses, a uma vitória apenas relativa, e isto independentemente das fortes pressões políticas, internas e externas. Nunca me iludi, seja dito em meu favor, sobre minhas chances. Não, repito, apenas por causa da relação de forças, mas porque o espaço do segundo andar, em si interessante como um espaço absoluto, aberto como poucos, era, *justamente por isso*, fechado como poucos ao diálogo com a pintura. Ele tinha que ser radicalmente negado para que dele surgissem espaços diferenciados, modulares, habitáveis pelas telas. Mas nenhuma solução museal é vitoriosa se deve partir da premissa de que o espaço é seu inimigo e deve ser negado. De onde minha convicção, de hoje e de sempre, de que o espaço do segundo andar é, do ponto de vista museológico, um não espaço, uma quadratura do círculo, um problema, salvo melhor juízo, a cá, a solução proposta por Julio Neves, em si obviamente insatisfatória, manteve ao menos alguns elementos da proposta original: uma possibilidade de percepção individualizada de cada obra, um resquício de percurso, uma vaga relação do quadro com a parede e, sobretudo, um mínimo aquecimento do ambiente em termos de iluminação. Em termos de informações sobre cada obra (vale dizer, em termos de museografia), o MASP continua, como sempre, extremamente pobre. A herança dos painéis de vidros, com sua retórica purista da "obra em si", influi ainda na mentalidade do museu, que ainda concebe como mérito, sob pretexto de "não interferência", subtrair ao público informações mais circunstanciadas sobre cada obra, susceptíveis de enriquecer sua visita ao museu.

Um ponto crucial está na remoção total dos cavaletes. No texto de 1998, Marques afirma que "o hibridismo entre paredes e placas de vidro não era aceitável a longo prazo". Desse modo, o espaço concebido para não abrigar paredes e salas transformou-se numa anomalia: a tentativa de evitar o hibridismo de suportes (talvez a saída mais plausível) não impediu o hibridismo amorfo do espaço. Se a intervenção corrigiu deficiências dos cavaletes de vidro, ela resultou, contudo, desmedida à arquitetura.

PONDERAÇÕES ENTRE O MASP E OUTROS MUSEUS

O cavalete de vidro relaciona-se visceralmente com a arquitetura do museu. O cubo de concreto alude à estrutura do edifício, como o vidro aos caixilhos. A cunha de madeira, unindo o vidro ao concreto, evoca a cultura popular. Mais que um suporte ou forma nova de expor, o cavalete de vidro é um elemento arquitetônico. Por isso, mesmo que instituições internacionais o utilizem (a exemplo do que fizeram o Rietveld Schröderhuis, a Columbia University e o Illinois Institute of Technology, mas para mostras temporárias e acervos menos valiosos que o do MASP), ele jamais terá o sentido da proposta de Bo Bardi, na qual é parte integrante do edifício.

Mesmo a comparação do MASP com os museus italianos do pós-guerra, lembrada também na defesa dos cavaletes, deve ser ponderada. No museu brasileiro, os cavaletes de vidro eram dispostos apenas de um modo, a despeito da variedade das obras de arte, num imenso salão. Considerando ainda os arranjos possíveis dos cavaletes, surpreende que a pinacoteca não tenha conhecido muitas variações,[10] de acordo com a flexibilidade a que se propunham. Nos museus italianos, ao contrário: os suportes se adaptam às obras de arte, distribuídas em diferentes ambientes, chegando a haver uma única sala especialmente dedicada a uma só obra, com suportes e aparatos específicos para ela.

Tomemos o exemplo do Museu Correr, de Veneza, para o qual o arquiteto Carlo Scarpa (1906-1978) desenhou uma sala exclusiva para a *Deposição de Cristo*, de Antonello da Messina (1430-1479). O desenho da sala parece emanar da pintura. Os veios do painel de pedra atrás do quadro fazem vibrar a pele do Cristo. Os suportes metálicos são delicados como as asas dos anjos. Suporte e ambiente resultam da atenção concentrada em uma só obra de arte. O cavalete de vidro, pelo contrário, é único para pinturas muito diversas. E se ele proporciona efeitos sugestivos e espirituosos ao interagir quadros e espectadores, como mostra a foto "unindo" uma pintura de Modigliani e uma mulher, esses efeitos são casuais. A museografia dos cavaletes de vidro, afinal, prioriza o conjunto em detrimento do particular.

10. As predileções de P. M. Bardi são compreensíveis a partir das fotografias da pinacoteca. A célebre panorâmica do amplo salão exemplifica a organização nacional-cronológica apontada por Luiz Marques em seu relatório. Bardi organizava a pinacoteca segundo as tradicionais classificações museológicas, conforme a maioria dos museus de arte. Bardi possuía uma formação "clássico-moderna", com gosto inclinado ao impressionismo e ao *quattrocento*, que, além de influenciar na constituição do acervo, aplicou-se na exposição dos quadros do MASP.

BALANÇO

Na museografia de Lina Bo Bardi, o impacto visual da pinacoteca com os cavaletes e pinturas era uma experiência sensorial. A célebre fotografia do acervo vista a "voo de pássaro" (cuja visão é impraticável ao visitante, exceto se elevado do piso), com os quadros a nos desafiar, dá uma ideia do que representava a configuração. A solução é coerente com seu tempo, de rupturas e críticas incisivas às instituições museais. Há, no entanto, uma ruptura radical com as próprias concepções museográficas de Bo Bardi para o MASP da rua 7 de Abril.

A museografia do MASP passou por transformações substanciais até chegar à proposta da avenida Paulista. O espaço aconchegante da rua 7 de Abril desapareceu no novo edifício. O percurso claro, em um ambiente variado de materiais, tonalidades, arranjos e texturas, deu lugar a sua supressão. A atenção particular às obras de arte cedeu à visão generalizante. A fruição individual, ritmada e íntima, foi substituída pela global, devassada e múltipla. O produto artístico passou a valer como partícula de um todo, em detrimento de sua complexidade singular.

Lina Bo Bardi não levou a museografia da avenida Paulista à riqueza de soluções que levara na rua 7 de Abril. Ao contrário, aplicou o mesmo suporte a todos os quadros. Foi uma opção deliberada. A arquiteta passou a esnobar a arte "erudita", voltando-se para a "vernácula". As concepções de "arte sem adjetivos" e "tempo não linear" foram tomadas como museologia acabada,[11] liberando as obras à distribuição segundo um critério arquitetônico. Este não contempla as particularidades dos quadros, como tampouco suas interrelações. A obra de arte na museografia dos cavaletes de vidro pouco importa: este é o seu problema nodal.

Confrontados os ataques e defesas a ambas as museografias, percebem-se os pontos em comum: não houve projetos efetivos de retificar ou melhorar a arquitetura e os cavaletes de vidro,[12] tampouco explorando seus diversos arranjos possíveis. As possibilidades de *layout* desses suportes são inúmeras. Colocá-los lado a lado pode ser uma virtude, mas devem-se considerar as relações entre as obras de arte. É necessário conhecê-las e amá-las, submetendo-as a uma museologia que extraia o melhor da museografia dos cavaletes de vidro, ao mesmo tempo domando-a: um pensamento museológico inovador, ao qual se pudesse aplicar integralmente a ideia de "arte sem adjetivos".

A museografia de Bo Bardi é um projeto ousado e incompleto. Um rascunho executado, um desenho, um esboço que se tornou realidade, que se pretende definitivo e imutável. Uma promessa não cumprida e, por este motivo, interrompida, substituída por seu oposto, seu *arch-nemesis*: uma proposta padrão dos museus de arte. Esta, por sua vez, colocou-se como correção, mas é uma deformação. Não é absolutamente ineficaz (pois em um edifício de outra natureza, sobretudo para outra instituição, certamente colheria bons frutos), mas é estranha ao espaço do MASP; desalmada por se impor a ele e também por extirpar sua singularidade museográfica.

Seria interessante retomar os cavaletes não literalmente, mas transformados, adaptados às necessidades técnicas. As paredes de gesso serviram para apontar problemas anteriores e parcialmente solucioná-los, sem superar os cavaletes de vidro de modo satisfatório. O MASP da rua 7 de Abril ofereceu diversas possibilidades museográficas, assim como outras expografias de Bo Bardi. Retomá-las na avenida Paulista, modificadas ou de algum modo evocadas, pode ser uma alternativa. O que não se pode é insistir numa promessa não cumprida. Ou num espaço deformado.

Alexander Miyoshi é professor do Instituto de Artes da Universidade Federal de Uberlândia e autor de *Arquitetura em suspensão: o edifício do Museu de Arte de São Paulo* (São Paulo: Autores Associados, 2011).

11. Lina Bo e Pietro Maria Bardi congregavam museologia e museografia nas ideias de "arte sem adjetivos" e "tempo não linear", resultando, sem muita precisão, em um conceito no qual os valores artísticos seriam desvinculados de correntes e períodos históricos. Entretanto, o conceito não se aplicava a tudo. P. M. Bardi sempre se interessou por apresentar o acervo mais amplo e abrangente possível, com ressalvas: além da cautela para incorporar a arte contemporânea (cujas qualidades, segundo Bardi, era necessário tempo para avaliar), o diretor jamais aceitou irrestritamente a produção dita "acadêmica", que Lina Bo igualmente recusava. Nesse ponto, ambos eram coerentes com as vanguardas do tempo. O aspecto transparece ainda nas expressivas ilustrações da arquiteta, por meio das quais podemos compreender sua predileção cada vez mais voltada às obras modernistas ou primitivistas. Transparece também em seus textos, como no de 1970 sobre o Museu de Arte Moderna da Bahia (reproduzido em RISÉRIO, A. *Avant-garde na Bahia*. São Paulo: Instituto Lina Bo e P. M. Bardi, 1995), em que expressa a ideia de "arte sem divisões" ou "unicidade da arte", contradita na prática, pois não só as obras se dividiam entre "modernas" e "clássicas", como as "modernas" eram boas e as "clássicas", más.

12. Alguns defensores dos cavaletes de vidro, como Marcelo Ferraz, Renato Anelli e Lauro Cavalcanti, sugerem melhorias nos suportes.

OF CRYSTALS AND WALLS: CRITICAL RECEPTION OF THE GLASS EASELS AND SOLUTIONS FOR THE MASP PICTURE GALLERY

Alexander Gaiotto Miyoshi

MASP's glass easels are controversial. Created in the 1960s by Lina Bo Bardi (1914–1992) while the museum headquarters she had designed was being built, they were installed in 1968 on the second floor, supporting the museum's picture gallery as if it were floating. They remained there until 1996, when they were removed and replaced with drywalls.

The change was polemic. Supporters of the easels stressed their originality, the cohesion with the architectural project and how they encouraged freedom to enjoy the works. Those who opposed them saw violations to the integrity and appreciation of works of art, which were said to be disparaged in favor of Bo Bardi's concept. The two positions, however, converged on one point: a mixed solution, that is, integrating walls and glass easels, was considered unfeasible in MASP. We need to look into the finer shades of these positions, reevaluate them, open up to new ideas and consider the strength of MASP's collection and architecture at its headquarters at Rua 7 de Abril.

FROM GLASS EASELS TO DRYWALLS

The design of the glass easels began around 1963, possibly as part of a broader architectural transformation. The initial design of the building contemplated a translucent ceiling and opaque walls, but the translucent ceiling was discarded and the walls were replaced with framed glass panels. Thus, the easels are an extension of this change in the architecture.[1]

The sketches of the easels presented models to support more than one painting. The final solution, however, was an easel for a single painting. Likewise, the labels would initially be placed beside the paintings, but the architect decided to move the information on the pieces and authors to the back of the supports so that, according to her, the visitors could make an artistic judgment free of taste guidelines suggested by the texts.[2]

1. I address this subject in my master's thesis from 2007 and the book that compiles it, from which this article is derived: MIYOSHI, A. *Arquitetura em suspensão: o edifício do Museu de Arte de São Paulo*. São Paulo: Armazém do Ipê, 2011, pp. 76–84.

2. An embryonic idea of the glass easels can be found in 1958, when Bo Bardi published in *Diário de Notícias de Salvador* the column "Qual dos dois você escolheria?" [Which of these two would you choose?]. First it showed the reader one image and then it explained what that was about.

3. SALLUM, E. "Cavalete de vidro gera polêmica no Masp." *Folha de S.Paulo*. São Paulo, Dec. 17, 1996, Ilustrada section. p. 7.

4. *Ibid.*

5. *Ibid.*

6. *Ibid.*

7. BARDI, L. B. and VAN EYCK, A. *In:* FERRAZ, M. (org.). *Museu de Arte de São Paulo, Lina Bo Bardi*, 1957–68. São Paulo: Instituto Lina Bo e P. M. Bardi; Lisbon: Editorial Blau, 1997, [s/p].

Many praised the glass easels. Queen Elizabeth was surprised with them at the museum's inauguration. Some did not approve of them, such as Michel Laclotte, head conservator of the Louvre. Nonetheless, while Pietro Maria Bardi (1900–1999) was the museum's director, the easels remained there. Their replacement with opaque supports began in the early 1990s, after Bardi stepped down from MASP. One justification was that this would better preserve the paintings and eliminate the reflections on the glass surfaces. The information on the paintings was moved from the back of the pieces to the front.

DEFENDING THE GLASS EASELS

The architects who collaborated with Bo Bardi—André Vainer, Marcelo Ferraz and Marcelo Suzuki—criticized the change. "The paintings dialogued with one another. They questioned time, in the sense that work of various periods coexisted,"[3] said Ferraz, also defending the information behind the canvas. To Vainer, the "idea was to have a museum free from European standards. Without walls, one could have a broad sense of the art on display."[4] Suzuki was categorical: "These walls in MASP are vexing. Even today, people don't have the courage to admit that the panels were a work of genius."[5]

The architect and exhibition manager at MASP, Vasco Caldeira, countered the criticisms: "a museum is made to display art, not its supports."[6] Caldeira considered the original museography "extremely powerful and consistent with its time", "a beautiful installation", but "each generation has the right to give an exhibition the interpretation it wishes". To him, believing that the enjoyment of a painting is disturbed by the previous knowledge of its authorship underestimates the viewer's critical capacity. Caldeira added that the easel caused material damage to the paintings, as the lack of air circulation between the glass and some canvases caused fungus to appear.

In 1997, the monograph *Museu de Arte de São Paulo* was published. The publication is expressive, starting with its cover, which shows the picture gallery hall under construction. Bo Bardi is standing beside an easel prototype with the reproduction of Van Gogh's (1853–1890) *The Schoolboy*. The book's message is clear: to defend MASP's original museography. The passionate text of Dutch architect Aldo van Eyck (1918–1999) presents the arguments in favor of that museography, pointing to the integrity between the building's interior and exterior, pondering on the rupture with the wall, the original context of the painting, the artist's easel, and the relationships between the pieces inside the MASP space, "all at the same time in a *contemporary* collection". To Van Eyck, MASP's proposal "comes as a shock when we first meet it, contrary to everything to which we have wrongly been accustomed." Finally, the architect demands the "uncompromising" reinstallation of the "most beautiful exhibition of a collection of paintings and sculptures in the world".[7]

In 1998, architect Renato Anelli also advocated for the full preservation of Bo Bardi's museography, since he claimed there was no possibility of updating it without depriving it of the essence of its concept. The arguments were based on the historic development of the supports, consistently and uniquely connected to a building conceived for that form of exhibition. Anelli observed the connection with Italian museums from the mid-20th century, adding that the glass easels resulted from the architect's experimentations at the 7 de Abril location. He asked for effective research on natural lighting in MASP and argued that the transparent façades combined with the glass easels defined the museographical space and symbolized the museum's openness to the city and its people.

Other manifestations took place in the following years,[8] but there was never real debate among the advocates of each proposition. The drywalls, which in principle are as mobile and flexible as the easels, as stated by Julio Neves, MASP's chairman at the time, had barely moved, if at all, since they were adopted by that board.

8. Ruth Verde Zein (2001), Lauro Cavalcanti (2001) and Olivia de Oliveira (2003 and 2006), among others, also spoke in defense of the glass easels.

9. MARQUES, L. *A evolução da museologia do Masp no último decênio (1986–98)*. Reproduction of fax sent to MASP on November 26, 1998, p. 6.

DEFENDING THE DRYWALLS

A text from 1998 written by MASP's head curator, Luiz Marques, supports the removal of the glass easels based on three conceptual problems: 1) subjecting the works of art to the museum's architectural space rather than the opposite; 2) the inexistence of the so-called freedom of appreciation by the visitor, because even with the possibility of arranging the paintings freely the collection had always been organized chronologically and by artistic school; and 3) the naïve notion that each painting would be seen in its original condition, on the artist's easel, when the pieces are actually created to go on walls and diverse environments such as churches, galleries, etc.

Five technical problems were presented: 1) the inability of the panels to support paintings of large dimensions; 2) the fragility of glass and resulting risk of breaking; 3) deformations in the paintings caused by the dilatation and contraction of glass (the paintings were screwed to the panels); 4) inadequate artificial lighting; and 5) the natural lighting that came through the blinds, highlighting conservation issues in paintings and exposing them to damaging sun rays.

In defense of the high and thick white walls, seven arguments were given: 1) they provide safe support to the paintings; 2) they adjust to the thermal and air humidity conditions; 3) they allow groups of people to observe the pieces; 4) they create diversified settings that respect the variety of formats and the cultural characteristics of the paintings; 5) they provide adequate lighting for each work; 6) they suggest historically oriented approaches while still allowing visitors to walk freely through the space; and 7) they restore "the phenomenological and civilizational balance between the work of art and the architectural support with which it has always dialogued—the wall—, an element that is constitutive of its own historical identity."[9]

Asked in 2006 about the museological and museographical references in his proposal, Marques revisited the arguments that had justified it since the beginning, assessing its results:

> I merge the two issues—museography and museology—in a single answer. There were no specific references or models; that is, I did not rely on the experience of any other museum. What we looked for at the time—architect Vasco Caldeira and I—was to do away, as much as possible, with the "brutality" of the devastated space (in the original sense of the word) on the second floor of the museum. That environment was particularly hostile to the fruition of non-contemporary art, especially due to the absence of any proposed itinerary, the elimination of any type of differentiation, the dirty, flattening and tangential light on the canvases, the disproportionate amplitude of all spatial coordinates, suppressing a fundamental dimension of artistic appreciation: the scale of the painting in relation to its surrounding space. What we were try-

ing to do was give back to each piece the chance to occupy, for one moment, the spectator's entire visual field, to also give it back the wall (with which it maintains an essential relationship, historically and phenomenologically), and to give it back the games it plays with space: perspective, experiencing the gallery and the office, alternating distant and close views, high and low ceilings, larger and smaller environments, a hall and more private spaces, etc. Assessing the results obtained depends on the evaluation criteria. In relation to the starting point, there was a real leap in quality, largely because of the failure of the starting point. However, if the criterion is an evaluation independent from the starting point, I would say the results were reasonable, but very inconsistent. We achieved excellent effects in terms of distant/close vision, satisfactory itinerary effects, not always satisfactory luminosity effects, mainly for the two halls. But, I repeat, even when it was still unsatisfactory, we had something better than the annihilating luminosity coming from a feeble, indirect light from a six-meter high ceiling.

The attempt was, to a certain extent, bound to fail or, at best, destined for only a relative victory, and this was unrelated to the strong political pressures, both internal and external. I can say in my favor that I never had any illusions about my possibilities. That is not, I repeat, only because of the forces at play, but because the space on the second floor, as interesting as an absolute space and open as few others could be, was, *precisely because of that*, closed, as few others could be, to dialogue with the painting. It had to be radically denied so that differentiated, modular spaces that could be inhabited by the paintings could stem from it. But no museum solution is victorious if it must start with the assumption that the space is its enemy and must be denied. Hence my conviction, today and always, that the space on the second floor is, from the museological point of view, a non-space, a quadrature of a circle, a problem that, for lack of better judgment, the solution proposed by Julio Neves, while obviously unsatisfactory, at least maintained some elements of the original proposal: the possibility of an individual perception of each piece, a trace of an itinerary, a vague relationship between the painting and the wall and, above all, a slightly warmer environment in terms of the lighting. Regarding the information on each piece (in museographic terms), MASP remains, as it always has been, extremely poor. The legacy of the glass panels, with their purist "work-in-itself" rhetoric, still informs the museum's mentality, which stills considers merit, justified as "non-interference", to subtract from the public more circumstantiated information on each piece, which could enhance their visit to the museum.

A critical point is the complete removal of the easels. In his text from 1998, Marques claims that "the hybridism between walls and glass panels was not acceptable in the long run." This way, the space conceived to not hold walls and rooms became an anomaly: the attempt to avoid the hybrid use of supports (which perhaps is still the most plausible solution) failed to avoid the amorphous hybridism of the space. While the intervention may have solved deficiencies in the glass easels, it was inconsiderate to the architecture.

REFLECTIONS ABOUT MASP AND OTHER MUSEUMS

The glass easel had a visceral relationship with the museum's architecture. The concrete cube alludes to the structure of the building, and the glass to the framed panels. The wooden wedge, joining the glass to the concrete, evokes popular culture. More than a support or a new form of exhibiting, the glass easel is an architectural element. Thus, even if international institutions use it (as the Rietveld Schröderhuis, Columbia University and the Illinois Institute of Technology did, though for temporary exhibitions and less valuable collections than MASP's), it will never have the same meaning as Bo Bardi's proposal, which is an integral part of the building.

Even the comparison between MASP and post-war Italian museums, often mentioned in defense of the easels, must be moderated. In the Brazilian museum, the glass easels were arranged only in one position, regardless of the variety of works of art, in a huge hall. Considering all the possible arrangements of the easels, it is surprising that the picture gallery did not experiment with many variations,[10] making use of the flexibility they offered. In the Italian museums it was the opposite: the supports were adapted to the works of art, distributed in different environments, to the point that there was a single room dedicated to only one piece, with specific supports and apparatus created for it.

An example is the Correr Museum in Venice, for which architect Carlo Scarpa (1906–1978) designed a room exclusively for Antonello da Messina's (1430–1479) *Pietà*. The room's design seems to emanate from the painting. The veins of the stone panel behind the painting make Christ's skin vibrate. The metal supports are as delicate as the angels' wings. Support and environment result from the focused attention on a single work of art. The glass easel, on the other hand, is the same for very diverse paintings. And it creates suggestive and humorous effects by allowing paintings and spectators to interact, as shown in the picture "joining" a Modigliani painting and a woman—these are casual effects. The museography of the glass easels, after all, prioritizes the overall set over the individual.

BALANCE

In Lina Bo Bardi's exhibition architecture, the visual impact of the picture gallery with the easels and paintings was a sensorial experience. The famous photograph of the "bird's-eye view" of the collection (impossible for the visitors at floor level), with the paintings challenging us, gives an idea of what this configuration represented. The solution is consistent with its time, marked by profound ruptures and criticism of museological institutions. There is, however, also a radical rupture with Bo Bardi's own museographical conceptions for MASP 7 de Abril.

MASP's museography underwent substantial transformations before it reached the Avenida Paulista proposal. The cozy space at Rua 7 de Abril disappeared in the new building. The clear path, in an environment with varied materials, shades, arrangements and textures, gave way to its suppression. The individual attention to the pieces became a generalized view. Individual, paced and intimate fruition was replaced with global, public and multiple appreciation. The artistic product's value was understood as a particle in a whole, to the detriment of its singular complexity.

Lina Bo Bardi did not take the museography at Avenida Paulista to the wealth of solutions she had achieved at 7 de Abril. On the contrary, she applied the same support to all the paintings. It was a deliberate choice. The architect began to disdain "classical" art, turning her attention to the "vernacular" art. The conceptions of "art without adjectives"

10. P.M. Bardi's preferences can be understood from the photographs of the picture gallery. The famous panoramic picture of the broad hall illustrates the national-chronological organization mentioned by Luiz Marques in his report. Bardi organized the picture gallery following traditional museological classifications, as did most art museums. Bardi had a "classical-modern" education, with taste pending to impressionism and the *quattrocento*, which, besides influencing the collection developed, was applied to the paintings on display at MASP.

11. Lina Bo and Pietro Maria Bardi combined museology and museography in the ideas of "art without adjectives" and "non-linear time", which resulted, without much precision, in a concept where artistic values were supposedly detached from historic trends and periods. Nevertheless, the concept did not apply to everything. P.M. Bardi was always interested in presenting the broadest and most comprehensive collection he could, but with some restrictions: besides being cautious about including contemporary art (whose qualities, according to Bardi, required time to be appraised), the director never accepted the so-called "academic" production unrestrictedly, and Lina Bo also refused it. In this regard, both were consistent with the current vanguards. This aspect is even more noticeable in the expressive illustrations made by the architect, through which we can understand her increasing appreciation of modernist or primitivist work. It can also be noticed in her texts, such as the one from 1970 about the Museu de Arte Moderna da Bahia (reproduced in RISÉRIO, A. *Avant-garde na Bahia.* São Paulo: Instituto Lina Bo e P.M. Bardi, 1995), in which she expresses the idea of "art without boundaries" or the "unicity of art", which she contradicts in practice, because not only were the works of art divided into "modern" and "classical", but the "modern" ones were good and the "classical" ones were bad.

12. Some advocates of the glass easels, such as Marcelo Ferraz, Renato Anelli and Lauro Cavalcanti, suggest improvements to the supports.

and "non-linear time" were taken as a complete museology,[11] setting the works free to be distributed according to an architectural criterion which did not contemplate the particular aspects of the paintings or their interrelations. The work of art in the museography of the glass easels is of little importance: this is the problem at the core.

Confronting the attacks and defenses of both museographies, we can see the points in common: there were no effective projects to rectify or improve the architecture and the glass easels,[12] nor to explore their multiple possible arrangements. The layout possibilities of these supports are endless. Placing them side by side can be a virtue, but one should consider the relationships among the works of art. It is necessary to know them and to love them, subjecting them to a museology that extracts the best out of the glass easel's museography and, at the same time, tames it: an innovative museological thought to which one could fully apply the idea of "art without adjectives".

Bo Bardi's museography is a bold and incomplete project. A draft that was executed, a drawing, a sketch that became reality, which claims to be definitive and unchanging. An unfulfilled promise which, for this reason, is interrupted, replaced by its opposite, its *arch-nemesis*: a standard proposal in art museums. This proposal was presented as a correction, but is a deformation. It is not absolutely ineffective (because in a building of a different nature, especially in another institution, it would certainly bring good results), but it looks strange in MASP's space; it is merciless because it imposes itself on the museum and strips it of its museographical singularity.

It would be interesting to revisit the easels, not literally, but in a transformed version, adapted to the technical needs. The drywalls could be used to point to previous problems and partially solve them in a satisfactory way, without overwhelming the glass easels. The MASP at Rua 7 de Abril offered various museographical possibilities, as did other expographs by Bo Bardi. Bringing them back to Avenida Paulista, modified or alluded to in some way, could be an alternative. What should not be done is to insist on an unfulfilled promise. Or on a deformed space.

Alexander Miyoshi is a professor at the Institute of Art at Universidade Federal de Uberlândia and the author of *Arquitetura em suspensão: o edifício do Museu de Arte de São Paulo* (São Paulo: Autores Associados, 2011).

MEMÓRIA POR UM FIO E ATRAVÉS DE UM PANO DE VIDRO

Zeuler R. M. de A. Lima

Duas décadas depois da remoção dos cavaletes de vidro e da transformação da grande sala da coleção permanente do Museu de Arte de São Paulo, em 1996, os dispositivos expositivos projetados pela arquiteta Lina Bo Bardi (1914-1992) retornam oficialmente ao museu. Durante esse hiato, não só polêmicas mantiveram viva a memória de uma proposta museológica culturalmente revolucionária, ainda que tecnicamente problemática, que ela compartilhou com o marido e diretor do museu, Pietro Maria Bardi (1900-1999). Aos protestos gerais durante tão longa ausência, juntaram-se os projetos de curadores e arquitetos brasileiros e estrangeiros para montagens que fizeram referência direta aos suportes transparentes ou alusão a eles pela produção de réplicas.

Em 1996, quatro anos após o falecimento de Lina Bo Bardi, Pietro Maria Bardi afastou-se da diretoria do MASP. Logo após isso, a administração que o substituiu se decidiu por suprimir o arranjo dos cavaletes e recobrir o interior das salas transparentes do museu. No seu lugar, optou-se pelo modelo da caixa opaca e da disposição de obras bidimensionais sobre paredes, seguindo padrões do mercado cultural internacional. Tal medida foi justificada como um modo de se resolverem problemas de um edifício e de uma instituição que enfrentaram, desde a sua abertura ao público em 1969, crises técnicas e financeiras. No entanto, a alternativa escolhida, que enfatizou a neutralidade do espaço expositivo, também turvou a limpidez do edifício. Acima de tudo, ela expulsou da consciência coletiva a identidade histórica do museu, principalmente a imagem memorável da sua pinacoteca original: um espaço de perspectiva central, com mínimos limites físicos e sem hierarquias classificatórias.

Logo após a desmontagem da pinacoteca do MASP, a 3ª Bienal de Arquitetura de São Paulo, de 1997, incluiu uma pequena mostra sobre a construção do museu paulistano. Nela, foram reutilizados os cavaletes de vidro. Por uma iniciativa do Instituto Lina Bo e Pietro Maria Bardi, ILBPMB, a exposição representou, ao mesmo tempo, uma homenagem

36. Vista da pinacoteca do MASP na avenida Paulista, década de 1970
[View of the picture gallery of MASP on Avenida Paulista, 1970s]

à arquiteta e um protesto contra a iniciativa da nova administração do museu. Poucos anos mais tarde, em 2000, a mesma equipe promoveu uma exposição de desenhos de Lina Bo Bardi no Crown Hall, em Chicago, para a qual se reproduziram dezenas de cavaletes de vidro para dispor os trabalhos da arquiteta.

Ao comemorar o cinquentenário do projeto de Mies van der Rohe (1886-1969) para a escola de arquitetura do Illinois Institute of Technology, a exposição de desenhos também prestava homenagem à genealogia do projeto do MASP na avenida Paulista. O edifício paulistano elevado do solo é originário de uma proposta de Lina Bo Bardi de 1951 para um museu à beira do oceano baseada no projeto para aquela escola americana. Essa exposição não só trazia novamente à luz os cavaletes transparentes e completava o círculo conceitual do projeto do museu paulista, como também celebrava o arranjo espacial que havia sido apagado dentro dele. As duas primeiras mostras em que compareceram os cavaletes de vidro fizeram parte dos esforços da equipe pioneira do ILBPMB para promover postumamente o trabalho da arquiteta. No entanto, mudanças na sua estrutura administrativa no início da década de 2000 interromperam a divulgação daquela importante memória, que somente voltou à pauta por ocasião do centenário de nascimento da arquiteta em 2014.

Os primeiros anos do novo milênio não foram favoráveis à preservação da memória museográfica do MASP. Pouco antes do falecimento de Pietro Maria Bardi, em 1999, a equipe originária do ILBPMB havia

37-38. Wendelien van Oldenborgh (em colaboração com Grant Watson [in collaboration with Grant Watson]), *Lina Bo Bardi: The Didactic Room*, Van Abbemuseum, Eindhoven, 2010

solicitado o tombamento do museu ao Instituto do Patrimônio Histórico e Artístico Nacional, IPHAN. A proposta argumentava a favor da preservação não só do edifício e das suas condições de implantação urbana, como também dos cavaletes de vidro em reconhecimento ao seu caráter inovador para a museologia brasileira.[1] Em reação à solicitação do Instituto, a então diretoria do MASP deu entrada a uma contraproposta, ausentando os cavaletes do documento. Depois de alguns anos de um lento processo, o IPHAN oficializou, em 2003, o tombamento do edifício e do terreno. Fez parte do registro apenas uma recomendação compensatória para a preservação do esquema original da pinacoteca, mas sem penalidades para a administração do museu no caso em que se decidisse por não executá-la.[2]

Nesse período de incertezas, algumas iniciativas por organizações estrangeiras vieram a preencher o vazio institucional e ideológico deixado em aberto pelas entidades brasileiras em relação à memória museológica do MASP. Em 2004, uma equipe de pesquisadores do Instituto Universitário de Arquitetura de Veneza propôs uma exposição sobre a carreira da arquiteta para a IX Mostra Internacional de Arquitetura na

1. CAFFEY, S. e CAMPAGNOL, G. "Dis/Solution: Lina Bo Bardi's Museu de Arte de São Paulo". *Journal of Conservation and Museum Studies*, 13 (1): 5, 2015, pp. 1-13.

2. MIYOSHI, A. *Arquitetura em suspensão: o edifício do Museu de Arte de São Paulo*. São Paulo: Armazém do Ipê, 2011, p. 153.

3. SEMERANI, L.; GALLO, A. e MARRAS, G. *Lina Bo Bardi, architetto*. Veneza: Marsilio, 2004.

4. AGUIAR, A.R.D. de. *Lina Bo Bardi e a atualidade do cavalete de cristal*. Dissertação de mestrado. Faculdade de Arquitetura e Urbanismo (FAU), USP, São Paulo, 2014, p. 110.

5. "Time Machine: Reload". Eindhoven: Van Abbemuseum, 2010-11.

Bienal de Veneza nas dependências da Ca'Pesaro.[3] Dois anos mais tarde, em 2006, a mesma exposição foi adaptada para o Hall Cívico do MASP em colaboração com a equipe do museu.[4] Nessa ocasião, vários cavaletes de vidro foram colocados em evidência em meio à grande sala do subsolo, que foi novamente aberta com a retirada de algumas divisórias opacas que haviam recoberto as grandes janelas inferiores. A iluminação espetacular dos cavaletes, que dispunham desenhos emoldurados de Lina Bo Bardi, davam um caráter ambíguo aos suportes que haviam sido pensados para se desfazer visualmente como fundo compositivo. Dessa vez, eles se apresentavam em primeiro plano, como figura em evidência, anunciando o seu sinuoso percurso de volta ao museu. Uma outra década seria necessária para completar o caminho.

Enquanto isso, outra iniciativa estrangeira, por parte do Van Abbemuseum de Eindhoven, na Holanda, chamou a atenção para o conceito expositivo originário do MASP da avenida Paulista. Questionando o modelo museológico da caixa neutra e opaca e da disposição cronológica de obras adotado pelo museu brasileiro desde 1996, curadores do museu holandês organizaram uma série de três exposições consecutivas entre 2010 e 2011.[5] As mostras reuniram, em galerias diferentes, reconstruções críticas de quatro concepções icônicas de museus do século 20 que trabalharam com módulos, dando destaque ao museu brasileiro.

No que concerne o MASP, o Van Abbemuseum reproduziu 13 cavaletes de vidro a partir do projeto original de Lina Bo Bardi e os dispôs em constelação dentro de uma das pequenas salas do museu com paredes claras e iluminação zenital. Numa das mostras da série, retratos pintados por artistas holandeses foram dispostos de fronte para a entrada principal da sala, completando a referência ao arranjo da pinacoteca do museu brasileiro. Em outro arranjo com os mesmos cavaletes, foram dispostas obras em papel. As paredes permaneceram intocadas, ainda que nesta última versão, a parte inferior tenha sido pintada de verde-oliva.

Os quadros foram dispostos tanto contra o vidro quanto pendurados por sutis perfis metálicos apoiados sobre a parte superior do vidro, lembrando dispositivos usados na curta parceria entre MASP e FAAP nos anos 1950. Os curadores do museu holandês se restringiram

39. Obras de Jutta Koether, 30ª Bienal de São Paulo, nos cavaletes de cristal, MASP [Works by Jutta Koether, 30th Bienal de São Paulo, on the crystal easels, MASP], 2012

à reprodução do cavalete em formato vertical, ignorando outras variações propostas por Lina Bo Bardi. Foram usadas placas de compensado na parte posterior ao painel transparente somente no caso da exposição de desenhos, tendo sido os textos da primeira mostra afixados diretamente sobre o vidro. Os fundos das telas ficaram visualmente expostos ao visitante, dessacralizando-as e apresentando-as como trabalho humano, como costumavam fazer os Bardi. Com tais gestos, o museu holandês colocou a proposta museográfica do MASP novamente na vanguarda do século 21 para repensar a história e o papel dos museus contemporâneos de arte.

Referências aos cavaletes de vidro já haviam estado presentes no Van Abbemuseum no ano anterior àquelas exposições. Em 2009, a artista alemã Jutta Koether havia exposto seus trabalhos usando suportes transparentes semelhantes. Alguns anos mais tarde, em 2012, ela participou da 30ª Bienal de São Paulo com uma obra instalada, excepcionalmente, dentro da pinacoteca do MASP.[6] Koether propôs utilizar três dos tradicionais cavaletes projetados por Lina Bo Bardi para dispor suas obras interpretativas em frente a um quadro de Poussin, escondendo-o e sugerindo-o, por entre suas pinturas, aos visitantes. Dessa ambiguidade, revelavam-se tanto uma homenagem aos cavaletes quanto uma crítica à sua ausência no espaço da pinacoteca.

Outro recente reaparecimento dos cavaletes de vidro dentro do Hall Cívico do MASP ocorreu em 2013, na exposição *Modos de atravessar: o asfalto e a areia*, durante a 30ª Bienal de São Paulo. A mostra se dedicava a arquitetos e artistas brasileiros cujos trabalhos radicalizavam a relação entre esferas pública e privada nas décadas de 1960 e 1970. Os cavaletes — em duas larguras — foram empregados não como suportes para obras, mas como divisórias transparentes alinhadas lado a lado.[7] Não era a primeira vez que tais elementos serviam como demarcadores de espaço no grande hall. Em 1989, a própria Lina Bo Bardi havia utilizado semelhantes peças transparentes para sugerir a circularidade de um terreiro de candomblé na exposição *África negra*, deixando evidência de que ela via os sistemas modulares com grande flexibilidade de uso.

Mais recentemente, durante o centenário de nascimento de Lina Bo Bardi, em 2014, os cavaletes de vidro foram lembrados em várias oportunidades e fisicamente celebrados em duas exposições em particular. O Johann Jacobs Museum de Zurique organizou a mostra intitulada *3 Sites*, dedicada aos trabalhos da arquiteta para o MASP, o Sesc Pompeia e o Museu de Arte Popular. Várias peças contrastantes ocupavam as salas do pequeno museu. Em uma delas, uma réplica do cavalete de vidro sustentando um quadro compartilhava o espaço com peças artesanais coletadas no Nordeste brasileiro. O objetivo da mostra era apresentar os espaços museológicos projetados por Lina Bo Bardi como lugares de uma modernização feita de baixo para cima e como uma crítica à profissionalização da prática curatorial.[8]

Durante aquele mesmo período de celebrações do centenário da arquiteta, o Museu da Casa Brasileira em São Paulo promoveu *Maneiras de expor*, uma grande mostra documental homenageando a múltipla atuação de Lina Bo Bardi na montagem de exposições. Os cavaletes de vidro compareceram em documentos, como, por exemplo, numa reprodução fotográfica do MASP 7 de Abril — seu lugar de gênese — na década de 1950, e ao vivo numa grande instalação dedicada ao MASP na avenida Paulista. Dispostos contra uma fotografia da pinacoteca cobrindo toda a parede, um dos cavaletes duplos servia

6. AGUIAR, A. R. D. de. *Op. cit.*, p. 121.

7. HELM, J. "'Modos de atravessar' —MASP—Museu de Arte de São Paulo Assis Chateaubriand". *ArchDaily Brasil*, 25.11.2013. Disponível em: http://www.archdaily.com.br/155619/modos-de-atravessar-masp-museu-de-arte-de-sao-paulo-assis-chateaubriand.

8. BUERGEL, R. "'This Exhibition is an Accusation': The Grammar of Display According to Lina Bo Bardi". *Afterall Online Journal*, primavera de 2011. Disponível em: http://www.afterall.org/journal/issue.26/this-exhibition-is-an-accusation-the-grammar-of-display-according-to-lina-bo-bardi1.

de tela para a projeção de um filme histórico sobre o museu. Enquanto isso, outros suportes transparentes completavam a sensação de *trompe l'œil* para os observadores situados no centro da sala, desfazendo os limites entre representação e realidade. Com este gesto comemorativo, a exposição colocou os visitantes frente a frente com uma significativa ausência histórica, convidando-os a refletir sobre uma frágil memória.

Todos os esforços, nessas duas últimas décadas, para manter viva a memória da visão curatorial dos Bardi suprimida do MASP enfrentaram, direta ou indiretamente, um desafio e um paradoxo: o da conservação de uma obra experimental, polêmica e contingente. Se, por um lado, a concepção institucional do museu foi de Pietro Maria Bardi, a sua realização espacial seguiu a lógica de pensamento de Lina Bo Bardi. Ela trabalhava para o presente, mas consciente do caráter histórico e do sentido social e não só estético de suas escolhas. Preservar a memória do seu trabalho requer ir além dos objetos e compreender o seu propósito para encontrar possíveis analogias dentro do tempo e da realidade presentes.

Naquelas reconstruções interpretativas, destacaram-se os cavaletes transparentes como objetos paradigmáticos, porém tende-se a esquecer do legado incômodo de que a sua gênese não foi motivada somente por uma intenção plástica. O efeito visual dos cavaletes de vidro tinha inicialmente um objetivo ético compartilhado por outros sistemas expositivos tubulares e de madeira desde a criação do MASP, em 1948. Com seus contemporâneos italianos, e especialmente com Pietro Maria Bardi, Lina Bo Bardi havia aprendido a não apresentar obras de arte diretamente contra as paredes. Com esse gesto simbólico, os Bardi pretendiam intensificar a relação direta com os visitantes, enfatizando o processo de criação e não a obra como fetiche.[9]

O epítome dessa lucidez cultural se concretizou na abertura do MASP da avenida Paulista em abril de 1969. O público descobria duas exposições inovadoras ao adentrar o volume suspenso envidraçado. Ao primeiro encontro, centenas de objetos artesanais do sertão brasileiro — e não a pinacoteca dos cavaletes de vidro — saudavam os visitantes no primeiro andar. Essa exposição intitulada *A mão do povo brasileiro* tinha, para Lina Bo Bardi, um sentido emancipatório. Ela acreditava que a anônima força criativa que havia dado origem a tais objetos fosse a fonte de uma autêntica estética brasileira. Somente após ver tais objetos, ao emergir no segundo andar, o público encontrava obras de arte da pintura ocidental apresentadas em sua inusitada instalação que parecia pairar dentro da galeria transparente. Juntas, essas duas exposições se apresentavam ao visitante de forma inquisitiva, inaugurando o MASP com um claro objetivo: refletir sobre as práticas de criação artística sem preconceitos de origem e significado e transcender as hierarquias de valor que separam arte e artefato. Lina Bo Bardi não fazia distinção entre a relevância cultural de uma obra-prima da pintura ocidental e de uma colcha de retalhos confeccionada anonimamente a partir de velhos trapos. Para ela, ambos eram exemplo de trabalho humano.

Essa visão para o MASP não teria sido possível sem as experiências que ela desenvolveu entre 1959 e 1964 com colaboradores do Nordeste brasileiro, especialmente para o Museu de Arte Moderna da Bahia, que se desdobrou no efêmero Museu de Arte Popular. Na origem da mostra *A mão do povo brasileiro* estavam as mostras *Bahia no Ibirapuera* e *Nordeste*, de 1959 e 1963, com artefatos de uso cotidiano representativos dos problemas sociais da região. Lina Bo Bardi insistia

9. Para mais detalhes sobre a vida e obra da arquiteta Lina Bo Bardi, ver a biografia completa: LIMA, Z.R.M. de A. *Lina Bo Bardi*. New Haven: Yale University Press, 2013.

que não se deveriam tratar os objetos da mostra como folclore, misturando impulsos românticos com retórica revolucionária na sua busca de um novo humanismo.[10]

Em vez de agradar aos olhos, seus projetos expositivos ganharam progressivamente um caráter antropológico, procurando colocar em evidência a capacidade criativa humana face a grandes adversidades. Lina Bo Bardi, mais do que Pietro Maria Bardi, nunca abandonou a sua procura por uma autenticidade cultural que fosse historicamente arraigada e pudesse ser coletivamente compartilhada. É esta visão de mundo — e não só os objetos, os espaços visuais e os edifícios — um dos seus principais legados e desafios que ela deixou àqueles que continuam a refletir sobre o patrimônio histórico e a cultura contemporânea e, em especial, a conservação da sua obra.

Mais uma pensadora moderna do que uma arquiteta modernista, Lina Bo Bardi frequentemente colocou a busca de um sentido coletivo à frente do formalismo individualista. O caráter inovador do seu pensamento foi acompanhado pela ambiguidade e pela vulnerabilidade de sua obra, que, hoje, reclama conservação e simultaneamente resiste à preservação convencional. Apesar de tais dificuldades, talvez o caráter contingente de grande parte de sua produção também tenha deixado algumas pistas para a reinterpretação consciente e contextualizada de seu legado.

A rigor, Lina Bo Bardi deixou uma tarefa sisífica aos preservadores da sua obra. Ela operava no presente e para o presente, baseada na ideia de que a cultura fosse parte da esfera do cotidiano e não só o produto de especialistas. A conservação histórica era importante desde que distante de sentimentos saudosistas. Ela suspeitava de ideias tradicionais sobre preservação. Não que ela desprezasse o patrimônio histórico, ou mesmo que suas ações fossem motivadas pela iconoclastia. Ela respeitava a memória cultural mais pelo seu significado social do que pela sua aparência visual e formal, valorizando potenciais usos no presente em vez de aprisioná-los como documentos congelados. Ela era, principalmente, crítica quanto aos processos de restauração que procuram a restituição a um estado primitivo de tempo, de lugar e de estilo que, segundo ela, perpetuam o bolor dos objetos e dos edifícios antigos.

A memória e o passado, no seu entender, deveriam ser reverenciados como parte da construção do que é atual, insistindo na construção de um presente histórico, ancorado duplamente na realidade e na tradição. Ela acreditava que projetos de preservação não deveriam simplesmente recriar situações passadas, mas sim procurar uma marca contemporânea moderna, consciente dos princípios de restauração tradicional. Mais do que simplesmente a recuperação de objetos, espaços e edifícios existentes, Lina Bo Bardi acreditava que a preservação deveria tratar da dimensão social do mundo material e do ambiente construído. Essa noção de conservação, para ela, ganhou clareza a partir de suas leituras de Antonio Gramsci (1891-1937), para quem a cultura não deveria ser preservada como um sistema independente de valores fixos e de modos de vida, mas de relações e meios materiais pelos quais as pessoas criam suas próprias realidades e negociam com práticas e valores hegemônicos. Nesse contexto, para ambos, a prática de conservação não seria um ato de remontagem de condições originais, mas a geração de uma nova linguagem com novas ideias, novas formas e novos significados.[11]

Recuperar e preservar o legado arquitetônico de Lina Bo Bardi para o MASP é uma iniciativa necessária que a presente equipe de curadoria

10. BARDI, L.B. *Nordeste.* Folheto de exposição. Salvador, nov. 1963. Acervo ILBPMB.

11. FORGACS, D. *The Gramsci Reader, Selected writings 1916-1935.* Nova York: NYU Press, 2000, pp. 311-313.

do museu abraça com grande coragem. A recomposição daqueles espaços expositivos icônicos não pode prescindir de estar criticamente consciente do papel contemporâneo dos museus de arte. A noção de preservação tinha um objetivo político claro para Lina Bo Bardi: mais do que afirmar uma noção historicizada de autenticidade, ela procurou denunciar a lacuna entre a cultura estabelecida e a realidade de uma população que era frequentemente excluída dos seus benefícios. Preservação, segundo ela, seria um poderoso veículo para incentivar práticas sociais inventivas cujos significados e formas deveriam também derivar da cultura cotidiana. Caberia, perante os presentes desafios de reconstituição histórica, perguntar, por exemplo, se a mão e o sentido do povo brasileiro de 1969 são os mesmos daqueles que trabalham e contribuem para produzir, anonimamente, a cultura visual no país no início do século 21.

Em um mundo contemporâneo que se assemelha mais aos pesadelos do que aos sonhos de Lina Bo Bardi, a relação entre preservação, experimentação, risco e valores sociais raramente é abordada criticamente em práticas curatoriais, diluídas ou cooptadas que são por poderosos interesses econômicos. No entanto, o legado de seu trabalho continua a desafiar o pensamento e as práticas do presente entendendo que projeto e conservação são aspectos complementares de uma atividade simbólica que deve reconhecer a instabilidade de valores culturais e criar espaços que celebrem a vida e a capacidade criativa humana. E, sem dúvida, também a capacidade criativa dos Bardi, especialmente aquela de Lina Bo Bardi.

Zeuler R.M. de A. Lima é autor da biografia *Lina Bo Bardi* (Yale University Press, 2013) e professor associado na School of Design and Visual Arts, da Washington University em St. Louis, EUA.

MEMORY BY A THREAD AND THROUGH A GLASS SHEET

Zeuler R. M. de A. Lima

Two decades after the removal of the glass easels and the renovation of the large permanent-collection hall of the Museu de Arte de São Paulo, in 1996, the exhibition devices designed by architect Lina Bo Bardi (1914–1992) have officially returned to the museum. During this hiatus, the memory of the culturally revolutionary, albeit technically problematic, museological proposal she shared with her husband and museum director Pietro Maria Bardi (1900–1999) was kept alive not only by polemic repercussions. General protests during that long absence were accompanied by designs from Brazilian and foreign curators and architects for shows which made direct reference to the transparent supports or alluded to them through replicas.

In 1996, four years after Lina Bo Bardi's death, Pietro Maria Bardi stepped down from MASP's board. Shortly afterward, the management that replaced him decided to remove the easel arrangement altogether and to cover the interior of the museum's transparent room. It was replaced with an opaque-box model, with two-dimensional works displayed on the walls, following the standards of the international cultural market. The measure was justified as a way to solve the problems of a building and an institution that had been facing technical and financial crises since opening to the public in 1969. However, the alternative chosen, which emphasized the neutrality of the exhibition space, also muddled the simplicity of the building. Above all, it drove away from collective conscience the historical identity of the museum, especially the memorable image of its original picture gallery: a space of central perspective, with minimal physical boundaries and no classificatory hierarchies.

Shortly after the MASP picture gallery was dismantled, the 3rd São Paulo Architecture Biennial, in 1997, included a small show on the construction of the art museum in which the glass easels were reused. By initiative of the Lina Bo and Pietro Maria Bardi Institute, ILBPMB, the exhibition represented a tribute to the architect and, at the same time, a protest against the decision of the new museum board. Later, in 2000,

1. CAFFEY, S. and CAMPAGNOL, G. "Dis/Solution: Lina Bo Bardi's Museu de Arte de São Paulo." *Journal of Conservation and Museum Studies*, 13 (1): 5, Mar. 2015, pp. 1–13.

2. MIYOSHI, A. *Arquitetura em suspensão: o edifício do Museu de Arte de São Paulo.* São Paulo: Armazém do Ipê, 2011, p. 153.

3. SEMERANI, L.; GALLO, A. and MARRAS, G. *Lina Bo Bardi, architetto.* Venice: Marsilio, 2004.

4. AGUIAR, A. R. D. de. *Lina Bo Bardi e a atualidade do cavalete de cristal.* São Paulo: FAUUSP, Master's Thesis, 2014, p. 110.

5. "Time Machine: Reload". Eindhoven: Van Abbemuseum, 2010-11. Available at: http://vanabbemuseum.nl/en/programme/detail/?tx_vabdisplay_pi1%5Bptype%5D=18&tx_vabdisplay_pi1%5Bproject%5D=616.

the same team held an exhibition of Lina Bo Bardi's drawings at the Crown Hall in Chicago, for which dozens of glass easels were reproduced to display the architect's work.

Celebrating the 50th anniversary of Mies van der Rohe's (1886–1969) design for the School of Architecture at the Illinois Institute of Technology, the drawing exhibition also paid homage to the genealogy of MASP's design at Avenida Paulista. The São Paulo building hovering above the ground derives from a 1951 proposal by Lina Bo Bardi for a seaside museum, and was based on the design for that American school. This exhibition not only brought the transparent easels back to light and completed the conceptual circle of the museum's design, it also celebrated the spatial arrangement that had been erased inside of it. The two first shows in which the glass easels were present were part of the efforts of the pioneer team at the ILBPMB to posthumously promote the architect's work. However, changes in the Institute's administrative structure in the early 2000s halted the dissemination of such relevant memory, which came back to the fore on occasion of the architect's centenary, in 2014.

The first years of the new millennium were not favorable to the preservation of MASP's museographical memory. Shortly before Pietro Maria Bardi's death in 1999, the original team from ILBPMB had requested the National Historic and Artistic Heritage Institute, IPHAN, to declare the museum a protected site. The request argued in favor of preserving not only the building and its urban implantation conditions, but also the glass easels, in recognition of their innovative character for Brazilian museology.[1] In response to the Institute's request, MASP's board at the time filed a counterproposal removing the easels from the document. The slow proceedings took a few years, after which IPHAN declared the building and its terrain protected heritage in 2003. The record included only a compensatory recommendation for the original picture gallery design to be preserved, but without any penalties to the museum's administration in case it decided not to follow it.[2]

During this time of uncertainty, some initiatives by foreign organizations filled the institutional and ideological void left by the Brazilian entities regarding MASP's museological memory. In 2004, a team of researchers from the Venice University Institute of Architecture proposed a show around the architect's career for the 9th International Architecture Exhibition at the Venice Biennale, in Ca' Pesaro's facilities.[3] Two years later, in 2006, the same exhibition was adapted and brought to MASP's Civic Hall, in collaboration with the museum's team.[4] On that occasion, several glass easels were put in evidence in the large basement room, which had been reopened with the removal of some opaque panels that had covered the large lower windows. The spectacular lighting of the easels, which displayed framed drawings by Lina Bo Bardi, gave an ambiguous character to the supports, which had been conceived to visually erase themselves as a compositional background. Now they came to the fore as a subject in evidence, announcing the convoluted trajectory that had brought them back to the museum. It would take another decade for them to complete this path.

Meanwhile, another foreign initiative by the Van Abbemuseum from Eindhoven, the Netherlands, called attention to the exhibition concept that came out of the Avenida Paulista MASP. Questioning the museological model of the neutral opaque box and the chronological arrangement of works adopted by the Brazilian museum since 1996, curators from the Dutch museum organized a series of three consecutive exhibitions in 2010 and 2011.[5] The exhibitions, held in different galleries, gathered critical reconstructions of four iconic museum conceptions from the 20th century that worked with modules, giving special attention to the Brazilian museum.

With regard to MASP, the Van Abbemuseum reproduced 13 glass easels from Lina Bo Bardi's original design and displayed them as a constellation inside one of the small rooms of the museum, with light-colored walls and zenithal lighting. In one of the exhibitions of the series, portraits painted by Dutch artists were displayed facing the main entrance of the room, completing the reference to the picture gallery arrangement of the Brazilian museum. In another display with the same easels, paper works were shown. The walls remained untouched, although for this last version the lower portion was painted olive.

The paintings were placed against the glass, as well as hung with discrete metallic profiles on top of the glass, resembling the devices used in the brief partnership between MASP and FAAP in the 1950s. The curators of the Dutch museum only reproduced the easels in their vertical form, ignoring other variations proposed by Lina Bo Bardi. Plywood panels were used in the lower part of the transparent panels only in the case of the drawing exhibition, with the texts from the first show placed directly over the glass. The back of the pictures were visually displayed to the visitors, demystifying them and presenting them as human labor, like the Bardis used to do. With these gestures, the Dutch museum positioned the MASP museographical conception again at the vanguard of the 21st century, to rethink the history and role of contemporary art museums.

References to the glass easels had been present in the Van Abbemuseum in the year prior to these exhibitions. In 2009, German artist Jutta Koether had shown her work using similar transparent supports. A few years later, in 2012, she participated in the 30th São Paulo Art Biennial, with one piece being exceptionally installed inside MASP's picture gallery.[6] Koether proposed using three of the traditional easels designed by Lina Bo Bardi to display her interpretative pieces in front of a Poussin painting, blocking its view and presenting it to the visitors in between her own paintings. This ambiguity revealed both homage to the easels and criticism of their absence from the picture gallery space.

Another recent reappearance of the glass easels inside MASP's Civic Hall happened in 2013, in the exhibition *Modos de atravessar: o asfalto e a areia* [Ways of Crossing: The Asphalt and the Sand], during the 30th São Paulo Architecture Biennial. The exhibition was dedicated to Brazilian architects and artists whose work radicalized the relationship between the public and the private spheres in the 1960s and 1970s. The easels, made in two widths, were used not as support to the works, but as transparent divisions, lined side by side.[7] It was not the first time that those elements would be used as space delimiters in the great hall. In 1989, Lina Bo Bardi herself had used similar transparent pieces to suggest the circularity of a Candomblé yard in the exhibition *África negra* [Black Africa], evidencing that she saw great flexibility in the use of the modular systems.

More recently, during Lina Bo Bardi's birth centenary, in 2014, the glass easels were remembered on several occasions and physically celebrated in two particular exhibitions. The Johann Jacobs Museum, in Zurich, organized the show called *3 Sites*, dedicated to the architect's work for MASP, Sesc Pompeia and the Museu de Arte Popular. Various contrasting pieces occupied the rooms of the small museum. In one of them, a replica of the glass easel supporting a painting shared the space with crafts collected in Northeastern Brazil. The show aimed to

6. AGUIAR, A. R. D. de. *Op. cit.*, p. 121.

7. HELM, J. "'Modos de Atravessar' — MASP — Museu de Arte de São Paulo Assis Chateaubriand." *ArchDaily Brasil.* Nov 25. 2013. Available at: http://www.archdaily.com.br/155619/modos-de-atravessar-masp-museu-de-arte-de-sao-paulo-assis-chateaubriand.

8. BUERGEL, R. "'This Exhibition is an Accusation': The Grammar of Display According to Lina Bo Bardi." *Afterall Online Journal*, Spring 2011. Available at: http://www.afterall.org/journal/issue.26/this-exhibition-is-an-accusation-the-grammar-of-display-according-to-lina-bo-bardi1.

9. For more details on the life and work of architect Lina Bo Bardi, see full biography: LIMA, Z.R.M. de A. *Lina Bo Bardi.* New Haven: Yale University Press, 2013.

present the museological spaces designed by Lina Bo Bardi as places for bottom-up modernization and as criticism of the professionalization of curatorial practice.[8]

During the same period of the architect's centenary celebrations, the Museu da Casa Brasileira, in São Paulo, promoted *Maneiras de expor*, a large documental exhibition honoring Lina Bo Bardi's multiple role in designing exhibitions. The glass easels were present in documents such as a photographic reproduction of MASP 7 de Abril—the place of their genesis—in the 1950s, and live in a large installation dedicated to the Avenida Paulista MASP. Arranged against a photograph of the picture gallery that covered the entire wall, one of the double easels was used as projection screen for a historical film on the museum. Meanwhile, other transparent supports completed the feeling of trompe l'œil for the visitors in the center of the room, blurring the boundaries between representation and reality. With this commemorative gesture, the exhibition put the visitors face to face with a significant historic absence, inviting them to reflect about that fragile piece of memory.

All the efforts made in these two past decades to preserve the memory of the curatorial vision of the Bardis suppressed by MASP were confronted, directly or indirectly, with a challenge and a paradox: that of preserving an experimental, polemic and contingent work. On the one hand, if the institutional conception of the museum was Pietro Maria Bardi's, the spatial design followed Lina Bo Bardi's reasoning. She worked for the present, but being aware of the historic character and the social—not merely esthetic—meaning of her choices. Preserving the memory of her work requires going beyond the objects and understanding their purpose to find possible analogies within the present time and reality.

In those interpretive reconstructions, the transparent easels stood out as paradigmatic objects, but one tends to forget the uncomfortable legacy of their genesis, which was not motivated solely by a plastic intention. The visual effect of the glass easels initially had an ethical objective shared by other tubular and wooden exhibition systems since MASP was created in 1948. From her Italian contemporaries, especially Pietro Maria Bardi, Lina Bo Bardi had learned not to present works of art directly against the walls. With this symbolic gesture, the Bardis intended to intensify the direct relationship with the visitors, emphasizing the creation process and not the piece of art as fetish.[9]

The epitome of this cultural lucidity was materialized when MASP at Avenida Paulista opened to the public in April of 1969. The visitors encountered two innovative exhibitions upon entering the suspended glass volume. Their first contact was not with the glass easel picture gallery, but with hundreds of artisanal objects from the Brazilian backlands which welcomed the visitors on the first floor. This exhibition, called *A mão do povo brasileiro* [The Hand of the Brazilian People], had an emancipatory meaning for Lina Bo Bardi. She believed the anonymous creative force that had originated such objects was the source of an authentic Brazilian aesthetic. It was only after seeing those objects, when they emerged on the second floor, that the visitors found works of art of Western painting displayed in the surprising installation that seemed to hover inside the transparent gallery. Together, the two exhibitions presented themselves to the public in an inquisitive way, inaugurating MASP with a clear objective: to reflect about artistic creation practices without any prejudice related to their origin or meaning, and to transcend the value hierarchies that separate art from artifact. Lina Bo

Bardi did not draw any distinction between the cultural relevance of a masterpiece of Western painting and a patchwork cover made anonymously with old rags. To her, both were examples of human work.

This vision for MASP would not have been possible without the experiences she developed from 1959 to 1964 with collaborators from the Northeast region of Brazil, notably for the Museu de Arte Moderna da Bahia, from which the short-lived Museu de Arte Popular had sprung. At the origin of *A mão do povo brasileiro* were the exhibitions *Bahia* and *Nordeste*, from 1959 and 1963, with ordinary artifacts that represented the social problems in the region. Lina Bo Bardi insisted that the objects on display should not be treated as folklore, mixing romantic impulses with revolutionary rhetoric in her search for a new humanism.[10]

10. BARDI, L.B. *Nordeste*. Exhibition brochure. Salvador, Nov. 1963. ILBPMB'S collection.

Instead of trying to please the eyes, her exhibition designs increasingly acquired an anthropologic character, attempting to put in evidence the human creative capacity in the face of great adversity. More than Pietro Maria Bardi, Lina Bo Bardi never abandoned her quest for cultural authenticity with historical roots which could be shared collectively. It is this worldview—not just the objects, visual spaces and buildings—that is one of the main legacies and challenges she left to those who continue to reflect on historical heritage and contemporary culture, and particularly the preservation of her work.

More a modern thinker than a modernist architect, Lina Bo Bardi often put the search for collective meaning above individualistic formalism. The innovative character of her thinking was accompanied by the ambiguity and the vulnerability of her work, which today demands conservation while simultaneously resisting conventional preservation. In spite of such difficulties, perhaps the fact that she left some clues for the conscious and contextualized reinterpretation of her legacy also has the contingent character of most of her production.

Strictly speaking, Lina Bo Bardi left a Sisyphean task to the keepers of her work. She operated in the present and for the present, based on the idea that culture is part of the sphere of daily life and not only the product of specialists. Historic conservation was important as long as it remained distant from nostalgic sentiments. She was suspicious of traditional ideas about preservation. It is not that she disdained historic heritage or even that her actions were motivated by iconoclasm. She respected cultural memory more because of its social meaning than because of its visual and formal appearance, valuing potential uses in the present rather than locking them away as frozen documents. Above all, she was critical about the restauration processes that attempt to bring the work back to a primitive state of time, place and style that, she claimed, perpetuated the mold on old objects and buildings.

Memory and the past, in her understanding, should be revered as part of the construction of that which is current, insisting on the construction of a historic present, anchored both in reality and in tradition. She believed that preservation projects should not simply recreate past situations, but look for a modern contemporary trait, being mindful of traditional restauration principles. More than just recovering existing objects, spaces and buildings, Lina Bo Bardi believed that preservation should deal with the social dimension of the material world and the constructed environment. This notion of conservation became clear to her through the work of Antonio Gramsci (1891–1937), for whom culture should not be presented as an independent system of fixed values and ways of life, but as relationships and material means through which people create their own realities and negotiate with hegemonic practices and values.

11. FORGACS, D. *The Gramsci Reader, Selected writings* 1916–35. New York: NYU Press, 2000, pp. 311-313.

In this context, for both of them the conservation practice was not the act of putting the original conditions together again, but of generating new language with new ideas, new forms and new meanings.[11]

Retrieving and preserving the architectural legacy of Lina Bo Bardi for MASP is a necessary initiative that the current curatorial team of the museum has embraced with great courage. The recomposition of those iconic exhibition spaces cannot fail to be critically aware of the contemporary role of art museums. The concept of preservation had a clear political objective to Lina Bo Bardi: more than affirming a historicized notion of authenticity, she tried to expose the gap between the established culture and the reality of a population frequently excluded from its benefits. Preservation to her was a powerful means to promote inventive social practices whose meanings and forms also should spring from daily culture. In face of the current challenges to historical reconstitution, we should ask, for instance, whether the hand and the meaning of the Brazilian people from 1969 are the same as those who work and help produce, anonymously, the visual culture of the country in the early 21st century.

In a contemporary world that is closer to Lina Bo Bardi's nightmares than to her dreams, the relationship between preservation, experimentation, risk and social values is rarely approached critically in curatorial practices, which are diluted or coopted by powerful economic interests. Nevertheless, the legacy of her work continues to challenge present thoughts and practices, understanding that design and conservation are complementary aspects of a symbolic activity that must recognize the instability of cultural values and create spaces that celebrate life and the human creative capacity. And, without a doubt, also the creative capacity of the Bardis, and especially that of Lina Bo Bardi.

Zeuler R.M. de A. Lima is the author of the biography *Lina Bo Bardi* (Yale University Press, 2013) and associate professor at the School of Design and Visual Arts at Washington University in St. Louis, USA.

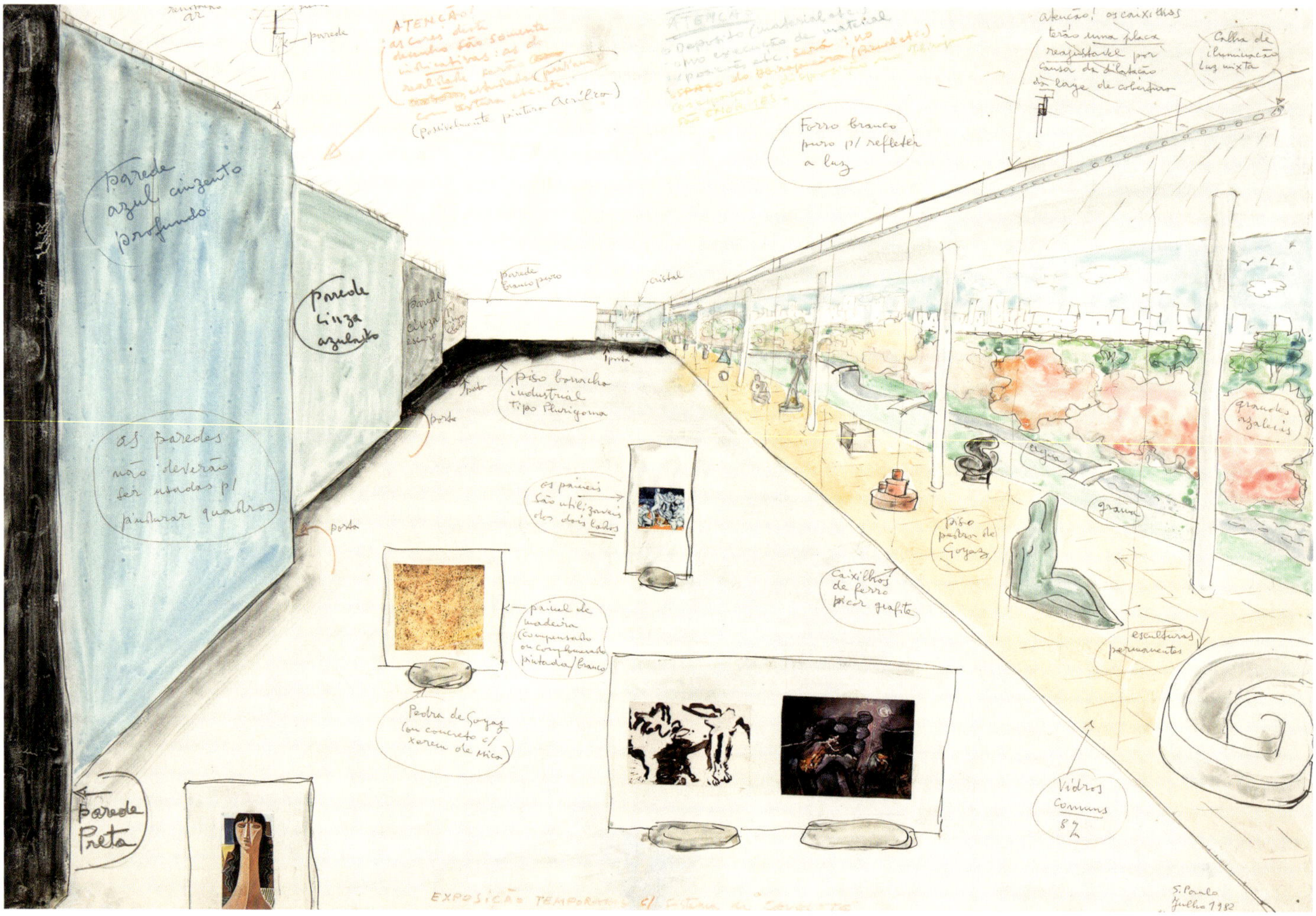

40. Lina Bo Bardi, André Vainer e [and] Marcelo Ferraz, *Perspectiva do Museu de Arte Moderna (MAM–SP) no Ibirapuera* [Perspective of the Museu de Arte Moderna (MAM–SP) at Ibirapuera], 1982, aquarela, esferográfica, hidrográfica, guache, lápis de cor, nanquim e colagem sobre papel-cartão [watercolor, ballpoint pen, felt tip pen, gouache, colored pencil, India ink and collage on cardboard], 49,4 × 69,5 cm

O LOCAL DE NASCIMENTO DA ARTE DE INSTALAÇÃO

Roger M. Buergel

1. Todo o meu argumento e muitas das categorias que uso aqui (como o "transnacional global", por exemplo) devem muito ao trabalho do filósofo Peter Osborne sobre a arte conceitual. Ver OSBORNE, P. *Anywhere Or Not At All: Philosophy of Contemporary Art.* Londres: Verso, 2013.

A remoção dos cavaletes de vidro de Lina Bo Bardi (1914-1992) da exposição nos anos 1990 com certeza aumentou nossa consciência de quanto a instalação cristalina de pinturas (em sua maioria europeias) estava intimamente ligada tanto ao programa arquitetônico da "estufa suspensa" na avenida Paulista, o Museu de Arte de São Paulo (MASP), quanto à sua missão pedagógica. A materialidade da instalação, feita essencialmente de vidro e concreto, se integrava à construção do prédio, criando um perfeito contínuo experiencial no qual a arte podia aparecer, em vez de apenas existir (acrescentando o toque mágico que o dinheiro não compra). Ao dissociar o ato de ver as pinturas do ato de ler sobre elas, e se recusando a dizer aos observadores aonde ir, a instalação incentivava ainda mais um exercício aberto de autoaprendizado que — depois da pedagogia radical desenvolvida pelo educador Paulo Freire (1921-1997) — teve fortes ramificações políticas no Brasil, mas também fez parte, em circunstâncias muito diferentes, da formação do próprio Pietro Maria Bardi (1900-1999) enquanto esteta intelectual em grande parte autodidata.

A remoção da instalação e seu período subsequente de ausência também aprimoraram nossa compreensão da mudança dramática que ocorreu nas condições ontológicas daquilo que chamamos "obra de arte" desde o fim da Arte Conceitual e da emergência do transnacional global.[1] Essa mudança tem diversos nomes. É conhecida como a condição pós-mídia, por exemplo, ou como a transição do moderno ao contemporâneo, e está associada à emergência do formato-instalação enquanto pré-requisito para a complexidade estética (ou para a obtenção da dinâmica relacional do direito transnacional global). Como efeito dessa transição, o formato-exposição absorveu características antes atribuídas às obras de arte e passou a ser visto desde então como uma proposta estética em si mesma em vez de mero veículo para as obras de arte. Essa reformulação dos limites acabou dando origem ao curador, figura definida menos por afiliações institucionais fixas do que por um imperativo semiartístico, além de uma função semicrítica que é em grande parte implícita (porque não argumenta, apenas faz seleções). Sem adentrar a história complexa dessa transição que define amplamente o sistema artístico com o qual somos confrontados hoje, é seguro dizer que os cavaletes de vidro de Lina, em sua ausência, assumiram a função de um fetiche curatorial e arquitetônico, antes que a instalação como um todo fosse revivenciada como algo totalmente diferente do que foi. O que outrora era uma solução de design brilhante e modernista para a exibição de obras de arte que eram, em grande parte, pré-modernas — uma solução de design inspirada por Albini (1905-1977) e outros, e já testada de maneira hesitante nos primórdios do MASP no início dos anos 1950, no escritório do fundador do museu, Assis Chateaubriand (1892-1968), na rua 7 de Abril, no centro de São Paulo[2] — tornou-se desde então uma obra de arte em si. Em 2015, não somos mais convidados a olhar primeiro para as pinturas, sejam elas de Mantegna (1431-1506), Manet (1832-1883) ou Modigliani (1884-1920), e sim para a proposta museológica que é em si artística e expressa tanto em termos estéticos quanto conceituais.

Claro, Lina nunca teve qualquer inclinação à produção de arte, embora seja possível dizer o mesmo a respeito de Giotto (1267-1337), por exemplo. Por outro lado, o limiar que separa a arte da não arte sempre foi conspicuamente tênue no MASP. Basta ler os polêmicos ensaios de Pietro Maria Bardi de meados dos anos 1950 em um catálogo cujo objetivo era promover o MASP para um público internacional mais amplo.[3] Para Bardi, a arte representa o abraço criativo não apenas da vida moderna (incluindo arquitetura, design, fotografia, moda e cinema), mas da vida brasileira também, seja ela moderna, pré-moderna ou não moderna. Desde o início, tanto Lina quanto Pietro Maria tinham plena consciência do que aquela vida brasileira implicava, a saber, viver nas contradições inerentes ao autoconhecimento do Brasil enquanto estado moderno. Portanto, não é de surpreender que o museu tivesse não uma, mas duas exposições em seu espaço na área do Trianon em 1968: 1) a lendária instalação da coleção no segundo andar e 2) *A mão do povo brasileiro*, no primeiro. Esta última era uma acumulação vasta e cheia de vida de arte popular e de objetos de artesanato de todas as regiões do país, incluindo figuras de santos, instrumentos musicais, redes, colchas, ex-votos etc. Lina projetou também essa mostra, embora seu modo de exibição não pudesse ser mais diferente daquilo que estava no segundo andar. A instalação de pinturas era permeada por luz natural vinda de grandes janelas de vidro (originalmente transparentes), enquanto a galeria do primeiro andar tinha paredes sólidas e era iluminada apenas por luz artificial vinda de cima. A instalação fazia as pinturas aparecerem como que flutuando no ar, enquanto os objetos populares (predominantemente feitos de ferro, madeira ou grés) exerciam uma inquestionável atração gravitacional. Cada uma das pinturas possuía seu próprio enquadramento vertical — o cavalete de vidro — enquanto os objetos populares estavam agrupados próximos uns dos outros e posicionados em pedestais baixos de madeira crua que evocavam palcos. As pinturas irradiavam uma sensação de isolamento ou até desenraizamento, enquanto os objetos populares estavam seguros e ancorados. Esse estilo informal de instalação seria continuado e aprimorado em uma série de exposições organizadas por Lina no Sesc Pompeia na década de 1980, incluindo *Caipiras, capiaus: pau-a-pique e mil brinquedos para a criança brasileira*. Porém, já no MASP, a instalação sugeria uma espécie de repositório em que os objetos pareciam estar prestes a sair andando.[4]

2. Renato Anelli rastreia as origens dos cavaletes de vidro e de outros suportes de Lina Bo Bardi em *Origens e atualidade da transparência no MASP*, publicado neste livro.

3. Para os ensaios irreverentes de Bardi, ver BARDI, P. M. *Art Treasures of the São Paulo Museum and the Development of Art in Brazil*. Nova York: Harry N. Abrams, Inc., 1956.

4. Na realidade, foi meu caro amigo e colega Zeuler R. M. de A. Lima que, durante uma conversa, fez menção à conexão entre as duas exposições inaugurais do MASP. Sua erudita monografia, *Lina Bo Bardi* (New Haven: Yale University Press, 2013), lança um olhar inovadoramente sóbrio, porém, ainda assim, entusiástico sobre a obra de Lina, e é uma referência indispensável para qualquer reflexão mais profunda a respeito de seus muitos papéis e suas muitas funções.

5. A socióloga cultural Sophia Prinz vê na mostra do MAP um quadro vivo ou uma ferramenta heurística cuja tarefa é tornar inteligível o mundo vivencial do nordestino. Prinz, que argumenta usando a teoria da prática de Antonio Gramsci, cita a representação de uma ordem social através de uma constelação de seus objetos como a inovação fundamental de Lina. Ver PRINZ, S. "Die Ausstellung eines 'unverdaulichen Gemenges von Bruchstücken aller Welt-und Lebensauffassungen.' Lina Bo Bardis Volkskunstmuseum in praxistheoretischer Perspektive". *In:* BUSCH, K.; MELTZER, B. e VON OPPELN, T. (orgs.). *Ausstellen. Zur Kritik der Wirksamkeit in den Künsten*. Zurique: Diaphanes Verlag, 2015.

A ideia de repositório, incluindo o desejo de comunicar o caráter transitório do objeto popular, tem sua origem na experiência museológica interrompida de Lina na Bahia, para onde se mudou em 1959 e onde fundou o Museu de Arte Moderna da Bahia (MAM–BA) e o Museu de Arte Popular (MAP) em Salvador. Embora sua afeição pelo Nordeste seja amplamente conhecida, há também de se considerar uma política quando se trata do processo de aprendizado da própria Lina, interligado ao gosto e à perspicácia de seu parceiro, Pietro Maria. O casal chegou ao Rio em 1946, trazendo não apenas caixotes repletos de obras de arte, mas também a experiência intensa de uma modernização de estilo fascista que dera terrivelmente errado. Lina tirou uma lição dos desastres da abordagem nacionalista hierárquica de Mussolini e passou a buscar fontes de uma modernização alternativa — que crescesse de maneira orgânica, democrática ou de baixo para cima. Ainda na Itália, ela se envolveu na observação atenta das maneiras semiformais como as pessoas comuns fazem as coisas e, assim, se relacionam com seu ambiente de uma maneira mais implícita do que o planejamento moderno permitiria. Mais tarde, no Brasil, juntou-se a Pietro Maria e então a seus próprios camaradas em viagens de pesquisa abrangente para o interior pré-moderno e pobre de Pernambuco e da Bahia. Assim, ela se reeducou: de arquiteta e designer formada na Europa para brasileira de pensamento estético, engenheira da mudança social.

O MAP, que foi inaugurado em Salvador no fim de 1963, combinava e condensava as atividades múltiplas de Lina enquanto antropóloga, arquiteta, designer, curadora e ativista. Esse museu, dedicado ao mundo vivencial do Nordeste brasileiro, não era uma sala de exposição com objetos para serem contemplados, e sim, precisamente, um repositório e uma escola. Gerações futuras de arquitetos brasileiros estudariam artefatos populares porque Lina tinha a convicção de que esses objetos, mais tarde considerados por ela "pré-artesanato", eram a chave para a libertação total dos recursos criativos da população. Acessar esses recursos era uma precondição para qualquer espécie de modernização não colonial e caseira do Brasil. Em sintonia com essa visão futurista, Lina dispôs os objetos de uma maneira que evocava um "quadro vivo científico". Tigelas de cerâmica, colheres de pau, lamparinas e ex-votos eram apresentados como protótipos e, consequentemente, alinhados em prateleiras ou colocados em pedestais, como se fossem produtos industriais. Esse formato de quadro vivo captava tanto a estrutura social do Nordeste quanto a serialidade implícita do objeto popular que parecia aspirar tornar-se design industrial.[5]

Na primavera de 1964, apenas alguns meses após a inauguração do MAP, Lina foi obrigada a deixar a Bahia e abandonar seu museu por diversas razões, tanto pessoais quanto políticas. Os planos para uma modernização progressiva ficaram estagnados em decorrência do regime militar que chegou ao poder naquele período. Assim, Lina foi lançada de volta ao âmbito institucional da arte e da cultura, e foi o MASP que se tornou repleto de um imaginário sociopolítico claramente baseado em e sustentado pela experiência baiana. Na exposição de 1969, *A mão do povo brasileiro*, o objeto renunciava a qualquer reivindicação explícita de sistematicidade, embora Lina tenha mantido alguns elementos da linguagem do design, incluindo as prateleiras de madeira, por exemplo. Alguns objetos da exposição *Nordeste* — como colchas costuradas com os restos das grandes fábricas de tecido do Sul — também ressurgiram no MASP e seriam vistos novamente no Sesc Pompeia. Em sua nova instalação, semelhante a um repositório, os objetos ou "fatos populares", como Lina passou a chamá-los mais tarde, irradiavam certa crueza e anarquia poética que contradiziam o ambiente urbano higienizado da avenida Paulista. Reunidos como um coletivo solto, os objetos alegorizavam "a mão" e, por extensão, o conjunto de práticas de um povo.

No entanto, o repertório expográfico de Lina não descartou por completo o modo serial de exibição; em vez disso, ele evoluiu para enquadrar a coleção de pinturas. Enquanto museus costumam apresentar obras de arte como peças singulares e preciosas, o MASP optou por uma *mise-en-scène* totalmente diferente. Lina atribuiu a cada uma das cerca de cem pinturas seu próprio móvel expográfico semiescultural, o famoso cavalete de vidro que permanecia formalmente idêntico ao longo de toda a experiência na galeria. Ele mostrava cada imagem, fosse um Rafael (1483-1520) ou um Manet, como participante de uma mesma forma cultural, a saber, a "pintura". Graças à sua transparência, o cavalete de vidro realçava a materialidade pré-moderna das imagens. Em suas molduras de madeira com frequência ornamentadas e douradas, elas se assemelhavam a objetos pesados, cuja textura pictórica na superfície da tela era apenas um elemento, embora fosse o mais proeminente. De qualquer modo, a própria imagem era feita a mão, e era assim que sua exibição serial motivava o espectador a assimilá-las: como resultado do trabalho humano. O projeto expográfico projetava uma analogia sutil com *A mão do povo brasileiro*; ele celebrava a virtuosidade trans-histórica da prática pictórica, ou da mão do artista, sem atender aos estereótipos de "obra-prima" cultural ou dar às pessoas informações detalhadas sobre o que ver. Em resumo, a instalação de Lina oferecia ao público uma experiência estética quase insuportavelmente pura, e é provável que essa tenha sido a razão real para ter sido desmontada.

Embora o conceito de exibir a "pintura" como forma cultural pudesse ter nivelado com facilidade a diferença entre as obras, a instalação com cavaletes de vidro realçava a singularidade de cada trabalho ao demonstrar sua vulnerabilidade. Não há como, por exemplo, abstrair fenomenologicamente as características materiais do vidro. O cubo de concreto parecia equilibrar o imenso painel vertical de vidro, mais do que ancorá-lo. O cavalete de vidro era uma peça altamente delicada. Ao parecer manter as imagens suspensas no ar, ele também era capaz de comunicar seu relativo isolamento. A arte adquirida por Pietro Maria do "Anno Zero", ou do período agitado que se seguiu à Segunda Guerra Mundial, fora muitas vezes afastada de seu ambiente cultural. Elisabeth Cahen d'Anvers, a jovem com a fita azul no quadro *Rosa e azul — As meninas Cahen d'Anvers* (1881), de Auguste Renoir (1841-1919), por exemplo, morrera a caminho de Auschwitz em 1944. Os cavaletes de vidro eram capazes de comunicar essa condição genérica das obras de arte como desenraizadas e abandonadas a seus destinos migratórios. Eles espelhavam um comentário do filósofo alemão Theodor W. Adorno (1903-1969) depois de Auschwitz: "Nada que diz respeito à arte pode ser tido como certo agora... nem mesmo seu direito de existir".[6]

O espectador precisava traçar seu próprio caminho entre os cavaletes de vidro, com todas as pinturas diretamente viradas para ele. Os Bardi baniram toda sinalização convencional da galeria — qualquer marcador que ajudasse o visitante a identificar as obras de acordo com cronologia, tema, escola nacional, gênero, obra-prima, e assim por diante. Qualquer informação textual ou visual sobre a pintura era

6. ADORNO, T. W. *Aesthetic Theory*. Londres: A&C Black, 2004, p. 1.

7. Outra referência óbvia seria o artista Marcel Broodthaers, que colocou em questão todas as categorias museológicas com seu *Musée de l'Art Moderne, Département des Aigles* (1968-72).

relegada a um painel em sua parte traseira. Após a visita, na outra extremidade da galeria-enquanto-caixa-repleta-de-luz, os visitantes veriam uma exibição altamente conceitual de *nada além de informação* que se assemelhava muito, por exemplo, ao *Projekt '74*, de Hans Haacke — uma instalação de dez painéis que detalhavam a proveniência de *Maço de aspargos*, de Edouard Manet (1880), em imagens e textos (retraçando a origem do quadro de seu primeiro dono, Charles Ephrussi (1793-1864), até um banqueiro ex-nazista que finalmente doou o quadro para o Museu Wallraf-Richartz em Colônia, na Alemanha, em 1968). Os Bardi sem dúvida não tinham a intenção de produzir arte conceitual, mas, ainda assim, a história nos ensina a ver a estratégia institucional dos anos 1960 no MASP pelos olhos de artistas daquela geração.[7] Aprendemos com a arte de instalação de Lina — seja com obras de arte no sentido consagrado, redes dos barcos da Amazônia ou brinquedos de crianças — que aderir meramente à forma não nos leva a lugar nenhum para além da afetação artística. Ela também nos ensina que qualquer intenção conceitual é acompanhada necessariamente de um elemento estético que é sempre mais bem reconhecido. A instalação de trabalhos em sua maioria europeus e *A mão do povo brasileiro*, as duas exposições que inauguraram o MASP, definiu a missão do museu em 1969. Para entender o que essa missão pode envolver hoje, as duas exposições precisam ser vistas de maneira retrospectiva como dois lados de uma mesma moeda: uma exposição da arte que foi e uma exposição da arte que virá a ser. Graças ao projeto expográfico de Lina, ambas apareciam como que dialeticamente interligadas, e nenhuma delas tinha a chave evolucionária para o projeto que era, e esperamos que ainda seja, o MASP. A adaptação da missão do museu para o transnacional global, ou o "agora", vai depender da capacidade da instituição de compreender sua modernidade própria e essencial. Na medida em que o contemporâneo é a modernidade que atravessamos, sem nunca compreender por completo seu alcance e suas ramificações, o processo de atualização da missão do museu é, necessariamente, uma questão de tentativa e erro.

Roger M. Buergel é diretor do Johann Jacobs Museum, em Zurique, Suíça. Atuou como diretor artístico da documenta 12 (2007).

THE BIRTHPLACE OF INSTALLATION ART

Roger M. Buergel

The removal of Lina Bo Bardi's (1914–1992) glass easel display in the 1990s certainly increased our awareness of how intimately the crystalline installation of mostly European paintings was tied to both the architectural program of the "suspended greenhouse" on Avenida Paulista, the Museu de Arte de São Paulo (MASP), and its pedagogical mission. The materiality of the installation, which was mainly glass and concrete, blended with the building's construction, creating a seamless experiential continuum in which art could appear rather than merely exist (adding the touch of magic money cannot buy). By decoupling the act of viewing the paintings from the act of reading about them and refusing to tell viewers where to go, the installation further encouraged an open exercise in self-learning that—after the radical pedagogy developed by educator Paulo Freire (1921–1997)—had strong political ramifications in Brazil but was, under very different circumstances, also part of Pietro Maria Bardi's (1900–1999) own formation as a largely self-taught intellectual aesthete.

The installation's removal and subsequent period of absence also enhanced our understanding of the dramatic shift that, since the demise of Conceptual Art and emergence of the global transnational, has befallen the ontological conditions of what we call "artwork."[1] This shift has many names. It is referred to as the post-medium condition, for example, or as the transition from the modern to the contemporary, and associated with the emergence of the installation-form as a prerequisite for aesthetic complexity (or for getting the relational dynamics of the global transnational right). As an effect of this transition, the exhibition-form has absorbed characteristics formerly ascribed to an artwork, and has since come to be seen as an aesthetic proposition in its own right rather than a mere vehicle for artworks. This redrawing of boundaries ultimately gave rise to the curator, a figure less defined by fixed institutional affiliations than a semi-artistic imperative, plus a semi-critical role that is largely implicit (because it doesn't argue, only makes selections). Without going into the whole story of this transition that largely defines the art system we are confronted with today, it is safe to say that Lina's glass easels, in their absence, assumed the function of a curatorial

1. My entire argument and many of the categories I use here (the "global transnational", for example) are very much indebted to philosopher Peter Osborne's work on postconceptual art. See OSBORNE, P. *Anywhere Or Not At All: Philosophy of Contemporary Art.* London: Verso, 2013.

and architectural fetish before the whole installation will be re-experienced as something entirely different from what it previously had been. What once was a brilliant, modernist design solution for displaying artworks that were largely pre-modern—a design solution inspired by Albini (1905–1977) and others, and already tentatively tested at MASP's beginnings in the early 1950s, in museum founder Assis Chateaubriand's (1892–1968) office building on Rua 7 de Abril in downtown São Paulo[2]—has since become an artwork in its own right. In 2015, we are no longer invited to look primarily at the paintings, be it a Mantegna (1431–1506), a Manet (1832–1883) or a Modigliani (1884–1920), but at a museological proposition that is itself artistic and couched in both aesthetic and conceptual terms.

Lina, of course, never had any inclination to make art, although the same could be said of Giotto (1267–1337), for example. On the other hand, the threshold separating art from non-art was always conspicuously low at MASP. One need only read Pietro Maria Bardi's polemical essays from the mid-1950s, in a catalogue meant to promote MASP to a wider international audience.[3] To Bardi, art expressed the creative embrace not only of modern life (including architecture, design, photography, fashion and cinema) but of Brazilian life as well, be it modern, pre-modern or non-modern. Right from the start, both Lina and Pietro Maria were clearly conscious of what this Brazilian life entailed, namely living through the contradictions inherent to Brazil's self-understanding as a modern state. It comes as no surprise then that the museum had not one but two inaugural exhibitions on its new premises in the Trianon area in 1968: 1) the legendary installation of the collection on the second floor and 2) *A mão do povo brasileiro* [The Hand of the Brazilian People] on the first. The latter was a vast and joyful accumulation of popular art and craft objects from every region of Brazil, including figures of saints, musical instruments, hammocks, bedcovers, ex-votos, etc. Lina designed this exhibition as well, although its mode of display could hardly have been more different than that of the floor above. The painting installation was suffused with natural light from huge glass windows (which originally were transparent), while the gallery on the first floor had solid walls, and was lit only by artificial light from above. The installation made the paintings appear as if they were floating mid-air, while the popular objects (predominantly made of iron, wood or stoneware) exerted an unmistakable gravitational pull. Each and every painting was given its own vertical framing device—the glass easel—while the popular objects were grouped closely together and placed on low pedestals of raw wood, reminiscent of stages. The pictures radiated a sense of being isolated or even uprooted, while the popular objects were safely anchored. This offhand installation style would be pursued and refined in a series of exhibitions Lina organized at Sesc Pompeia in the 1980s, including *Caipiras, capiaus: pau-a-pique and Mil brinquedos para a criança brasileira*. But even at MASP, the installation suggested a sort of repository where the objects seemed ready to march out.[4]

The idea of the repository, including the desire to convey the transitory character of the popular object, can be traced back to Lina's aborted museological experience in Bahia, where she moved in 1959 and founded the Museu de Arte Moderna da Bahia (MAM–BA) and Museu de Arte Popular (MAP) in Salvador. While her fondness for the Northeast is well-known, there is also a politics to consider when it comes to Lina's own learning process, intertwined as it was with the taste and acumen of her partner, Pietro Maria. The couple arrived in Rio in 1946, bringing with them not only crates full of artworks, but also the acute experience of a fascist-style modernization gone deadly wrong. Lina drew a lesson from the disasters of Mussolini's nationalist top down-approach, and began to look for sources of

2. Renato Anelli traces the origins of the glass easels and other displays by Lina Bo Bardi in *The Origins and Topicality of the MASP's Transparency,* published in this book.

3. For Bardi's snappy essays, see BARDI, P. M. *Art Treasures of the São Paulo Museum and the Development of Art in Brazil.* New York: Harry N. Abrams, Inc., 1956.

4. It was actually my dear friend and colleague Zeuler R. M. de A. Lima who, in a conversation, hinted at the connectedness of the two inaugural exhibitions at MASP. His erudite monograph *Lina Bo Bardi* (New Haven: Yale University Press, 2013) takes a refreshingly sober, but no less enthusiastic look at Lina's oeuvre, and is an indispensible resource for any further thinking about her many roles and functions.

an alternative modernization—a modernization that would grow organically, democratically, or from the bottom up. Even in Italy, she engaged in a close reading of the semi-formal ways in which ordinary people do things and thus relate to their environment, in a manner more implicit than modern planning would allow. Later, in Brazil, she joined Pietro Maria and then her own comrades on comprehensive research trips to the pre-modern and poverty-stricken hinterlands of Pernambuco and Bahia. She thus reeducated herself: from a European-trained architect and designer to an aesthetically-minded Brazilian engineer of social change.

The MAP, which opened in Salvador late in 1963, combined and condensed Lina's multifarious activities as an anthropologist, architect, designer, curator and activist. This museum, dedicated to the life-world of the *Nordeste*, or Northeast region of Brazil, was not a showroom with objects to contemplate but, precisely, a repository and a school. Future generations of Brazilian architects and designers were to study popular artifacts because Lina was convinced that these objects, which she later deemed "pre-craft," held the key to fully unlocking the population's creative resources. Accessing these resources was a pre-condition for any non-colonial, homegrown modernization of Brazil. In tune with this futuristic vision, Lina arranged the objects in a manner reminiscent of a scientific tableau. Pottery bowls, wooden spoons, lamparinas and ex-votos were presented as types, and accordingly lined up on shelves or placed on pedestals as though they were products of industry. The tableau format captured both the social structure of the Northeast and the implicit seriality of the popular object that, seemingly, aspired to become industrial design.[5]

In the Spring of 1964, just a few months after MAP's inauguration, Lina was compelled to leave Bahia and to abandon her museum for a variety of reasons, both personal and political. Plans for a progressive modernization stalled under the military regime that came to power at this time. Thus Lina was thrown back to the institutional realm of art and culture, and it was MASP that became infused with a socio-political imaginary that clearly rested on and sustained the Bahian experience. The 1969 exhibition *A mão do povo brasileiro* had the popular art object forgoing any explicit claim to systematicity, although Lina kept some elements of the design language including the wooden shelves, for example. A few objects from the *Nordeste* exhibition—like the bedcovers stitched together with scraps from the big textile factories in the South — also reappeared at MASP, and would be seen again at Sesc Pompeia. In their new, repository-like installation, the objects or "popular facts" as Lina later came to call them, radiated a certain rawness and poetic anarchy that contradicted the sanitized urban environment of Avenida Paulista. Together as a loose collective, the objects allegorized "the hand" and, by extension, a people's set of practices.

Lina's design repertory did not discard the serial mode of display entirely, however; instead it moved upward to frame the painting collection. While art museums conventionally present artworks as precious and singular pieces, MASP opted for an altogether different *mise-en-scène*. Lina allotted each of the hundred or so paintings its own semi-sculptural display device, the famous glass easel that remained formally identical throughout the gallery experience. It showed each picture, be it a Raphael (1483–1520) or a Manet, as partaking in the same cultural form, namely "painting." Because of its transparency, the glass easel highlighted the pre-modern materiality of the pictures. In their wooden, often ornamented and gilt frames, they resembled chunky objects, of which the painterly texture on the surface of the canvas was only one element, albeit the prominent one. The proper image was in any case handmade, and this is how their serial display enticed the viewer to take them in: as outcomes of human labor. The display projected a subtle analogy with *A mão do povo*

5. Cultural sociologist Sophia Prinz reads MAP's display as a tableau or heuristic tool tasked with rendering the life-world of the Northeasterner intelligible. Prinz, who argues using Antonio Gramsci's theory of practice, cites the portrayal of a social order through a constellaton of its objects as Lina's key innovation. See PRINZ, S. "Die Ausstellung eines 'unverdaulichen Gemenges von Bruchstücken aller Welt- und Lebensauffassungen.' Lina Bo Bardis Volkskunstmuseum in praxistheoretischer Perspektive." *In:* BUSCH, K.; MELTZER, B. and VON OPPELN, T. (eds.). *Ausstellen. Zur Kritik der Wirksamkeit in den Künsten.* Zurique: Diaphanes Verlag, 2015.

6. ADORNO, Th. W. *Aesthetic Theory*. London: A&C Black, 2004, p. 1.

7. Another obvious reference would be the artist Marcel Broodthaers who called every museological category into question with his *Musée de l'Art Moderne, Départment des Aigles* (1968-72).

brasileiro; it celebrated the transhistorical virtuosity of painterly practice, or of the artist's hand, without catering to cultural "masterpiece" stereotypes or spoon-feeding people information about what to see. In short, Lina's installation offered its audience an aesthetic experience that was almost unbearably pure, which is in all probability the true reason why it was dismantled.

While the concept of displaying "painting" as a cultural form could have easily leveled the differences between pictures, the glass easel installation underscored the singularity of each work by demonstrating its vulnerability. There is, for example, no way to abstract phenomenologically from the material characteristics of glass. The concrete cube seemed to balance the huge, vertical glass pane more than anchor it. The glass easel was a highly delicate device. By appearing to keep the pictures suspended in air, it could also communicate their relative isolation. The art Pietro Maria acquired from "Anno Zero," or the churning period following the Second World War, had often been cut-off from its cultural environment. Elisabeth Cahen d'Anvers, the young lady with the blue ribbon in Auguste Renoir's (1841–1919) *Pink and Blue—The Cahen d'Anvers Girls* (1881), for example, died en route to Auschwitz in 1944. The glass easels could convey this general condition of artworks as being uprooted and left to their migratory fate. They mirrored a remark made by German philosopher Theodor W. Adorno (1903–1969) in the aftermath of Auschwitz: "Nothing concerning art can be taken for granted anymore... not even its right to exist."[6]

The viewer was supposed to navigate his or her own path through the glass easels, with all the pictures facing the viewer directly. The Bardis banned all conventional signage from the gallery—any marker that helps visitors identify artworks according to chronology, theme, national school, genre, masterwork, and so on. Any textual or visual information about the picture was relegated to a panel on its backside. After the gallery visit, at the far side of the gallery-as-light-filled-box, visitors would have gazed at a highly conceptualist display of *nothing but information* that closely resembled, for example, Hans Haacke's *Projekt '74*—a ten-panel installation detailing the provenances of Edouard Manet's *Bunch of Asparagus* (1880) in images and text (tracing it from its first owner, Charles Ephrussi (1793–1864), to a former Nazi banker who finally donated the picture to the Wallraf-Richartz Museum in Cologne, Germany, in 1968). The Bardis certainly did not intend to make conceptual art, and yet history teaches us to view MASP's 1960s institutional strategy through the eyes of artists from that generation.[7] From Lina's art of installing things—whether artworks in the established sense, hammocks from Amazonian riverboats or children's toys—we learn that adhering to mere form won't get us anywhere beyond artsy mannerisms. It also teaches us that any conceptual agenda comes by default with an aesthetic element that is better acknowledged. The installation of mainly European works and *A mão do povo brasileiro*, the two exhibitions inaugurating MASP, defined the museum's mission in 1969. In learning what this mission could entail today, both exhibitions should be viewed retrospectively as two sides of the same coin: an exhibition of the art that was and an exhibition of the art to come. Thanks to Lina's display, both exhibitions came across as dialectically intertwined, with neither one holding the evolutionary key to the project that MASP was and hopefully still is. The museum mission's adaptation to the global transnational or the "now" will depend on the institution's ability to understand its very own modernity. Inasmuch as the contemporary *is* the modernity we live through, without ever fully grasping its reach and ramifications, the process of updating the museum's mission is, by necessity, a matter of trial and error.

Roger M. Buergel is director of the Johann Jacobs Museum in Zürich, Switzerland. He served as the Artistic Director of documenta 12 (2007).

EXPLICAÇÕES SOBRE O MUSEU DE ARTE[1]

Lina Bo Bardi

1. Publicado em *O Estado de S. Paulo*, 5.4.1970.

O arquiteto Lina Bo Bardi, a propósito de um artigo do Sr. Julio Tavares, publicado em março por esta folha, enviou à redação a seguinte carta:

"Senhor redator — 'Nunca se pode inovar impunemente', e não somente no campo dos museus, como parece pensar o senhor Julio Tavares que, num artigo publicado no 'O Estado de S. Paulo' de 22 de março último chora, sobre árvores cortadas e cidades 'concretizadas', insurgindo-se ofendido contra a apresentação dos quadros da Pinacoteca do Museu de Arte de São Paulo e contra as senhoras e os senhores de Guarulhos, cujas pernas podem ser vistas debaixo dos quadros.

O grito de revolta do senhor Tavares é o grito dos que se sentem defraudados de um dos privilégios mais tradicionalmente enraizados: o privilégio cultural. As pernas do senhor de Guarulhos, que acabam em pés mal calçados, ofendem a vista do senhor Julio Tavares, a falta de atmosfera de 'templo' para iniciados, a Pinacoteca do Museu de Arte, atinge profundamente o seu senso 'estético' e sua altivez cultural. Nunca se pode inovar impunemente.

Quem inova, paga, mas quem o faz pagar é geralmente quem se detém agarrado aos velhos costumes, às velhas tradições, aos velhos privilégios. Isto na arte, na política, na vida. Tirar do Museu o ar de Igreja que exclui os iniciados, tirar dos quadros a 'aura' para apresentar a obra de arte como um 'trabalho', altamente qualificado, mas trabalho; apresentá-lo de modo que possa ser compreendido pelos não iniciados, pelos senhores de Guarulhos tão diferentes dos elegantes visitantes dos grandes museus tradicionais, cujas 'auras' são sempre conservadas, mesmo nos arranjos modernos. Ver milhares de pessoas andarem entre os quadros, numa atmosfera quase familiar, não áulica (para o senhor Julio Tavares transformar-se em 'apartamento') dá medo, como uma profecia de mudanças fundamentais. O Museu de Arte de São Paulo é popular e não pode ser julgado superficialmente, num

41. Vista da pinacoteca com a pintura *Renée* (1917), de Amedeo Modigliani, no cavalete de cristal, no MASP na avenida Paulista, década de 1970 [View of the picture gallery with the painting *Renée* (1917), by Amedeo Modigliani, on a crystal easel, at MASP on Avenida Paulista, 1970s]

artigo pseudobrilhante escrito conforme as regras do beletrismo chorão. O grande espaço embaixo do Museu foi criado para exposições ao ar livre, reuniões, concertos. O Museu é popular. Demonstrava-nos os milhares de visitantes dos sábados e domingos (aqueles visitantes de Guarulhos que tanto incomodam os senhores Julios Tavares) que olham um quadro com os mesmos olhos com que olham uma vitrina em liquidação, mas que, graças à vida e à alegria da Pinacoteca do Museu, conseguem tomar parte, mesmo sem 'bases culturais' em fatos de cultura. Como responsável pelo projeto do Museu e pelo projeto do cavalete de cristal (porque é um cavalete e um quadro nasce no ar, num cavalete) com painel didático, para exposição dos quadros, quero esclarecer que no projeto do Museu foi minha intenção destruir a aura que sempre circunda um museu, apresentar a obra de arte como trabalho, como profecia de um trabalho ao alcance de todos.

Revitalizar um quadro tirando-o do papel de múmia. Sobre o julgamento do projeto do Museu e dos seus espaços acho que dito julgamento deve ser feito com base e com os instrumentos da crítica arquitetônica e não com a dialética literária baseada na piada."

EXPLANATIONS ON THE MUSEUM OF ART[1]

Lina Bo Bardi

1. Published in *O Estado de S. Paulo*, April 5, 1970.

Architect Lina Bo Bardi, in response to an article by Mr. Julio Tavares published in March by this paper, sent the following letter to the editors:

"Mr. Editor, 'One cannot innovate without consequences,' and not only in the field of museums, as Mr. Julio Tavares seems to think. In an article published in *O Estado de S. Paulo* on March 22nd of this year, he whines over cut trees and 'concretized' cities, and stands, offended, against the presentation of the paintings at the Museu de Arte de São Paulo's picture gallery and against the ladies and gentlemen from Guarulhos whose legs can be seen below the paintings.

Mr. Tavares's revolted cry is that of those who feel they've been deprived of one of the most deeply rooted privileges: the cultural privilege. The legs of the gentleman from Guarulhos, which end in inelegant shoes, are offensive to Mr. Julio Tavares' eyes, and the lack of that 'temple' atmosphere for the initiated at the Museu de Arte's picture gallery has profound impact on his 'esthetic' sense and his cultural pride. One cannot innovate without consequences.

Those who innovate must pay for it, but those who make them pay are usually those who stick to old habits, old traditions and old privileges. This applies to art, politics and life. Stripping the Museum of that church atmosphere that excludes the uninitiated, stripping the paintings of their "aura" to present the work of art as "work", highly specialized, but still work; presenting it in a way that can be understood by the uninitiated, by the people from Guarulhos, so different from the elegant visitors of the great traditional museums, whose 'auras' are always preserved even in modern arrangements. Seeing thousands of people walk among the paintings with an almost familiar, non-auric air (for Mr. Julio Tavares, becoming an 'apartment') is frightening, like a prophecy of fundamental changes. The Museu de Arte de São Paulo is popular and cannot be superficially judged in a pseudo-brilliant article written according to the rules of whining belletrism. The large space below the Museum was created for open-air exhibitions, gatherings, concerts. The Museum is popular. This was demonstrated by the thousands of visitors on Saturdays and Sundays (those visitors that made the Misters Julio Tavares so uncomfortable) who looked at a painting with the same eyes they looked at the window of a shop on sale, but who, thanks to the life and joy of the Museum picture gallery, can participate, even without the 'cultural fundamentals' on culture facts. As the one responsible for the Museum's design and for designing the crystal easel (because it's an easel and a painting is born in the air, on an easel) with didactic panels to display the paintings, I want to clarify that in designing the Museum it was my intention to destroy the aura that always surrounds a museum, to present the work of art as work, as a prophecy of work at everyone's reach.

To revitalize a painting, liberating it from the role of mummy. Regarding the judgment of the Museum design and of its spaces, I believe such judgment must be made based on and with the tools of architectural criticism and not with literary dialectics based on a joke."

PARECER SOBRE A MUSEOLOGIA DO ESPAÇO EXPOSITIVO DO 2º ANDAR DO MASP – INCONVENIÊNCIA DO TOMBAMENTO

42. Vista da pinacoteca do MASP na avenida Paulista, década de 1960 [View of the picture gallery of MASP on Avenida Paulista, 1960s]

PARECER SOBRE A MUSEOLOGIA DO ESPAÇO EXPOSITIVO DO 2º ANDAR DO MASP - INCONVENIENCIA DO TOMBAMENTO -

O presente parecer tem por objeto a análise das formas de exposição do acervo do Masp no espaço do 2º andar de seu Edifício Sede.

1 - Dinamismo da Museologia

Museologia *é o conjunto de conhecimentos científicos, técnicos e práticos que dizem respeito à conservação, classificação e apresentação dos acervos dos museus.*

Arquitetura e Museologia são portanto, dois conceitos totalmente distintos. Arquiteturas devem ser tombadas, quando consideradas relevantes para o patrimônio cultural de uma nação. *Formas de exposição das obras, ao contrário, transformam-se, evoluem, precisam evoluir, e de fato evoluíram ao longo dos últimos trinta anos em todos os museus do mundo.* E não poderia ser de outra maneira: as soluções encontradas para a exposição de um acervo artístico acompanham a evolução deste novo saber que é a museologia, a qual não cessa de se aprimorar para responder a dois desafios básicos que devem ser sempre melhor conciliados: 1. otimizar a conservação do acervo exposto e 2. realizar plenamente a função sócio-didática dos acervos artísticos.

Assim, nenhum museu do mundo jamais considerou museologia como objeto de tombamento, pois isto significaria simplesmente marginalizar o museu de todo o processo de aprimoramento da tecnologia de exposição. Tombar museologia equivale, conceitualmente, a impedir que um hospital, com arquitetura tombada, não possa alterar suas instalações e práticas terapêuticas.

2 - As Lâminas de Vidro apoiadas sobre cavaletes

Dentre os aprimoramentos museológicos de que foi objeto o acervo do Masp nos últimos anos destacam-se dois: a criação de uma reserva técnica adequada aos padrões internacionais contemporâneos e a descontinuação da exposição dos quadros parafusados em lâminas de vidro. Datada dos anos sessenta, esta forma de exposição refletia, evidentemente, um estado do saber sobre conservação e exposição de acervos obviamente anterior à consolidação das normas técnicas por que se pautam, hoje, todos os museus. E sobretudo os museus que, como o Masp, têm a responsabilidade de conservar obras delicadíssimas, testemunhos únicos e preciosos de estágios passados de nossa civilização.

Inúmeras são as razões que motivaram esta descontinuação, porque inúmeros eram os inconvenientes, muitos deles graves, da proposta anterior. Podem-se agrupá-los em dois tipos: problemas técnicos e problemas propriamente de concepção museológica.

2A - Seis Problemas Técnicos

- *Primeiro problema técnico: as medidas insuficientes das lâminas de vidro*

As medidas destas laminas de vidro eram insuficientes para servirem de suporte para telas de grandes dimensões, das quais o acervo do Masp é particularmente rico. Inacreditavelmente, desde 1968, quando o acervo do Masp foi transferido para a sede da Avenida Paulista, a opção pelas placas de vidro havia simplesmente impossibilitado ao público o acesso a obras fundamentais do acervo, dentre as quais podem ser citadas:

1. - do acervo brasileiro, a célebre *A Ressurreição de Lázaro* (inv. n. 334), de Cândido Portinari, com mais de 3 metros de largura, indubitavelmente a mais importante de suas obras da "Série Bíblica" permanecia fora do alcance do público.

2. - do acervo italiano, a *Aparição da Virgem com o Menino a Santo Ubaldo* (inv. n. 25) de Jacopo Palma, il Giovane (1548-1628), datada de 1620, sua última criação e uma de suas obras-primas;

3. - do acervo franco-flamengo, as 8 magníficas tapeçarias do século XVIII, que por isso permaneceram enroladas durante decênios, não sem incidências negativas sobre sua conservação. Vale lembrar que o Masp possui o conjunto completo das Séries das Pequenas Índias, outrora pertencentes à coleção de Luis XV e provenientes do Castelo de Versailles;

4. - do acervo português do museu, nunca se havia podido exibir a excepcional *Alegoria da Pintura sobre Cerâmica*, do maior pintor luso da passagem do século, Bordalo Pinheiro Columbano e cujas medidas alcançam 5,00 x 3,00 metros;

- *Segundo problema técnico: o peso das obras com muita madeira*

Dois outros tipos de obras não podiam tampouco ser expostos sobre vidros. As obras de grandes dimensões pintadas sobre suporte de madeira e as obras com molduras e/ou chassis demasiado pesados.

O Masp possui dezenas de obras de aproximadamente dois metros de altura e/ou largura Desde logo, tais obras foram sendo paulatinamente colocadas sobre paredes de madeira. Tratava-se, com efeito, da única solução possível. Os freqüentadores do museu lembrar-se-ão que, desde meados dos anos oitenta, esta tendência a introduzir paredes para substituir os vidros foi se aprofundando, como resultado de um saudável senso de responsabilidade do Prof. Pietro M. Bardi no que se refere à salvaguarda física do patrimônio confiado ao Museu. Dentre as obras de aproximadamente 2 metros de altura e/ou largura, no acervo, conta-se um número impressionante de obras-primas absolutas, dentre as quais ressaltam:

1. o *Hymenaeus Travestido Durante um Sacrifício* (inv. n. 35) de Nicolas Poussin (1594-1665), de 167 x 376 cm.
2. o pesadíssimo óleo sobre madeira de 200 x 130 cm., representando o *Juízo Universal e a Missa de São Gregório* (inv. 428) do Mestre da Família Artés,
3. o *Retrato do Conde-Duque de Olivares*, de 203 x 106 cm., de Diego Velázquez (inv. n. 171),
4. o *Retrato do Cardeal Cristoforo Madruzzo* de Ticiano (inv. n. 20), de 210 x 109 cm.;
5. o *Retrato do Cardeal Luis Maria de Borbón y Vallabriga* (inv. n. 173), de Francisco Goya y Lucientes, de 200 x 106 cm.;
6. o *Retrato do Arquiduque Alberto VII da Áustria* (inv. n. 184), de Rubens, de 200 x 118 cm.;
7. o *Piquenque Durante a Caçada* (inv. n. 51) de François Lemoyne (1688-1737), de 233 x 185 cm.;
8. as duas cópias realizadas por François Boucher (inv. n. 492 e 493) das *Alegorias Frick* de Paolo Veronese, medindo 223 x 171 cm.;
9. as *Quatro Estações Hartmann* (inv. n. 67-70) de Eugène Delacroix, de 196 x 166 cm.;
10. o *Retrato de Marcellin Desboutin* (inv. n. 77) de Edouard Manet, de 192 x 128 cm.;
11. *A Banhista e o Cão Grifon* (inv. n. 95) de Pierre-Auguste Renoir, de 184 x 115 cm.;
12. o *Guerra* (inv n. 900) de Lasar Segall, de 183 x 270 cm.
13. o *Moema* (inv. n. 267) de Vítor Meirelles, de 129 x 190 cm.
14. os três retratos por Vítor Meirelles, de Dom Pedro II (inv. n. 268), de Dona Tereza Cristina (inv. n. 269) e do Dr. José Maria Chaves (inv. n. 270), medindo respectivamente 252 x 165 (o par) e 220 x 137.
15. o *Enterro na rede* (inv. 325), de Cândido Portinari, de 180 x 220 cm.

Dadas as insuperáveis dificuldades de acomodá-las sobre lâminas de vidro, desde o início dos anos noventa, todas estas obras já eram expostas sobre paredes. A substituição generalizada dos vidros era, nestas circunstâncias, uma mera questão de tempo pois, evidentemente, o hibridismo entre paredes e placas de vidro não era aceitável a longo prazo.

- *Terceiro problema técnico: fragilidade e imprevisibilidade do vidro*

A fragilidade evidente do cristal constituía um risco inaceitável. Dada a heterogeneidade das coordenadas ambientais de um espaço contínuo de 2000m² e 6 metros de altura, com imensa vulnerabilidade a variáveis externas, o comportamento das lâminas era imprevisível, pois elas podiam subitamente romper-se. Isto não era uma simples hipótese, mas um fato que algumas vezes efetivamente ocorreu. Em 1986, o rompimento de um vidro ocasionou a destruição de uma vitrine, com a perda de vários vidros romanos antigos. Ademais, dentre as experiências de obras danificadas por cacos de vidros e pela queda ocasionada pelo rompimento do vidro cumpre também mencionar dentre outros *O Casamento desigual* (inv. 652), óleo sobre madeira de proporções médias (54 x 89 cm.) atribuído a Quentin Metsys, obra pintada por volta de 1525-1530.

- *Quarto problema técnico: o empenamento da madeira*

A imobilização do chassis parafusado no vidro impedia que a madeira trabalhasse normalmente, acompanhando as inevitáveis variações de dilatação e contração impostas pelas alterações ambientais. O resultado era uma pressão maior sobre o vidro, mas sobretudo uma pressão inaceitável sobre a madeira. Assim sendo, alguns dos painéis, dentre eles um magnífico tondo florentino do século XV (atribuído ao assim chamado "Imitador de Lippi-Pesellino"), vinham se deformando de modo preocupante, tomando a forma de uma parábola que tangenciava o vidro apenas nos pontos dos parafusos. E se o fenômeno era de uma evidência gritante no tondo em questão, ele começava a se fazer presente de modo indubitável também em outras obras, fato que aconselhava a uma pronta intervenção.

- *Quinto problema técnico: a insolação*

É bem sabido que, sendo o Brasil um país tropical, a irradiação solar que se projeta sobre a emulsão pictórica é várias vezes superior ao que preconizam as normas internacionais. Se exposta a tais níveis de insolação, o pigmento simplesmente não conserva a freqüência cromática que o caracteriza. Por mais que se cobrissem as paredes de vidro com persianas, era impossível evitar a insolação através das nesgas de luz natural que passavam pelos numerosos e inevitáveis interstícios deixados pelas persianas de 6 metros, causando dois inconvenientes adicionais: a. uma luz rasante que ressaltava os problemas de conservação da matéria pictórica; b. a exposição da matéria pictórica à ação direta de raios solares, em frontal transgressão às normas de conservação museológica.

- *Sexto problema técnico: a vibração das lâminas de vidro*

De todos, talvez, o mais grave: as lâminas de vidro fixadas em cubos de concreto funcionavam segundo o princípio da vara de bambu, isto é, como uma corda vibrada: elas amplificavam sensivelmente a trepidação da laje produzida pelo tráfego da Avenida Paulista, comunicando-a amplificadamente aos quadros a elas apensos. Esta trepidação era claramente perceptível, bastando que se encostasse a mão na tela, e era sem dúvida um dos mais importantes fatores responsáveis pelo processo de descolamento da camada pictórica que se verificou em algumas das obras estudadas pela coordenadoria de restauro do museu.

2B – Quatro Problemas Museológicos de Apresentação de Obras

Aos seis problemas técnicos acima arrolados, atentatórios à conservação material do patrimônio, acrescentam-se razões não menos cruciais de ordem didática e estética que punham em cheque o antigo partido museológico.

- *Primeiro problema museológico: as visitas educacionais*

Na incipiente museologia dos anos sessenta, não havia ainda lugar para a questão central da visitação hodierna dos Museus: a freqüentação dos grupos de escolares, atividade estimulada ou mesmo obrigatória nos currículos educacionais de nossos dias. Evidentemente, o tradicional sistema de disposição cerrada dos cavaletes de vidros tornava impossível ou manifestamente perigosa a livre circulação de grupos de visitantes, sobretudo, de grupos de crianças. Vale dizer que ele inviabilizava toda atividade didática oferecida às escolas, atividade à qual o Masp atribui prioridade absoluta, pois crucial em um país como o Brasil.

- *Segundo problema museológico:menor número de obras expostas*

Por mais que se apinhassem os cavaletes de vidro (o que inviabilizava sempre mais as atividades didáticas), por mais cerrada que fosse a sua disposição, o sistema de cavaletes de vidro não conseguia evitar um inevitável desperdício de espaço. Isto ocasionava um menor número de obras expostas, na razão de aproximadamente 20% a menos do que a metragem linear atualmente disponível. Este inconveniente é considerável, se pensarmos na exigüidade dos espaços expositivos do museu em relação ao número de obras de seu acervo.

- *Terceiro problema museológico: iluminação inapropriada*

A disposição dos quadros sobre placas de vidros em um salão de seis metros de altura colocava um problema insolúvel: como iluminá-los? A iluminação natural era, como já lembrado acima, estritamente proibida em um país tropical como o Brasil, com níveis de insolação muito superiores ao fixado pelas normas internacionais (vide supra: *Quinto problema: insolação*). A única fonte de luz disponível era a artificial (embora, como dito, as persianas não impediam um vazamento nocivo da insolação natural), oriunda de um sistema de iluminação indireto de lâmpadas fluorescentes que se refletiam de um teto muito distanciado das obras. O resultado é que as obras em placas de vidro só podiam receber uma iluminação extremamente inapropriada. Não se podia nem controlar sua intensidade, nem vetorizar o facho de luz. Resultava daquela limitação uma iluminação aleatória, imprecisa, cheia de reflexos e insuficiente na maioria das áreas expositivas.

- *Quarto problema museológico: baixa altura de exposição das obras*

Todas as obras antigas de grandes dimensões eram destinadas a paredes de palácios de alto pé-direito ou a altares de igrejas. Elas foram concebidas, calculadas e executadas pelos artistas para serem apreciadas de baixo para cima pelo espectador. Sua correta apreciação supõe, portanto, serem penduradas a uma certa distância do solo, pois, caso contrário, suas proporções não se harmonizam adequadamente. Evidentemente, as lâminas de vidro, quando capazes de abrigar e suportar os quadros grandes, obrigavam o expectador a contemplar as obras rentes ao solo, o que deturpava gravemente a sua correta percepção. Obras de concepção e composição monumentais perdiam, assim, muito do efeito almejado pelo artista.

3 – A Proposta Museológica Atualmente Adotada

A proposta se fundamenta em sete conceitos claros e funcionais que podem ser assim resumidos:

a) permitir a consolidação da prática de visitas orientadas pelo serviço educativo do museu a grupos de visitantes, notadamente de escolares, de vez que eram impraticáveis e inseguras as visitas de grupos na forma anterior de exposição;

b) tornar possível a exposição, em rodízio, de todas as obras mais importantes do acervo, e não apenas as de medidas compatíveis com as placas de vidro, e isto de modo mais confortável e sem risco de acidentes;

c) obter, graças aos painéis atuais uma maior inércia térmica e ambiental no salão de exposições, de modo a torná-lo mais compatível com as normas museológicas internacionalmente em vigor (temperatura e umidade do ar constantes, etc.);

d) criar ambientes diferenciados que respeitem e dialoguem com a enorme diversidade de formatos, destinações e demais características físicas e culturais das próprias obras;

e) propor uma iluminação mais apropriada para cada tela, graças à possibilidade de situar a fonte de luz a uma distância controlável e vetorizável da obra de arte;

f) sugerir ao usuário do museu uma abordagem historicamente orientada, facultando-lhe naturalmente o direito de percorrer os espaços segundo os sentidos de sua predileção;

g) restaurar o equilíbrio fenomenológico e civilizacional entre a obra de arte e o suporte arquitetônico com o qual sempre dialogou - a parede -, elemento constitutivo de sua própria identidade histórica. O que permite, igualmente, suspender as obras de arte a uma altura mais compatível com seu formato.

4 - Conclusão

Face ao acima exposto, subscrevemos o consenso internacional segundo o qual arquitetura e museologia pertencem a esferas distintas e autônomas. Somos portanto, de parecer que a Museologia do Masp como toda museologia, não deve ser considerada como objeto de tombamento, em especial, não deve ser tombado qualquer elemento ou estrutura de suporte para exposição de obras de arte.

São Paulo, 09 de outubro de 2003.

LUIZ MARQUES
Ex-Curador do Museu
(1994 / 1997)

LUIZ HOSSAKA
Curador Chefe do Museu

OPINION ON THE MUSEOLOGY OF THE EXHIBITION SPACE ON MASP'S SECOND FLOOR—INCONVENIENCE OF DECLARING THE SITE PROTECTED HERITAGE

This opinion paper analyzes the collection exhibition methods on the MASP headquarters second floor.

1. MUSEOLOGY DYNAMISM

Museology *is the set of scientific, technical and practical knowledge that refers to the conservation, classification and presentation of museum collections.*

Architecture and museology are, therefore, two completely distinct concepts. Architectures must be protected when they are considered relevant for the cultural heritage of a nation. *Forms of exhibiting the works of art, on the other hand, transform themselves, evolve, must evolve, and in fact have evolved in the past thirty years in all museums around the world.* And it could not be otherwise: the solutions found for exhibiting an art collection follow the evolution of this new field of knowledge which is museology, and which is always improving in response to two basic challenges that must constantly be better harmonized, namely 1. optimizing the conservation of the exhibited collection, and 2. fulfilling the socio-didactic function of art collections.

Thus, no museum in the world has ever considered museology as the object of heritage protection, as this simply means marginalizing the museum from the whole process of enhancing exhibition technology. Protecting museology is the conceptual equivalent of preventing a hospital with protected architecture from changing its facilities and therapeutic practices.

2. THE GLASS PANELS SUPPORTED BY EASELS

Among the museological improvements the MASP collection benefited from in recent years, two can be highlighted: the creation of a reserve collection that is adequate to contemporary international standards, and the discontinuation of the exhibition of paintings screwed to glass panels. Created in the 1960s, this form of exhibition evidently reflected a state of knowledge about collection conservation and exhibition that was obviously prior to the consolidation of the technical standards currently followed by all museums—especially museums which, like MASP, are responsible for conserving extremely fragile works, singular and precious witnesses of past stages of our civilization.

Countless reasons motivated such discontinuation, because countless were the inadequacies, many of them very serious, of the previous proposal. They can be grouped into two types: technical problems and museological conception problems.

2A. SIX TECHNICAL PROBLEMS

First technical problem: insufficient size of the glass panels
The size of these glass panels was insufficient for large canvases, which are particularly numerous in the MASP collection. Unbelievable as it may sound, since 1968, when the MASP collection was transferred to the Avenida Paulista headquarters, the decision to use glass panels had simply deprived the public of access to fundamental works in the collection, among which are the following:

1. from the Brazilian collection, the famous *A ressurreição de Lázaro* [Raising of Lazarus] (inv. n. 334), by Candido Portinari, more than three meters high, without doubt the most important of his works in the Biblical Series, was out of reach for the public;
2. from the Italian collection, *Aparição da Virgem com o Menino a Santo Ubaldo* [Apparition of the Virgin with Child to Saint Ubald] (inv. n. 25) by Jacopo Palma, il Giovane (1548–1628), dated from 1620, his last creation and one of his masterpieces;
3. from the Franco-Flemish collection, the eight magnificent tapestries from the 13th century, which were rolled up for decades, not without negative effects on their conservation. It is worth noting that MASP has the complete set of the New Indies Series, which once belonged to Louis XV's collection and came from the Castle of Versailles;
4. from the Portuguese collection of the museum, the exceptional *Alegoria da pintura sobre cerâmica* [Allegory of Ceramic Painting], by the greatest Portuguese artist from the turn of the century, Bordalo Pinheiro Columbano, measuring 5 × 3 meters, had never been on display.

Second technical problem: the weight of works with a lot of wood
Two other types of work also could not be displayed on glass: works of large dimensions painted on wood and works with frames and/or supports that were too heavy.

MASP has dozens of works approximately two meters in height and/or width. Since the beginning, these works were gradually hung on wooden walls, which really was the only possible solution. Museum visitors will recall that, since the mid-1980s, the tendency to introduce walls to replace the glasses grew more and more as a result of a healthy sense of responsibility by Prof. Pietro M. Bardi concerning the physical protection of the property entrusted to the Museum. Among the works of about two meters in height and/or width in the collection, there is a staggering number of absolute masterpieces, among which the following are especially noteworthy:

1. *Hymenaeus travestido durante um sacrifício* [Hymenaeus Disguised as a Woman During an Offering] (inv. n. 35), by Nicolas Poussin (1594–1665), measuring 167 x 376 cm;
2. the extremely heavy oil on wood measuring 200 x 130 cm and representing the *Juízo universal e a missa de São Gregório* [The Last Judgment and the Saint Gregory's Mass] (inv. 428), by the Master of the Artés Family;
3. *Retrato do conde-duque de Olivares* [Portrait of the Count-Duke of Olivares], by Diego Velázquez (inv. n. 171), measuring 203 x 106 cm;
4. *Retrato do cardeal Cristoforo Madruzzo* [Portrait of Cardinal Cristoforo Madruzzo] (inv. n. 20), by Titan, measuring 210 x 109 cm;
5. *Retrato do cardeal Luis Maria de Borbón y Vallabriga* [Portrait of Cardinal Luis Maria de Borbón y Vallabriga] (inv. n. 173), by Francisco Goya y Lucientes, measuring 200 x 106 cm;
6. *Retrato do arquiduque Alberto VII da* Áustria [Portrait of Archduke Albert VII of Austria] (inv. n. 184), by Rubens, measuring 200 x 118 cm;
7. *Piquenique durante a caçada* [Hunting Picnic] (inv. n. 51), by François Lemoyne (1688-1737), measuring 233 x 185 cm;
8. the two copies made by François Boucher (inv. n. 492 and 493) of the *Frick Allegories* by Paolo Veronese, measuring 223 x 171 cm;
9. *Quatro estações Hartmann* [The Hartmann's Four Seasons] (inv. n. 67-70), by Eugène Delacroix, measuring 196 x 166 cm;
10. *Retrato de Marcellin Desboutin* [Portrait of Marcellin Desboutin] (inv. n. 77), by Edouard Manet, measuring 192 x 128 cm;
11. *A banhista e o cão Grifon* [Bather with Griffon Dog] (inv. n. 95), by Pierre-Auguste Renoir, measuring 184 x 115 cm;
12. *Guerra* [War] (inv. n. 900), by Lasar Segall, measuring 183 x 270 cm;
13. *Moema* (inv. n. 267), by Victor Meirelles, measuring 129 x 190 cm;
14. the three portraits of Dom Pedro II (inv. n. 268), Dona Tereza Cristina (inv. n. 269) and Dr. José Maria Chaves (inv. n. 270) by Victor Meirelles, measuring respectively 252 x 165 cm (the pair) and 220 x 137 cm;
15. *Enterro na rede* [Burial in a Hammock] (inv. 325), by Candido Portinari, measuring 180 x 220 cm.

    Given the overwhelming difficulties of installing them over glass panels, since the early 1990s all of these works were displayed on walls. In these circumstances, the total replacement of the glass panels was a simple matter of time, because evidently the hybridism between walls and glass panels was not acceptable in the long run.

Third technical problem: fragility and unpredictability of glass
The obvious weakness of glass posed an unacceptable risk. Given the heterogeneousness of the environmental coordinates of a continuous space measuring 2000 sq m by 6 meters in height, with high vulnerability to external variables, the behavior of the panels was unpredictable, because they could suddenly break. This was not simply a hypothesis, but a fact that, on some occasions, actually occurred. In 1986, a glass panel collapsed and destroyed a display window, causing the loss of several ancient Roman glasses. Moreover, among the instances of works damaged by glass fragments and by the falls caused by glass breaks, we can mention, among others, *O casamento desigual* [The Unequal Marriage] (inv. 652), oil on wood, of medium size (54 x 89 cm), attributed to Quentin Metsys and painted around 1525–1530.

Fourth technical problem: deformation of wood

The immobilization of the support screwed to the glass did not allow the wood to behave normally, accompanying the unacceptable dilatation and contraction variations imposed by the environmental changes. This resulted in higher pressure on the glass, but above all unacceptable pressure on the wood. Thus, some of the panels, among them a magnificent Florentine tondo from the 15th century (attributed to the so-called "Imitator of Lippi-Pesellino"), were being subject to alarming deformation, acquiring the shape of a parabola that neared the glass only at the points where the screws were placed. This phenomenon was blatantly evident in the tondo, but it was also clearly starting to occur in other works, which required swift intervention.

Fifth technical problem: insolation

It is well known, with Brazil being a tropical country, that the solar radiation projecting over the pictorial emulsion is many times higher than the level recommended by international standards. When exposed to such insolation levels, the pigments simply do not preserve the chromatic frequency that characterizes them. Despite covering the glass walls with blinds, it was impossible to prevent insolation caused by the rays of natural light that passed through the numerous and inevitable cracks left by the 6-meter-high blinds, causing two additional issues: a. tangential lighting that highlighted the conservation problems of the pictorial matter; b. exposure of the pictorial matter to the direct action of solar rays, a downright transgression of museological conservation standards.

Sixth technical problem: vibration of the glass panels

Perhaps the most serious of all: the glass panels attached to concrete cubes followed the principle of the bamboo cane, i.e., a vibrating string: they considerably amplified the trepidation of the floor, which was produced by traffic at Avenida Paulista, transferring it, intensified, to the paintings appended to them. This trepidation was clearly perceptible by placing one's hand on the canvas, and was certainly one of the most important factors behind the dislodging of the pictorial layer verified in some of the works studied by the museum's restauration sector.

2B. FOUR MUSEOLOGICAL PROBLEMS IN THE PRESENTATION OF WORKS

In addition to the six technical problems described above, related to the material conservation of our cultural heritage, there are equally crucial didactic and aesthetic reasons that jeopardized the old museological design.

First museological problem: educational visits

The fledgling museology of the 1960s still did not take into consideration the central issue of present-day visitation of the museums by school groups, an activity that is encouraged or even mandatory in current educational curricula. Evidently, the traditional tight arrangement of the glass easels made it impossible or clearly dangerous for visitor groups to circulate, especially children. That arrangement made all didactic activities offered to schools unfeasible — activities to which MASP gives absolute priority and which are crucial in a country like Brazil.

Second museological problem: smaller number of works on display

Even positioning the glass easels as tightly as possible (making didactic activities even more unfeasible), even leaving little space between them, the glass-easel system could not avoid the inevitable waste of space. This led to a smaller number of works on display, on the scale of approximately 20% less than the currently available linear area. This inconvenience is significant if we consider the limited exhibit spaces in the museum in relation to the number of works in its collection.

Third museological problem: inadequate lighting
The arrangement of paintings on glass panels in a 6-meter-high hall posed an unsolvable problem: how to illuminate them? Natural lighting, as mentioned above, was strictly prohibited in a tropical country like Brazil, with insolation levels much higher than those allowed by international standards (see Fifth technical problem: insolation). The only light source available was artificial (although, as already mentioned, the blinds did not prevent damaging natural insolation from spilling in), from an indirect lighting system of fluorescent lamps that were reflected on the ceiling, distant from the works. The result was that the works on glass panels could only receive extremely inadequate lighting. Their intensity could not be controlled, nor could the light beams be vectored. This limitation resulted in random, imprecise lighting, full of reflections and insufficient for most exhibit areas.

Fourth museological problem: low height to display the works
All old works of large dimensions were destined to high-ceiling palace walls or church altars. They were conceived, calculated and executed by the artists to be appreciated by viewers from a lower perspective. Therefore, for their correct appreciation, they must be hanged at a certain distance from the ground, or their proportions do not harmonize properly. Naturally, the glass panels, when able to support and hold large paintings, forced the viewer to contemplate the works close to the ground, seriously affecting their correct perception. Works of monumental conception and composition thus lost a great deal of the effect intended by the artist.

3. THE CURRENTLY ADOPTED MUSEOLOGICAL PROPOSAL

The proposal is based on seven clear and functional concepts that can be summarized as follows:

- **a.** allowing the consolidation of the practice of visits guided by the museum's educational service for groups of visitors, notably students, since group visits were unfeasible and unsafe with the previous exhibition design;
- **b.** allowing the rotating exhibition of all of the most important works in the collection, not only those with dimensions compatible with the glass panels, in a more comfortable manner and without the risk of accidents;
- **c.** achieving, thanks to the current panels, greater thermal and environmental inertia in the exhibition hall, making it more compatible with international museological standards in place (constant temperature and air humidity, etc.);
- **d.** creating different environments that respect and dialogue with the vast diversity of formats, purposes and other physical and cultural characteristics of the works;
- **e.** proposing a more adequate lighting for each screen, thanks to the possibility of placing the light source at a controllable and vectorable distance from the work of art;

f. suggesting a historically oriented approach to museum visitors, naturally giving them the right to circulate through the spaces according to their preference;

g. restoring the phenomenological and civilizational balance between the work of art and the architectural support with which it has always dialogued—the wall—, a constitutive element of its historic identity. This also allows suspending the works of art at a height that is more compatible with their format.

4. CONCLUSION

Considering what is presented above, we subscribe to the international consensus that architecture and museology belong to distinct and autonomous spheres. We are therefore of the opinion that MASP's museology, as every museology, should not be considered an object of heritage protection, and particularly that no support element or structure for the exhibition of works of art should be protected.

São Paulo, October 9, 2003.

Luiz Marques
Former Curator of the Museum
(1994–1997)

Luiz Hossaka
Chief Curator of the Musem

REPRODUCÃO DOS TRABALHOS NA PINACOTECA DO MASP EM 10.12.2015

PARA UMA PLANTA COM A DISTRIBUIÇÃO
DOS TRABALHOS NA PINACOTECA, VEJA O VERSO
DA SOBRECAPA DESTE LIVRO

[REPRODUCTION OF THE WORKS IN THE MASP'S PICTURE GALLERY ON 10.12.2015]

[FOR A FLOORPLAN WITH THE DISTRIBUTION
OF THE WORKS IN THE PICTURE GALLERY, SEE THE
BACK OF THIS BOOK'S DUST JACKET]

1

I. *Estátua da deusa Higeia* [Statue of the Goddess Hygeia], Grécia [Greece] — Período helenístico 4 a.C. [Hellenistic Period 4th century B.C.]
Mármore [Marble], 161 × 66 × 54 cm
Doação [Gift] Valdomiro Pinto Alves, 1950

II. *Par de guardiões chineses* [Pair of Chinese Guardians]
China — Período Tang 618-907 d.C. [Tang Period 618–907 A.D.]
Terracota policromada [Polychromatic terracotta],
134,5 × 61 × 32 cm/130,5 × 69 × 37 cm
Doação [Gift] Clea Dalva e [and] Aloysio de Andrade Faria, 2001

11

III

Maestro del Bigallo
Florença, Itália [Florence, Italy]

III. *Virgem em majestade com o Menino e dois anjos*
[Madonna and Child Enthroned and Two Angels], *circa* 1275
Têmpera sobre madeira [Tempera on wood], 118,5 × 57 cm
Doação [Gift] Pietro Maria Bardi em memória de [in memory of]
Lina Bo Bardi, 1992

IV

Maestro di San Martino alla Palma
Florença, Itália [Florence, Italy]

IV. *Virgem com o menino Jesus* [The Virgin and the Child], 1310-20
Têmpera sobre madeira [Tempera on wood], 67,5 × 40,5 cm
Compra [Purchase], 1958

43. Vista do acervo do MASP nos cavaletes de cristal, incluindo a pintura *Virgem com o Menino Jesus* (1310-20), do Maestro di San Martino alla Palma, década de 1970 [View of MASP's collection on the crystal easels, including the painting *The Virgin and the Child* (1310–20), by Maestro di San Martino alla Palma, 1970s]

Andrea Mantegna
Isola di Carturo, Itália [Italy], *circa* 1431–Mântua, Itália [Mantua, Italy], 1506

V. *São Jerônimo penitente no deserto* [Saint Jerome Penitent in the Desert], 1448-51
Têmpera sobre madeira [Tempera on wood], 51 x 40 cm
Doação [Gift] Câmara Municipal de São Paulo, 1952

V

44. Vista do acervo do MASP nos cavaletes de cristal, incluindo a pintura *A Virgem com o Menino de pé, abraçando a mãe (Madonna Willys)* (1480-90), de Giovanni Bellini, e *São Jerônimo penitente no deserto* (1448-51), de Andrea Mantegna, década de 1970 [View of MASP's collection on the crystal easels, including the painting *The Virgin with Standing Child, Embracing His Mother (Madonna Willys)* (1480–90), by Giovanni Bellini, and *St. Jerome Penitent in the Desert* (1448–51), by Andrea Mantegna, 1970s]

Giovanni Bellini
Veneza, Itália [Venice, Italy], *circa* 1430/35-1516

VI. *A Virgem com o Menino de pé, abraçando a mãe (Madonna Willys)*
[The Virgin with Standing Child, Embracing His Mother (Madonna Willys)], 1480-90
Óleo sobre madeira [Oil on wood], 75 x 58,5 cm
Doação [Gift] Walther Moreira Salles, 1957

44

VI

VIII

Hans Memling
Seligenstadt, Alemanha [Germany], *circa* 1430–Bruges, Bélgica [Belgium], 1494

VII. *A Virgem em lamentação, são João e as pias mulheres da Galileia*
[The Virgin Lamenting, St. John and the Holy Women of Galilee], 1485-90
Óleo sobre madeira [Oil on wood], 54 × 40 cm
Doação [Gift] Pietro Maria Bardi, 1956

Sandro Botticelli e ateliê [and studio]
Florença, Itália [Florence, Italy], 1445-1510

VIII. *Virgem com o Menino e são João Batista criança*
[Virgin and Child with the Infant St. John the Baptist], 1490-1500
Têmpera sobre madeira [Tempera on wood], diâmetro [diameter] 75,5 cm
Doação [Gift] dona Sinhá Junqueira, 1947

IX

X

Rafael [Raphael]
Urbino, Itália [Italy], 1483 – Roma, Itália [Rome, Italy], 1520

IX. *Ressurreição de Cristo* [The Resurrection of Christ], 1499-1502
Óleo sobre madeira [Oil on wood], 56,5 × 47 cm
Doação [Gift] Walther Moreira Salles e [and] Elisa Moreira Salles,
Leão Gondim de Oliveira, Hélio Muniz de Souza, Gastão Bueno Vidigal Filho,
Francisco Matarazzo Sobrinho, João di Pietro, Brasílio Machado Neto
e [and] Diários e Emissoras Associados, 1958

Jan van Dornicke
Antuérpia, Bélgica [Antwerp, Belgium], *circa* 1470 – *circa* 1527

X. *Tríptico: Cristo carregando a cruz, a crucificação e o sepultamento*
[Triptych — Christ Carrying the Cross, the Crucifixion and the Entombment],
sem data [undated]
Óleo sobre madeira [Oil on wood], 121,5 × 172 cm
Doação [Gift] Clea Dalva e [and] Aloysio de Andrade Faria, 2004

45. Vista do acervo do MASP nos cavaletes de cristal, incluindo a pintura *As tentações de santo Antão* (*circa* 1500), de Hieronymus Bosch, década de 1970 [View of MASP's collection on the crystal easels, including the painting *The Temptations of St. Anthony* (*circa* 1500), by Hieronymus Bosch, 1970s]

Hieronymus Bosch
's-Hertogenbosch, Países Baixos [The Netherlands], 1450/60-1516

XI. *As tentações de santo Antão* [The Temptations of St. Anthony], *circa* 1500
Óleo sobre madeira [Oil on wood], 128 x 101 cm
Compra [Purchase], 1954

XI

46. Vista do acervo do MASP na rua 7 de Abril, incluindo a pintura *São Sebastião na coluna* (1500-10), de Pietro Perugino e ateliê [View of MASP's collection on Rua 7 de Abril, including the painting *St. Sebastian at the Column* (1500-10), by Pietro Perugino and studio], 1949

Pietro Perugino e ateliê [and studio]
Città dela Pieve, Itália [Italy], 1446–Fontignano, Itália [Italy], 1524

XII. *São Sebastião na coluna* [St. Sebastian at the Column], *circa* 1500-10
Óleo sobre tela [Oil on canvas], 177 × 120 cm
Doação [Gift] Cia. Antarctica Paulista S.A., 1947

46

XIII

Piero di Cosimo
Florença, Itália [Florence, Italy], 1461/62-1521

XIII. *Virgem com o Menino, são João Batista criança e um anjo*
[Madonna and Child with Young Saint John the Baptist and Angel], 1500-10
Óleo e têmpera sobre madeira [Oil and tempera on wood], diâmetro [diameter] 132,5 cm
Doação [Gift] Cia. Antarctica Paulista S.A., 1951

Giampietrino
Lombardia, Itália [Lombardy, Italy], ativo [active] 1497/1500-1540

XIV. *A Virgem amamentando o Menino e são João Batista criança em adoração*
[The Virgin Nursing the Child with the Infant St. John the Baptist in Adoration], 1500-20
Óleo sobre tela [Oil on canvas], 86 × 68,5 cm
Doação [Gift] Thereza Bandeira de Mello e [and] Silvério Ceglia, 1947

XIV

47. Vista do acervo do MASP na rua 7 de Abril, incluindo a pintura *A Virgem amamentando o Menino e são João Batista criança em adoração* (1500-20), de Giampietrino, década de 1950 [View of MASP's collection on Rua 7 de Abril, including the painting *The Virgin Nursing the Child with the Infant St. John the Baptist in Adoration* (1500–20), by Giampietrino, 1950s]

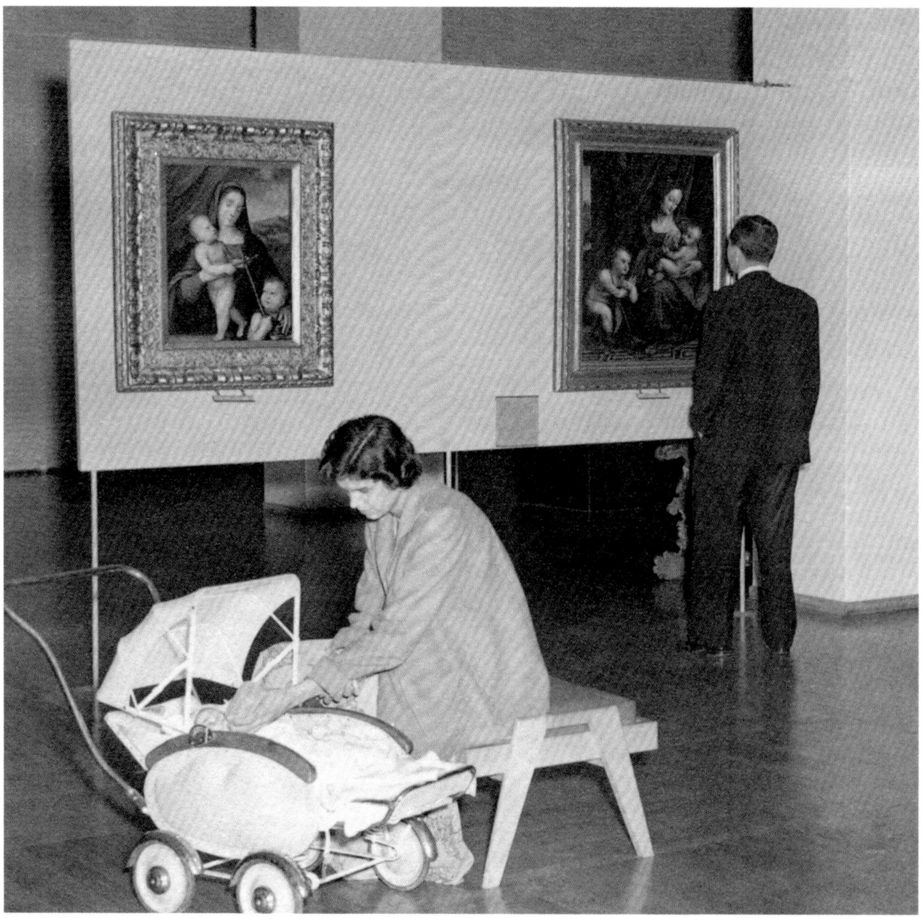

XV

Seguidor de [School of] Quentin Metsys
Louvain, Bélgica [Belgium], 1466–Antuérpia, Bélgica [Antwerp, Belgium], 1530

XV. *O casamento desigual* [The Unequal Marriage], *circa* 1525-30
Óleo sobre tela [Oil on canvas], 54 × 89,5 cm
Doação [Gift] barão [Baron] Hans Heinrich von Thyssen-Bornemisza, 1965

48. Assis Chateaubriand, fundador do MASP, e Charles Henschel, diretor da galeria Knoedler, de Nova York, na ocasião da compra do quadro *Retrato de jovem aristocrata — Um jovem noivo da família Rava* (1539), de Lucas Cranach, o Antigo [Assis Chateaubriand, MASP's founder, and Charles Henschel, director of Knoedler Gallery, of New York, on the occasion of the purchase of the painting *Portrait of a Young Aristocrat—A Young Fiancé of the Rava Family* (1539), by Lucas Cranach, the Elder], 6/11/1950

Lucas Cranach, o Antigo [the Elder]
Kronach, Alemanha [Germany], 1472–Weimar, Alemanha [Germany], 1553

XVI. *Retrato de jovem aristocrata — Um jovem noivo da família Rava* [Portrait of a Young Aristocrat—A Young Fiancé of the Rava Family], 1539
Óleo sobre madeira [Oil on wood], 61 × 42,5 cm
Doação [Gift] família [Family] Sotto Maior, 1950

49. Vista do acervo do MASP nos cavaletes de cristal, incluindo a pintura *O poeta Henry Howard, conde de Surrey* (*circa* 1542), de Hans Holbein, o Jovem, década de 1970 [View of MASP's collection on the crystal easels, including the painting *The Poet Henry Howard, Count of Surrey* (*circa* 1542), by Hans Holbein, the Younger, 1970s]

Hans Holbein, o Jovem [the Younger]
Augsburg, Alemanha [Germany], 1497/98–Londres, Inglaterra [London, England], 1543

XVII. *O poeta Henry Howard, conde de Surrey* [The Poet Henry Howard, Count of Surrey], *circa* 1542
Óleo e têmpera sobre madeira [Oil and tempera on wood], 55,5 × 44,5 cm
Compra [Purchase], 1958

49

XVII

50. Jacopo Tintoretto, *Ecce Homo ou Pilatos apresenta Cristo à multidão* (1546-47), no MASP na rua 7 de Abril, década de 1950 [Jacopo Tintoretto, *Ecce Homo or Pilate Presents Christ to the Crowd* (1546–47), at MASP on Rua 7 de Abril, 1950s]

50

XVIII

Jacopo Tintoretto
Veneza, Itália [Venice, Italy], 1518-1594

XVIII. *Ecce Homo ou Pilatos apresenta Cristo à multidão* [Ecce Homo or Pilate Presents Christ to the Crowd], 1546-47
Óleo sobre tela [Oil on canvas], 109 × 136 cm
Doação [Gift] Cia. Siderúrgica Belgo-Mineira S.A., Banco do Estado de São Paulo-Banespa, Gastão Bueno Vidigal Filho, Clemente de Faria, Miguel Maurício, Banco da Lavoura de Minas Gerais S.A. e [and] Alberto Quattrini Bianchi, 1949

XX

Ticiano [Titian]
Pieve di Cadore, Itália [Italy], 1488/90–Veneza, Itália [Venice, Italy], 1576

XIX. *Retrato do cardeal Cristoforo Madruzzo* [Portrait of Cardinal Cristoforo Madruzzo], 1552
Óleo sobre tela [Oil on canvas], 210 × 110 cm
Doação [Gift] família [Family] Sotto Maior, Horácio Lafer, Wolff Klabin, Costa Pacheco, comandante José Correia Mattoso, Geremia Lunardelli, Antônio Moura Andrade, Fúlvio Morganti, Prudente Ferreira, José Alfredo de Almeida, Mário Audrá, Nelson Seabra, dona Sinhá Junqueira, Carlos Rocha Miranda, condessa [Countess] Marina Crespi, J. Ferraz Camargo, Alberto Soares Sampaio, José Machado Coelho de Castro, Ricardo Fasanello, Marinho Andrade do Valle, Alfredo Ferreira, Adalberto Ferreira, Peixoto de Castro, João Rosato, Joaquim Bento Alves de Lima, Júlio Capua, Waldemar Salles, Sotto Maior & Cia., Banco Sotto Maior S.A., Araújo Costa & Cia., Seabra Cia. de Tecidos S.A., Aliança da Bahia Capitalização, Souza Dantas & Cia., Cia. Antarctica Paulista S.A. e [and] Jacques Pilon, 1951

François Clouet
Tours, França [France], *circa* 1510–Paris, França [France], 1572

XX. *O banho de Diana* [Diana's Bath], 1559-60
Óleo sobre madeira [Oil on wood], 79,5 × 111 cm
Compra [Purchase], 1958

51. Vista do acervo do MASP nos cavaletes de cristal, incluindo a pintura *O banho de Diana* (1559-60), de François Clouet [View of MASP's collection on the crystal easels, including the painting *Diana's Bath* (1559–60), by François Clouet], 1968

El Greco
Cândia, Grécia [Candia, Greece], 1541–Toledo, Espanha [Spain], 1614

XXI. *Anunciação* [The Annunciation], *circa* 1600
Óleo sobre tela [Oil on canvas], 106,5 × 72,5 cm
Doação [Gift] Fúlvio Morganti, Pedro, Luiz e [and] Dovilico Ometto, Baudilio Biagi, Arnaldo Ricciardi, Geremia Lunardelli e [and] um grupo de canavieiros paulistas organizado por [a group of sugarcane farmers organized by] Nelson Mendes Caldeira, 1952

XXI

52. Vista do acervo do MASP nos cavaletes de cristal, incluindo a pintura *Anunciação* (*circa* 1600), de El Greco [View of MASP's collection on the crystal easels, including the painting *The Annunciation* (*circa* 1600), by El Greco], 1970

XXII

Carlo Saraceni
Veneza, Itália [Venice, Italy], 1579-1620

XXII. *Marte e Vênus, com uma roda de cupidos e paisagem* [Mars and Venus, with a Circle of Cupids and Landscape], 1605-10
Óleo sobre cobre [Oil on copper], 39,5 x 52 cm
Doação [Gift] Moinho Santista Indústrias Gerais S.A., 1947

Peter Paul Rubens e ateliê [and studio]
Siegen, Alemanha [Germany], 1577–Antuérpia, Bélgica [Antwerp, Belgium], 1640

XXIII. *O arquiduque Alberto VII da Áustria* [Archduke Albert VII of Austria], 1615-32
Óleo sobre tela [Oil on canvas], 200 x 121 cm
Compra [Purchase], 1958

Diego Velázquez
Sevilha, Espanha [Seville, Spain], 1599–Madri, Espanha [Madrid, Spain], 1660

XXIV. *Retrato do conde-duque de Olivares* [Portrait of the Count-Duke of Olivares], 1624
Óleo sobre tela [Oil on canvas], 202 x 105,5 cm
Doação [Gift] condessa [Countess] Marina Crespi, dona Sinhá Junqueira, Aurea Modesto Leal, Gervásio Seabra, Ricardo Seabra, Adriano Seabra, Américo Breia, Manuel Batista da Silva, Osvaldo Riso, Domingo Fernandes, Walther Moreira Salles e [and] Helène Moreira Salles, Simone Pilon, J. Silvério de Souza Guise, Ricardo Fasanello, Sotto Maior & Cia., Moinho Santista S.A., Brasital S.A., Marwin S.A., Cia. Antarctica Paulista S.A., Indústrias Klabin do Paraná S.A. e [and] Indústrias Químicas e Farmacêuticas Schering S.A., 1948

XXIV

53. Vista do acervo do MASP nos cavaletes de cristal, incluindo a pintura *Aparição do menino Jesus a santo Antônio de Pádua (?)* (1627-30), de Francisco de Zurbarán [View of MASP's collection on the crystal easels, including the painting *Apparition of Jesus Child to St. Anthony of Padua (?)* (1627–30), by Francisco de Zurbarán], 1972

Francisco de Zurbarán
Fuente de Cantos, Espanha [Spain], 1598–Madri, Espanha [Madrid, Spain], 1664

XXV. *Aparição do menino Jesus a santo Antônio de Pádua (?)* [Apparition of Jesus Child to St. Anthony of Padua (?)], 1627-30
Óleo sobre tela [Oil on canvas], 160 × 105 cm
Doação [Gift] Santos Vahlis, 1952

XXV

XXVI

Bartolomeo Passante, ou Mestre da Anunciação aos Pastores [or Maestro dell'Annuncio ai Pastori]
Nápoles, Itália [Naples, Italy]

XXVI. *Adoração dos pastores* [Adoration of the Shepherds], 1630-35
Óleo sobre tela [Oil on canvas], 177,5 × 235 cm
Doação [Gift] Domingos Fernandes Alonso, 1950

Rembrandt van Rijn e ateliê [and studio]
Leiden, Holanda [The Netherlands], 1606 – Amsterdã, Holanda [Amsterdam, the Netherlands], 1669

XXVII. *Retrato de jovem com corrente de ouro (Autorretrato com corrente de ouro)*
[Portrait of a Young Man with a Golden Chain (Self-Portrait with a Golden Chain)], *circa* 1635
Óleo sobre madeira [Oil on wood], 61 × 45,5 cm
Doação [Gift] dona Sinhá Junqueira, condessa [Countess] Marina Crespi, Áurea Modesto Leal, Gervásio Seabra, Geremia Lunardelli, Arthur Bernardes Filho, Mário Rodrigues, Ricardo Seabra, Adriano Seabra, Américo Seabra, Américo Breia, Manuel Batista da Silva, Osvaldo Riso, Domingues Fernandes, Walther Moreira Salles e [and] Helène Moreira Salles, Simone Pilon, Jacques Pilon, J. Silvério de Souza Guise, Ricardo Fasanello, Sotto Maior & Cia., Indústrias Moinho Santista S.A., Brasital S.A., Marwin S.A., Cia. Antarctica Paulista S.A., Indústria Klabin do Paraná S.A. e [and] Indústrias Químicas e Farmacêuticas Schering S.A., 1949

XXVII

54. Chegada ao Brasil da pintura *Retrato de jovem com corrente de ouro (Autorretrato com corrente de ouro)* (*circa* 1635), de Rembrandt van Rijn e ateliê [Arrival in Brazil of the painting *Portrait of a Young Man with a Golden Chain (Self-Portrait with a Golden Chain)* (*circa* 1635), by Rembrandt van Rijn and studio], 4/9/1948 [9/4/1948]

Frans Hals
Antuérpia, Bélgica [Antwerp, Belgium], 1581/84–Haarlem, Holanda [The Netherlands], 1666

XXVIII. *O capitão Andries van Hoorn* [The Captain Andries van Hoorn], 1638
Óleo sobre tela [Oil on canvas], 85,5 × 67,5 cm
Doação [Gift] Alberto Soares Sampaio, Álvaro Soares Sampaio, José Machado Coelho, Joaquim Bento Alves de Lima, Ricardo Jafet, Evaristo Fernandes, Francisco Pignatari, Alberto Quattrini Bianchi, Geremia Lunardelli, Gladstone Jafet, Nagib Jafet, Themístocles Marcondes Ferreira, Severino Pereira, Dor Lesch, Nelson de Faria, Diários Associados, Cia. Siderúrgica Belgo-Mineira, Banco Mineiro da Produção S.A., Banco de Crédito Real de Minas Gerais S.A., Banco Hipotecário do Estado de Minas Gerais S.A., Cia. Vidroplano S.A., Brazilian Warrant Co., Marwin S.A., Fábrica de Parafusos Santa Rosa S.A. e [and] Cia. de Cimento Vale do Paraíba S.A., 1951

55-56. Vista do acervo do MASP incluindo o verso e a frente do cavalete de cristal com a pintura *O capitão Andries van Hoorn* (1638), de Frans Hals, década de 1970 [View of MASP's collection including the back and front of the crystal easel with the painting *The Captain Andries van Hoorn* (1638), by Frans Hals, 1970s]

XXVIII

55 56

57. Vista do acervo do MASP nos cavaletes de cristal, incluindo as pinturas *Maria Pietersdochter Olycan* (1638) e *O capitão Andries van Hoorn* (1638), de Frans Hals, década de 1970 [View of MASP's collection on the crystal easels, including the paintings *Maria Pietersdochter Olycan* (1638) and *The Captain Andries van Hoorn* (1638), by Frans Hals, 1970s]

Frans Hals
Antuérpia, Bélgica [Antwerp, Belgium], 1581/84–Haarlem, Holanda [The Netherlands], 1666

XXIX. *Maria Pietersdochter Olycan*, 1638
Óleo sobre tela [Oil on canvas], 83,5 × 68,5 cm
Doação [Gift] Alberto Soares Sampaio, Álvaro Soares Sampaio, José Machado Coelho, Joaquim Bento Alves de Lima, Ricardo Jafet, Evaristo Fernandes, Francisco Pignatari, Alberto Quattrini Bianchi, Geremia Lunardelli, Gladstone Jafet, Nagib Jafet, Themístocles Marcondes Ferreira, Severino Pereira, Dor Lesch, Nelson de Faria, Diários Associados, Cia. Siderúrgica Belgo-Mineira, Banco Mineiro da Produção S.A., Banco de Crédito Real de Minas Gerais S.A., Banco Hipotecário do Estado de Minas Gerais S.A., Cia. Vidroplano S.A., Brazilian Warrant Co., Marwin S.A., Fábrica de Parafusos Santa Rosa S.A. e [and] Cia. de Cimento Vale do Paraíba S.A., 1951

XXIX

XXX

XXXI

Anthony van Dyck
Antuérpia, Bélgica [Antwerp, Belgium], 1599–Londres, Inglaterra [London, England], 1641

XXX. *Retrato de um desconhecido (William Howard, visconde de Stafford?)*
[Portrait of an Unknown Gentleman (William Howard, Viscount of Stafford?)], 1638-40
Óleo sobre tela [Oil on canvas], 108 × 83 cm
Doação [Gift] Ovídio de Abreu, 1951

Salomon van Ruysdael
Naarden, Holanda [The Netherlands], *circa* 1600–Haarlem, Holanda [The Netherlands], 1670

XXXI. *Paisagem fluvial com balsa transportando animais* [River Scene with a Raft Transporting Cattle], *circa* 1650
Óleo sobre madeira [Oil on wood], 75 × 106 cm
Doação [Gift] Alberto Soares Sampaio, José Machado Coelho de Castro,
Joaquim Bento Alves de Lima, Ricardo Jafet, Diários Associados,
Banco Mineiro da Produção, Banco de Crédito Real de Minas Gerais,
Banco Hipotecário do Estado de Minas Gerais, Nelson de Faria, Evaristo Fernandes,
Francisco Pignatari e [and] Alberto Quattrini Bianchi, 1951

58. Vista do acervo do MASP nos cavaletes de cristal, incluindo a pintura *Paisagem com jiboia* (*circa* 1600), de Frans Post, década de 1970
[View of MASP's collection on the crystal easels, including the painting *Landscape with Boa Constrictor* (*circa* 1600), by Frans Post, 1970s]

Frans Post
Haarlem, Holanda [The Netherlands], 1612-1680

XXXII. *Paisagem com jiboia* [Landscape with Boa Constrictor], *circa* 1660
Óleo sobre tela [Oil on canvas], 119 x 173,5 cm
Doação [Gift] Max Lowenstein, 1961

58

XXXII

59. Vista do acervo do MASP na rua 7 de Abril, incluindo a escultura *Diana adormecida* (1690-1700), de Giuseppe Mazzuoli, década de 1950 [View of MASP's collection on Rua 7 de Abril, including the sculpture *Sleeping Diana* (1690–1700), by Giuseppe Mazzuoli, 1950s]

Giuseppe Mazzuoli
Volterra, Itália [Italy], 1644–Roma, Itália [Rome, Italy], 1725

XXXIII. *Diana adormecida* [Sleeping Diana], 1690-1700
Mármore [Marble], 55 × 169,5 × 81,5 cm
Doação [Gift] Cia. Siderúrgica Belgo-Mineira S.A., Banco do Estado, Antonio Sanches de Larragoiti Jr., Miguel Maurício e [and] Clemente de Faria, 1950

XXXIII

XXXIV

Alessandro Magnasco
Gênova, Itália [Genoa, Italy], 1667-1749

XXXIV. *Paisagem com pastores* [Landscape with Shepherds], 1710-30
Óleo sobre tela [Oil on canvas], 114,5 × 146 cm
Doação [Gift] Moinho Santista Indústrias Gerais S.A., 1947

XXXV

Jean-Baptiste Pater
Valenciennes, França [France], 1695 – Paris, França [France], 1736

XXXV. *Reunião num parque* [Gathering in a Park], 1719-20
Óleo sobre tela [Oil on canvas], 67 × 82,5 cm
Compra [Purchase], 1958

60. Vista do acervo do MASP nos cavaletes de cristal, incluindo a pintura
Retrato de Auguste Gabriel Godefroy (1741), de Jean-Baptiste-Siméon Chardin
[View of MASP's collection on the crystal easels, including the painting
Portrait of Auguste Gabriel Godefroy (1741), by Jean-Baptiste-Siméon Chardin], 1971

Jean-Baptiste-Siméon Chardin
Paris, França [France], 1699-1779

XXXVI. *Retrato de Auguste Gabriel Godefroy* [Portrait of Auguste Gabriel Godefroy], 1741
Óleo sobre tela [Oil on canvas], 64,5 x 76,5 cm
Compra [Purchase], 1958

XXXVI

61. Vista do acervo do MASP nos cavaletes de cristal, incluindo a pintura *Drinkstone Park* (1747), de Thomas Gainsborough, década de 1970
[View of MASP's collection on the crystal easels, including the painting *Drinkstone Park* (1747), by Thomas Gainsborough, 1970s]

Thomas Gainsborough
Sudbury, Inglaterra [England], 1727–Londres, Inglaterra [London, England], 1788

XXXVII. *Drinkstone Park (O Bosque de Cornard?)* [Drinkstone Park (The Woods of Cornard?)], *circa* 1747
Óleo sobre tela [Oil on canvas], 146 x 156,5 cm
Doação [Gift] Santos Vahlis, 1951

Jean-Marc Nattier
Paris, França [France], 1685-1766

XXXVIII. *Madame Louise-Elisabeth, duquesa de Parma — A terra*
[Madame Louise-Elisabeth, Duchess of Parma—The Earth], 1750
Óleo sobre tela [Oil on canvas], 97 x 136 cm
Doação [Gift] Congresso Nacional, 1952

XXXIX. *Madame Marie-Adélaïde de France — O ar*
[Madame Marie-Adélaïde de France—The Air], 1751
Óleo sobre tela [Oil on canvas], 97 x 136,5 cm
Doação [Gift] Congresso Nacional, 1952

XL. *Madame Anne-Henriette de France — O fogo*
[Madame Anne-Henriette de France—The Fire], 1751
Óleo sobre tela [Oil on canvas], 97 x 137 cm
Doação [Gift] Congresso Nacional, 1952

XLI. *Madame Marie-Louise-Thérèse-Victoire de France — A água*
[Madame Marie-Thérèse-Victoire de France—The Water], 1751
Óleo sobre tela [Oil on canvas], 97 x 137 cm
Doação [Gift] Congresso Nacional, 1952

XXXVII

XXXVIII

XXXIX

XL

XLI

XLII

Jean-Honoré Fragonard
Grasse, França [France], 1732–Paris, França [France], 1806
XLII. *A educação faz tudo* [Education Is Everything], 1775-80
Óleo sobre tela [Oil on canvas], 56,5 × 66 cm
Compra [Purchase], 1958

Antoine Vestier
Avallon, França [France], 1740–Paris, França [France], 1824
XLIII. *Retrato de uma dama com livro junto a uma fonte*
[Portrait of a Lady with a Book by a Fountain], 1785
Óleo sobre tela [Oil on canvas], 130,5 × 98,5 cm
Doação [Gift] Assis Chateaubriand, 1958

XLIII

62. Apresentação da pintura *Retrato da Condessa da Casa Flores* (1790-97), de Francisco Goya y Lucientes, na casa de Austregésilo de Athayde, Rio de Janeiro [Presentation of the painting *Portrait of the Countess of Casa Flores* (1790–97), by Francisco Goya y Lucientes, at the house of Austregésilo de Athayde, Rio de Janeiro], 1949

Francisco Goya y Lucientes
Fuendetodos, Espanha [Spain], 1746–Bordéus, França [Bordeaux, France], 1828

XLIV. *Retrato da condessa de Casa Flores* [Portrait of the Countess of Casa Flores], 1790-97
Óleo sobre tela [Oil on canvas], 113 x 79,5 cm
Doação [Gift] irmãos [Brothers] Morganti, Francisco Ribeiro de Castro Manhães, Don Antonio Sanchez Larragoiti Jr., Alfredo Mathias, Cia. de Terras Norte do Paraná e [and] Indústrias Químicas e Farmacêuticas Schering S.A., 1949

63. Chegada ao Brasil da pintura *Retrato de Fernando VII* (1808), de Francisco Goya y Lucientes [Arrival in Brazil of the painting *Portrait of Ferdinand VII* (1808), by Francisco Goya y Lucientes], 1947

Francisco Goya y Lucientes
Fuendetodos, Espanha [Spain], 1746–Bordéus, França [Bordeaux, France], 1828

XLV. *Retrato de Fernando VII* [Portrait of Ferdinand VII], 1808
Óleo sobre tela [Oil on canvas], 84 x 68 cm
Doação [Gift] Geremia Lunardelli, 1947

XLV

XLVI

Jean-Auguste-Dominique Ingres
Montauban, França [France], 1780–Paris, França [France], 1867

XLVI. *A Virgem do véu azul* [Virgin of the Blue Veil], 1827
Óleo sobre tela [Oil on canvas], 80 × 66,5 cm
Compra [Purchase], 1958

XLVII. *Cristo abençoador* [The Blessing Christ], 1834
Óleo sobre tela [Oil on canvas], 80 × 66,5 cm
Compra [Purchase], 1958

XLVII

XLVIII

Gustave Courbet
Ornans, França [France], 1819–La Tour-de-Peilz, Suíça [Switzerland], 1877

XLVIII. *Zélie Courbet*, 1847
Óleo sobre tela [Oil on canvas], 57 × 47,5 cm
Doação [Gift] Paulo Franco, 1951

XLIX

E.F. Schute
XLIX. *Cachoeira de Paulo Afonso* [Paulo Afonso Waterfall], 1850
Óleo sobre tela [Oil on canvas], 118 × 153 cm
Doação [Gift] João da Costa Dória, 1956

L

Eugène Delacroix
Saint-Maurice, França [France], 1798–Paris, França [France], 1863

L. *A primavera — Eurídice colhendo flores é mordida por uma cobra (A morte de Eurídice)*
[The Spring—Eurydice Bitten by a Serpent while Picking Flowers (Eurydice's Death)], 1856-63
Óleo sobre tela [Oil on canvas], 197,5 × 166 cm
Compra [Purchase], 1958

LI

Eugène Delacroix
Saint-Maurice, França [France], 1798–Paris, França [France], 1863
LI. *O verão — Diana surpreendida por Acteão* [The Summer—Diana Surprised by Actaeon], 1856-63
Óleo sobre tela [Oil on canvas], 197,5 × 166 cm
Compra [Purchase], 1958

LII

Eugène Delacroix
Saint-Maurice, França [France], 1798–Paris, França [France], 1863

LII. *O outono — Baco e Ariadne* [The Autumn—Bacchus and Ariadne], 1856-63
Óleo sobre tela [Oil on canvas], 197,5 × 166,5 cm
Compra [Purchase], 1958

LIII

Eugène Delacroix
Saint-Maurice, França [France], 1798–Paris, França [France], 1863

LIII. *O inverno — Juno implora a Éolo a destruição da frota de Eneas*
[The Winter—Juno Beseeches Aeolus to Destroy Eneas' Fleet], 1856-63
Óleo sobre tela [Oil on canvas], 197,5 × 166 cm
Compra [Purchase], 1958

LIV

Honoré Daumier
Marselha, França [Marseilles, France], 1808–Valmondois, França [France], 1879

LIV. *Duas cabeças* [Two Heads], 1858-62
Óleo sobre madeira [Oil on wood], 23,5 × 30 cm
Compra [Purchase], 1958

Jean-Auguste-Dominique Ingres
Montauban, França [France], 1780–Paris, França [France], 1867

LV. *Angélica acorrentada* [Angelica in Chains], 1859
Óleo sobre tela [Oil on canvas], 100,5 × 81 cm
Compra [Purchase], 1958

LV

LVI

Victor Meirelles
Florianópolis, Brasil [Brazil], 1832–Rio de Janeiro, Brasil [Brazil], 1903

LVI. *Moema*, 1866
Óleo sobre tela [Oil on canvas], 130 × 196,5 cm
Doação [Gift] Indústrias Químicas e Farmacêuticas Schering S.A., 1949

Paul Cézanne
Aix-en-Provence, França [France], 1839-1906

LVII. *O negro Cipião* [The Negro Scipio], 1866-68
Óleo sobre tela [Oil on canvas], 107 × 86 cm
Doação [Gift] Henryk Spitzman-Jordan, Drault Ernanny de Mello e Silva, Pedro Luiz Correia e Castro e [and] Rui de Almeida, 1950

LVII

LVIII

Paul Cézanne
Aix-en-Provence, França [France], 1839-1906

LVIII. *Paul Alexis lê um manuscrito a Zola* [Paul Alexis Reading a Manuscript to Zola], 1869-70
Óleo sobre tela [Oil on canvas], 133,5 × 163 cm
Doação [Gift] Congresso Nacional, 1952

Pierre-Auguste Renoir
Limoges, França [France], 1841–Cagnes-sur-Mer, França [France], 1919

LIX. *A banhista e o cão griffon — Lise à beira do Sena*
[Bather with a Griffon Dog — Lise on the Bank of the Seine], 1870
Óleo sobre tela [Oil on canvas], 183,5 × 115 cm
Doação [Gift] Leão Gondim de Oliveira, Indústrias Químicas e Farmacêuticas Schering S.A., Diários Associados de Minas Gerais, *O Cruzeiro* e [and] Mário Simonsen, 1958

LIX

64. Vista do acervo do MASP nos cavaletes de cristal, excepcionalmente apresentado no primeiro andar do museu, incluindo a pintura *A banhista e o cão griffon — Lise à beira do Sena* (1870), de Pierre-Auguste Renoir, década de 1970 [View of MASP's collection on the crystal easels, exceptionally presented on the museum's first floor, including the painting *Bather with a Griffon Dog—Lise on the Bank of the Seine* (1870), by Pierre-Auguste Renoir, 1970s]

Edouard Manet
Paris, França [France], 1832-1883

LX. *A amazona — Retrato de Marie Lefébure* [The Amazon—Portrait of Marie Lefébure], 1870-75
Óleo sobre tela [Oil on canvas], 89,5 × 116 cm
Compra [Purchase], 1958

LX

65. Vista do acervo do MASP nos cavaletes de cristal, incluindo a pintura *Cigana com bandolim* (1874), de Jean-Baptiste-Camille Corot, década de 1970 [View of MASP's collection on the crystal easels, including the painting *Gypsy with a Mandolin* (1874), by Jean-Baptiste-Camille Corot, 1970s]

Jean-Baptiste-Camille Corot
Paris, França [France], 1796-1875

LXI. *Cigana com bandolim* [Gypsy with a Mandolin], 1874
Óleo sobre tela [Oil on canvas], 80 × 58 cm
Compra [Purchase], 1958

65

LXI

66. Vista do acervo do MASP nos cavaletes de cristal, incluindo a pintura
O artista — Retrato de Marcellin Desboutin (1875), de Edouard Manet,
década de 1970 [View of MASP's collection on the crystal easels, including the painting
The Artist—Portrait of Marcellin Desboutin (1875), by Edouard Manet, 1970s]

Edouard Manet
Paris, França [France], 1832-1883

LXII. *O artista — Retrato de Marcellin Desboutin*
[The Artist—Portrait of Marcellin Desboutin], 1875
Óleo sobre tela [Oil on canvas], 195,5 × 131,5 cm
Compra [Purchase], 1958

Edgar Degas
Paris, França [France], 1834-1917

LXIII. *Bailarina de catorze anos* [Little Dancer, Aged Fourteen], 1880
Bronze policromado e tecido [Polychromed bronze and fabric], 99 × 40 × 40 cm
Doação [Gift] Alberto José Alves, Alberto Alves Filho
e [and] Alcino Ribeiro de Lima, 1954

Pierre-Auguste Renoir
Limoges, França [France], 1841–Cagnes-sur-Mer, França [France], 1919

LXIV. *Rosa e azul — As meninas Cahen d'Anvers*
[Pink and Blue—The Cahen d'Anvers Girls], 1881
Óleo sobre tela [Oil on canvas], 119 × 75,5 cm
Doação do povo de São Paulo [Gift of the people of São Paulo], 1952

66

LXIII

LXIV

67. Vista do acervo do MASP nos cavaletes de cristal, incluindo a pintura *O senhor Eugène Pertuiset, caçador de leões* (1881), de Edouard Manet, década de 1970 [View of MASP's collection on the crystal easels, including the painting *Mr. Eugène Pertuiset, the Lion Hunter* (1881), by Edouard Manet, 1970s]

Edouard Manet
Paris, França [France], 1832-1883

LXV. *O senhor Eugène Pertuiset, caçador de leões*
[Mr. Eugène Pertuiset, the Lion Hunter], 1881
Óleo sobre tela [Oil on canvas], 150,5 × 171,5 cm
Doação [Gift] Gastão Vidigal e [and] Geremia Lunardelli, 1950

LXV

LXVI

Paul Cézanne
Aix-en-Provence, França [France], 1839-1906

LXVI. *Rochedos em L'Estaque* [Cliffs in L'Estaque], 1882-85
Óleo sobre tela [Oil on canvas], 73 × 92 cm
Doação [Gift] Edward Marvin, 1953

Edgar Degas
Paris, França [France], 1834-1917

LXVII. *Quatro bailarinas em cena* [Four Ballet Dancers on Stage], 1885-90
Óleo sobre tela [Oil on canvas], 73 × 92 cm
Doação [Gift] Walther Moreira Salles, Simone Pilon, Jacques Pilon, Benedito Manhães Barreto, um comissário de café em Santos [a coffee commissioner in Santos], Industriais da Juta de São Paulo e [and] Diários Associados de São Paulo, 1950

LXVII

LXVIII

João Batista Castagneto
Gênova, Itália [Genoa, Italy], 1851–Rio de Janeiro, Brasil [Brazil], 1900

LXVIII. *Uma salva em dia de grande gala na baía do Rio de Janeiro* [Gun Salute on a Gala Day at the Rio de Janeiro Bay], 1887
Óleo sobre tela [Oil on canvas], 75 × 150 cm
Doação [Gift] Mário de Oliveira, 1949

Pierre-Auguste Renoir
Limoges, França [France], 1841–Cagnes-sur-Mer, França [France], 1919

LXIX. *Menina com as espigas* [Girl with Flowers], 1888
Óleo sobre tela [Oil on canvas], 65 × 54 cm
Doação [Gift] Santos Vahlis, 1952

LXIX

68. Vista do acervo do MASP na rua 7 de Abril, incluindo a pintura *Moça com livro* (sem data), de Almeida Júnior [View of MASP's collection on Rua 7 de Abril, including the painting *Young Woman with Book* (undated), by Almeida Júnior], 1947

José Ferraz de Almeida Júnior
Itu, São Paulo, Brasil [Brazil], 1850–Piracicaba, São Paulo, Brasil [Brazil], 1899

LXX. *Moça com livro* [Young Woman with Book], sem data [undated]
Óleo sobre tela [Oil on canvas], 50 × 61 cm
Doação [Gift] Guilherme Guinle, 1947

68

LXX

LXXI

LXXII

Vincent van Gogh
Groot Zundert, Holanda [The Netherlands], 1853 – Auvers-sur-Oise, França [France], 1890

LXXI. *O escolar (O filho do carteiro — Gamin au Képi)*
[The Schoolboy (The Postman's Son — Gamin au Képi)], 1888
Óleo sobre tela [Oil on canvas], 63,5 × 54 cm
Doação [Gift] Seabra Cia. de Tecidos, Anderson-Clayton and Co., Egídio Câmara, Mário de Almeida, Usineiros do Nordeste, Geremia Lunardelli, Albert Soares Sampaio, Cia. Souza Cruz, Guilherme Guinle, Francisco Pignatari, Cia. Siderúrgica Belgo-Mineira S.A., Louis Ensch, Jules Verelst e [and] Cápua & Cápua S.A., 1952

LXXII. *Banco de pedra no asilo de Saint-Remy*
[The Stone Bench in the Asylum at Saint-Remy], 1889
Óleo sobre tela [Oil on canvas], 40,5 × 48,5 cm
Compra [Purchase], 1954

LXXIII

69. Vista do acervo do MASP nos cavaletes de cristal, incluindo a pintura *Passeio ao crepúsculo* (1889-90), de Vincent van Gogh [View of MASP's collection on the crystal easels, including the painting *A Walk at Twilight* (1889–90), by Vincent van Gogh]

Vincent van Gogh
Groot Zundert, Holanda [The Netherlands], 1853 – Auvers-sur-Oise, França [France], 1890

LXXIII. *Passeio ao crepúsculo* [A Walk at Twilight], 1889-90
Óleo sobre tela [Oil on canvas], 52 × 47 cm
Compra [Purchase], 1958

LXXIV

LXXV

Henri de Toulouse-Lautrec
Albi, França [France], 1864–Saint-André-du-Bois, França [France], 1901

LXXIV. *Monsieur Fourcade,* 1889
Óleo sobre cartão [Oil on cardboard], 77 × 62 cm
Doação [Gift] Joaquim Bento Alves de Lima, Ricardo Seabra, Jules Verelst,
Geremia Lunardelli, Guilherme Guinle, Louis Ensch, Indústria Paulista de Vidros Planos S.A.
e [and] Sindicato das Indústrias de Juta de São Paulo, 1952

Claude Monet
Paris, França [France], 1840–Giverny, França [France], 1926

LXXV. *A canoa sobre o Epte* [The Canoe on the Epte], *circa* 1890
Óleo sobre tela [Oil on canvas], 133,5 × 146 cm
Compra [Purchase], 1953

70. Vista do acervo do MASP na rua 7 de Abril, com as pinturas *O negro Cipião* (1866-68) e *Madame Cézanne em vermelho* (1890-94), de Paul Cézanne, década de 1950 [View of MASP's collection on Rua 7 de Abril, with the paintings *The Negro Scipio* (1866–68) and *Madame Cézanne in Red* (1890–94), by Paul Cézanne, 1950s]

Paul Cézanne
Aix-en-Provence, França [France], 1839-1906

LXXVI. *Madame Cézanne em vermelho* [Madame Cézanne in Red], 1890-94
Óleo sobre tela [Oil on canvas], 93 x 74 cm
Doação [Gift] Guilherme Guinle, José Alfredo de Almeida, Banco Brasileiro de Descontos, um anônimo [an anonymous], Indústrias Químicas e Farmacêuticas Schering S.A., Moinho Santista S.A. e [and] Moinho Fluminense S.A., 1949

LXXVI

71. Vista do acervo do MASP nos cavaletes de cristal, incluindo a pintura *A arlesiana* (1890), de Vincent van Gogh [View of MASP's collection on the crystal easels, including the painting *The Arlesienne* (1890), by Vincent van Gogh]

Vincent van Gogh
Groot Zundert, Holanda [The Netherlands], 1853–Auvers-sur-Oise, França [France], 1890

LXXVII. *A arlesiana* [The Arlesienne], 1890
Óleo sobre tela [Oil on canvas], 65 × 54 cm
Doação [Gift] Evaristo Fernandes, Alfredo Ferreira, Walther Moreira Salles, Fúlvio Morganti, Ricardo Jafet, Carlos Rocha Faria, J. Silvério de Souza Guise, Assis Chateaubriand, Angelina Boeris Audrá, Louis La Saigne, Rui de Almeida, Henryk Spitzman-Jordan, Mário Audrá, Centro do Comércio do Café do Rio de Janeiro, um espanhol [a Spaniard], Moinho Fluminense S.A., Moinho Inglês S.A. e [and] Cia. América Fabril S.A., 1954

71

LXXVII

LXXVIII

Edouard Vuillard
Cuiseaux, França [France], 1868–La Baule, França [France], 1940
LXXVIII. *O vestido estampado* [The Flowered Dress], 1891
Óleo sobre tela [Oil on canvas], 38 × 46 cm
Aquisição [Acquisition], 1958

Henri de Toulouse-Lautrec
Albi, França [France], 1864–Saint-André-du-Bois, França [France], 1901
LXXIX. *A roda* [The Wheel], 1893
Óleo e têmpera sobre cartão [Oil and tempera on cardboard], 63 × 47 cm
Doação [Gift] Geremia Lunardelli, 1952

LXXIX

72. Vista do acervo do MASP na Fundação Armando Alvares Penteado (FAAP), incluindo a pintura *O grande pinheiro* (1890-96), de Paul Cézanne
[View of MASP's collection at Fundação Armando Alvares Penteado (FAAP), including the painting *The Great Pine* (1890–96), by Paul Cézanne], 1957

Paul Cézanne
Aix-en-Provence, França [France], 1839-1906

LXXX. *O grande pinheiro* [The Great Pine], 1890-96
Óleo sobre tela [Oil on canvas], 85,5 × 92,5 cm
Doação [Gift] João Chammas, Antonio Adib Chammas e [and] Geremia Lunardelli, 1951

72

LXXX

LXXXI

Paul Gauguin
Paris, França [France], 1848–Ilhas Marquesas, Taiti [Marquesas Islands, Tahiti], 1903

LXXXI. *Pobre pescador* [Poor Fisherman], 1896
Óleo sobre tela [Oil on canvas], 75 × 65 cm
Doação [Gift] Henrik Spitzman-Jordan, Ricardo Jafet e [and] João Di Pietro, 1958

LXXXII. *Autorretrato (perto do Gólgota)* [Self-Portrait (Near Golgotha)], 1896
Óleo sobre tela [Oil on canvas], 75,5 × 63 cm
Doação [Gift] Guilherme Guinle, Álvaro Soares Sampaio, Francisco Pignatari
e [and] Fúlvio Morganti, 1952

LXXXII

Auguste Rodin
Paris, França [France], 1840–Meudon, França [France], 1917

LXXXIII. *A eterna primavera* [Everlasting Spring], após [after] 1897
Bronze, 66 × 82 × 40 cm
Doação [Gift] Francisco Pignatari e [and] Nelita Alves de Lima Pignatari, 1954

LXXXIV. *A meditação* [Meditation], após [after] 1897
Bronze, 75 × 39,5 × 34 cm
Doação [Gift] Geremia Lunardelli, 1950

LXXXIII

LXXXIV

73. Vista do acervo do MASP na rua 7 de Abril, incluindo a pintura *Retrato de Suzanne Bloch* (1904), de Pablo Picasso, década de 1950
[View of MASP's collection on Rua 7 de Abril, including the painting *Portrait of Suzanne Bloch* (1904), by Pablo Picasso, 1950s]

Pablo Picasso
Málaga, Espanha [Spain], 1881–Mougins, França [France], 1973
LXXXV. *Retrato de Suzanne Bloch* [Portrait of Suzanne Bloch], 1904
Óleo sobre tela [Oil on canvas], 65 × 54 cm
Doação [Gift] Walther Moreira Salles, 1947

LXXXV

74. Vista do acervo do MASP na rua 7 de Abril, incluindo a pintura *Iracema* (1909), de Antonio Parreiras, década de 1950 [View of MASP's collection on Rua 7 de Abril, including the painting *Iracema* (1909), by Antonio Parreiras, 1950s]

Antonio Parreiras
Niterói, Rio de Janeiro, Brasil [Brazil], 1860-1937

LXXXVI. *Iracema*, 1909
Óleo sobre tela [Oil on canvas], 60,5 × 93 cm
Doação [Gift] ministro [Minister] Correia e Castro, 1947

LXXXVI

75. Visita de estudantes ao MASP com a pintura *Busto de homem (O atleta)* (1909), de Pablo Picasso, no cavalete de cristal [Visit of students at MASP with the painting *Bust of a Man (The Athlete)* (1909), by Pablo Picasso, on a crystal easel], 1973

Pablo Picasso
Málaga, Espanha [Spain], 1881–Mougins, França [France], 1973
LXXXVII. *Busto de homem (O atleta)* [Bust of a Man (The Athlete)], 1909
Óleo sobre tela [Oil on canvas], 91 × 73,5 cm
Aquisição [Acquistion], 1958

LXXXVII

76. Vista do acervo do MASP nos cavaletes de cristal, incluindo a pintura *A estudante* (1915-16), de Anita Malfatti [View of MASP's collection on the crystal easels, including the painting *The Student* (1915–16), by Anita Malfatti]

Anita Malfatti
São Paulo, Brasil [Brazil], 1889-1964

LXXXVIII. *A estudante* [The Student], 1915-16
Óleo sobre tela [Oil on canvas], 76,5 × 61 cm
Doação da artista [Gift of the artist], 1949

76

LXXXVIII

77. Visitante no acervo do MASP na rua 7 de Abril com a pintura *Retrato de Leopold Zborowski* (1916-19), de Amedeo Modigliani, década de 1950 [Visitor to the collection of MASP on Rua 7 de Abril with the painting *Portrait of Leopold Zborowski* (1916–19), by Amedeo Modigliani, 1950s]

Amedeo Modigliani
Livorno, Itália [Italy], 1884–Paris, França [France], 1920

LXXXIX. *Retrato de Leopold Zborowski* [Portrait of Leopold Zborowski], 1916-19
Óleo sobre tela [Oil on canvas], 100 × 65 cm
Doação [Gift] Euvaldo Lodi, 1950

LXXXIX

78

78. Vista do acervo do MASP nos cavaletes de cristal, incluindo as pinturas *Madame G. van Muyden* (1916-17), *Chakoska* (1917) e *Renée* (1917), de Amedeo Modigliani, década de 1970 [View of MASP's collection on the crystal easels, including the paintings *Madame G. van Muyden* (1916–17), *Chakoska* (1917) and *Renée* (1917), by Amedeo Modigliani, 1970s]

Amedeo Modigliani
Livorno, Itália [Italy], 1884–Paris, França [France], 1920

XC. *Lunia Czechowska, circa* 1918
Óleo sobre tela [Oil on canvas], 81 × 53,5 cm
Doação [Gift] Raul Crespi, 1952

modigliani

79. Vista do acervo do MASP nos cavaletes de cristal, incluindo a pintura *O torso de gesso* (1919), de Henri Matisse, década de 1970 [View of MASP's collection on the crystal easels, including the painting *The Plaster Torso* (1919), by Henri Matisse, 1970s]

Henri Matisse
Le Cateau-Cambrésis, França [France], 1869–Nice, França [France], 1954

XCI. *O torso de gesso* [The Plaster Torso], 1919
Óleo sobre tela [Oil on canvas], 117 × 89,5 cm
Compra [Purchase], 1958

79

XCI

80. Vista do acervo do MASP nos cavaletes de cristal, incluindo a pintura *Nus* (1919), de Suzanne Valadon, década de 1970
[View of MASP's collection on the crystal easels, including the painting *Nudes* (1919), by Suzanne Valadon, 1970s]

Suzanne Valadon
Bessines-sur-Gartempe, França [France], 1865–Paris, França [France], 1938

XCII. *Nus* [Nudes], 1919
Óleo sobre papelão [Oil on cardboard], 45,5 × 32 cm
Doação [Gift] Banco Hipotecário Lar Brasileiro S.A., 1947

Suzanne Valadon
1919

81. Vista do acervo do MASP nos cavaletes de cristal, incluindo a pintura *Interior de indigentes* (1920), de Lasar Segall, década de 1970
[View of MASP's collection on the crystal easels, including the painting *Interior with Indigents* (1920), by Lasar Segall, 1970s]

Lasar Segall
Vilna, Lituânia [Vilnius, Lithuania], 1889–São Paulo, Brasil [Brazil], 1957

XCIII. *Interior de indigentes* [Interior with Indigents], 1920
Óleo sobre tela [Oil on canvas], 83,5 × 68,5 cm
Doação [Gift] Luba Klabin, 1950

XCIII

82. Vista do acervo do MASP nos cavaletes de cristal, incluindo a pintura *A ponte japonesa sobre a lagoa das ninfeias em Giverny* (1920-24), de Claude Monet, década de 1970 [View of MASP's collection on the crystal easels, including the painting *Japanese Bridge over the Water-Lily Pond in Giverny* (1920–24), by Claude Monet, 1970s]

Claude Monet
Paris, França [France], 1840–Giverny, França [France], 1926

XCIV. *A ponte japonesa sobre a lagoa das ninfeias em Giverny* [Japanese Bridge over the Water-Lily Pond in Giverny], 1920-24
Óleo sobre tela [Oil on canvas], 90 × 92,5 cm
Doação [Gift] Louis La Saigne, 1948

XCIV

83. Vista do acervo do MASP nos cavaletes de cristal, incluindo a pintura *Menino nu e tartaruga* (1923), de Vicente do Rego Monteiro [View of MASP's collection on the crystal easels, including the painting *Nude Boy and Turtle* (1923), by Vicente do Rego Monteiro], 1970

Vicente do Rego Monteiro
Recife, Brasil [Brazil], 1899-1970

XCV. *Menino nu e tartaruga* [Nude Boy and Turtle], 1923
Óleo sobre tela [Oil on canvas], 92 × 72 cm
Doação do artista [Gift of the artist], 1962

XCV

XCVI

Fernand Léger
Argentan, França [France], 1881–Gif-sur-Yvette, França [France], 1955

XCVI. *A compoteira de peras* [Bowl with Pears], 1923
Óleo sobre tela [Oil on canvas], 80,5 × 100 cm
Doação [Gift] Carolina Penteado da Silva Telles, 1948

Emiliano Di Cavalcanti
Rio de Janeiro, Brasil [Brazil], 1897-1976

XCVII. *Cinco moças de Guaratinguetá* [Five Girls from Guaratinguetá], 1930
Óleo sobre tela [Oil on canvas], 90,5 × 70 cm
Doação [Gift] Frederico Barata, 1947

XCVII

84. Vista do acervo do MASP nos cavaletes de cristal, incluindo a pintura *Cinco moças de Guaratinguetá* (1930), de Emiliano Di Cavalcanti, década de 1970 [View of MASP's collection on the crystal easels, including the painting *Five Girls from Guaratinguetá* (1930), by Emiliano Di Cavalcanti, 1970s]

Flávio de Carvalho
Barra Mansa, Rio de Janeiro, Brasil [Brazil], 1899–Valinhos, São Paulo, Brasil [Brazil], 1973

XCVIII. *Nu feminino deitado* [Reclined Female Nude], 1932
Óleo sobre tela [Oil on canvas], 32 × 56,5 cm
Doação do artista [Gift of the artist], 1948

84

XCVIII

XCIX

Marie Laurencin
Paris, França [France], 1883-1956

XCIX. *Guitarrista e duas figuras femininas* [Guitar Player and Two Female Figures], 1934
Óleo sobre tela [Oil on canvas], 50,5 × 61,5 cm
Doação [Gift] Banco Hipotecário Lar Brasileiro S.A., 1947

André Lhote
Bordéus, França [Bordeaux, France], 1885 – Paris, França [France], 1952

C. *Composição — Interior com figuras femininas* [Composition — Interior with Female Figures], 1936
Óleo sobre tela [Oil on canvas], 117 × 89,5 cm
Doação [Gift] Diários Associados, 1947

C

CI

Ernesto De Fiori
Roma, Itália [Rome, Italy], 1884–São Paulo, Brasil [Brazil], 1945

CI. *O brasileiro* [The Brazilian], 1938
Gesso [Plaster], 90 × 24 × 16,5 cm
Doação [Gift] Mário de Fiori, 1947

CII. Autoria desconhecida [Unknown authorship], Iorubá [Yoruba], Nigéria [Nigeria], Exu [Esu], século 20 [20th century]
Madeira, metal, couro e conchas [wood, metal, leather and shells], 57 × 16,5 × 27,5 cm
Doação [Gift] Cecil Chow Robilotta e [and] Manoel Roberto Robilotta, em memória de [in memory of] Ruth Arouca e [and] Domingos Robilotta, 2012

85. Vista do acervo do MASP nos cavaletes de cristal, incluindo a pintura *O lavrador de café* (1934), de Candido Portinari, década de 1970
[View of MASP's collection on the crystal easels, including the painting *Coffee Agricultural Worker* (1934), by Candido Portinari, 1970s]

Candido Portinari
Brodowski, São Paulo, Brasil [Brazil], 1903–Rio de Janeiro, Brasil [Brazil], 1962

CIII. *O lavrador de café* [Coffee Agricultural Worker], 1934
Óleo sobre tela [Oil on canvas], 100 × 81 cm
Doação [Gift] José Maria Whitaker, 1964

85

CIII

CIV

Victor Brecheret
Farnese, Itália [Italy], 1894–São Paulo, Brasil [Brazil], 1955

CIV. *Autorretrato* [Self-Portrait], 1940
Terracota [Terracotta], 64 × 40,5 × 53,5 cm
Doação do artista [Gift of the artist], 1953

CV

José Pancetti
Campinas, São Paulo, Brasil [Brazil], 1902–Rio de Janeiro, Brasil [Brazil], 1958

CV. *Autorretrato com marreta* [Self-Portrait with a Sledgehammer], 1941
Óleo sobre tela [Oil on canvas], *73 × 59,5 cm*
Doação [Gift] Paulo Franco e esposa [and wife], 1948

86. Visita de estudantes ao MASP na rua 7 de Abril com a pintura *Criança morta* (1944), de Candido Portinari, década de 1950
[Visit of students at MASP on Rua 7 de Abril with the painting *Dead Child* (1944), by Candido Portinari, 1950s]

86

CVI

Candido Portinari
Brodowski, São Paulo, Brasil [Brazil], 1903 – Rio de Janeiro, Brasil [Brazil], 1962

CVI. *Retirantes* [Northeastern Migrants], 1944
Óleo sobre tela [Oil on canvas], 190 × 180 cm
Doação [Gift] Assis Chateaubriand, 1948

CVII

Max Ernst
Colônia, Alemanha [Cologne, Germany], 1891–Paris, França [France], 1976

CVII. *Bryce Canion Translation*, 1946
Óleo sobre tela [Oil on canvas], 51 × 41 cm
Doação [Gift] *Pacotilha*, jornal dos [Journal of] Diários Associados do [of] Maranhão, 1947

CVIII

Djanira da Motta e Silva
Avaré, São Paulo, Brasil [Brazil], 1914–Rio de Janeiro, Brasil [Brazil], 1979

CVIII. *Vendedora de flores* [Flower Seller], 1947
Óleo sobre tela [Oil on canvas], 100,5 × 65 cm
Doação [Gift] Orandi Momesso, 2015

87. Vista do acervo do MASP na rua 7 de Abril, incluindo a pintura *Colheita de algodão* (1948), de José Antonio da Silva, década de 1950
[View of MASP's collection on Rua 7 de Abril, including the painting *Cotton Harvest* (1948), by José Antonio da Silva, 1950s]

87

CIX

José Antônio da Silva
Sales Oliveira, São Paulo, Brasil [Brazil], 1909–São Paulo, Brasil [Brazil], 1996

CIX. *Colheita de algodão* [Cotton Harvest], 1948
Óleo sobre tela [Oil on canvas], 50 × 100 cm
Doação [Gift] Procópio Davidoff, 1949

CX

David Alfaro Siqueiros
Chihuahua, México [Mexico], 1896–Cidade do México, México [Mexico City, Mexico], 1974

CX. *Presságio (Angélica Arenal de Siqueiros)* [Omen (Angélica Arenal de Siqueiros)], 1950
Vinílica sobre aglomerado de madeira [Vinyl on fiberboard], 100 × 83,5 cm
Doação [Gift] Don Emílio Ascárraga, 1951

CXI. *Angústia (A mãe do artista)* [Anguish (Artist's Mother)], 1950
Vinílica sobre aglomerado de madeira [Vinyl on fiberboard], 95 × 76 cm
Doação [Gift] Don Emílio Ascárraga, 1951

CXI

CXII

Abelardo da Hora
São Lourenço da Mata, Pernambuco, Brasil [Brazil], 1924–Recife, Brasil [Brazil], 2014

CXII. *Nega Fulô*, 1954
Bronze, 120 × 38 × 29 cm
Doação do artista [Gift of the artist], 2002

CXIII

Diego Rivera
Guanajuato, México [Mexico], 1886–Cidade do México, México [Mexico City, Mexico], 1957

CXIII. *Os semeadores* [The Sowers], 1957
Óleo sobre tela [Oil on canvas], 67 × 98,5 cm
Doação [Gift] Don Emílio Ascárraga, 1951

CXV

Alfredo Volpi
Lucca, Itália [Italy], 1896–São Paulo, Brasil [Brazil], 1988

CXIV. *Fachada com bandeiras* [Façade with Flags], 1959
Têmpera sobre tela [Tempera on canvas], 115,5 × 72 cm
Doação [Gift] Ernest Wolf, 1990

Agostinho Batista de Freitas
Paulínia, São Paulo, Brasil [Brazil], 1927–São Paulo, Brasil [Brazil], 1997

CXV. *MASP*, 1971
Óleo sobre tela [Oil on canvas], 50 × 70 cm
Doação [Gift] Lais H. Zogbi Porto e [and] Telmo Giolito Porto, 2015

Rubens Gerchman
Rio de Janeiro, Brasil [Brazil], 1942–São Paulo, Brasil [Brazil], 2008

CXVI. *Ar—Cartilha do superlativo* [Air—Superlative Primer], 1967-72
Madeira e fórmica [Wood and formica], 174 × 350 × 39,5 cm
Doação do artista [Gift of the artist], 1974

CXVII

Maria Auxiliadora da Silva
Campo Belo, Minas Gerais, Brasil [Brazil], 1935–São Paulo, Brasil [Brazil], 1974

CXVII. *Velório da noiva* [The Bride's Wake], 1974
Guache e massa de poliéster sobre tela [Guache and polyester paste on canvas], 50 × 100 cm
Doação [Gift] Fundação Edson Queiroz, 2015

88. Lina Bo Bardi, *Perspectiva expositor do Museu de Arte de São Paulo* [Display Perspective of the Museu de Arte de São Paulo], 1957-68, aquarela, grafite e colagem sobre papel offset [watercolor, graphite and collage on offset paper], 33 x 24 cm

Marcelo Cidade
São Paulo, Brasil [Brazil], 1979

CXVIII. Tempo suspenso de um estado provisório [Suspended Time of a Provisional Status], 2011-15
Vidro blindado, concreto e madeira [Bulletproof glass, concrete and wood], 182 × 100 × 38 cm
Doação do artista [Gift of the artist], 2014

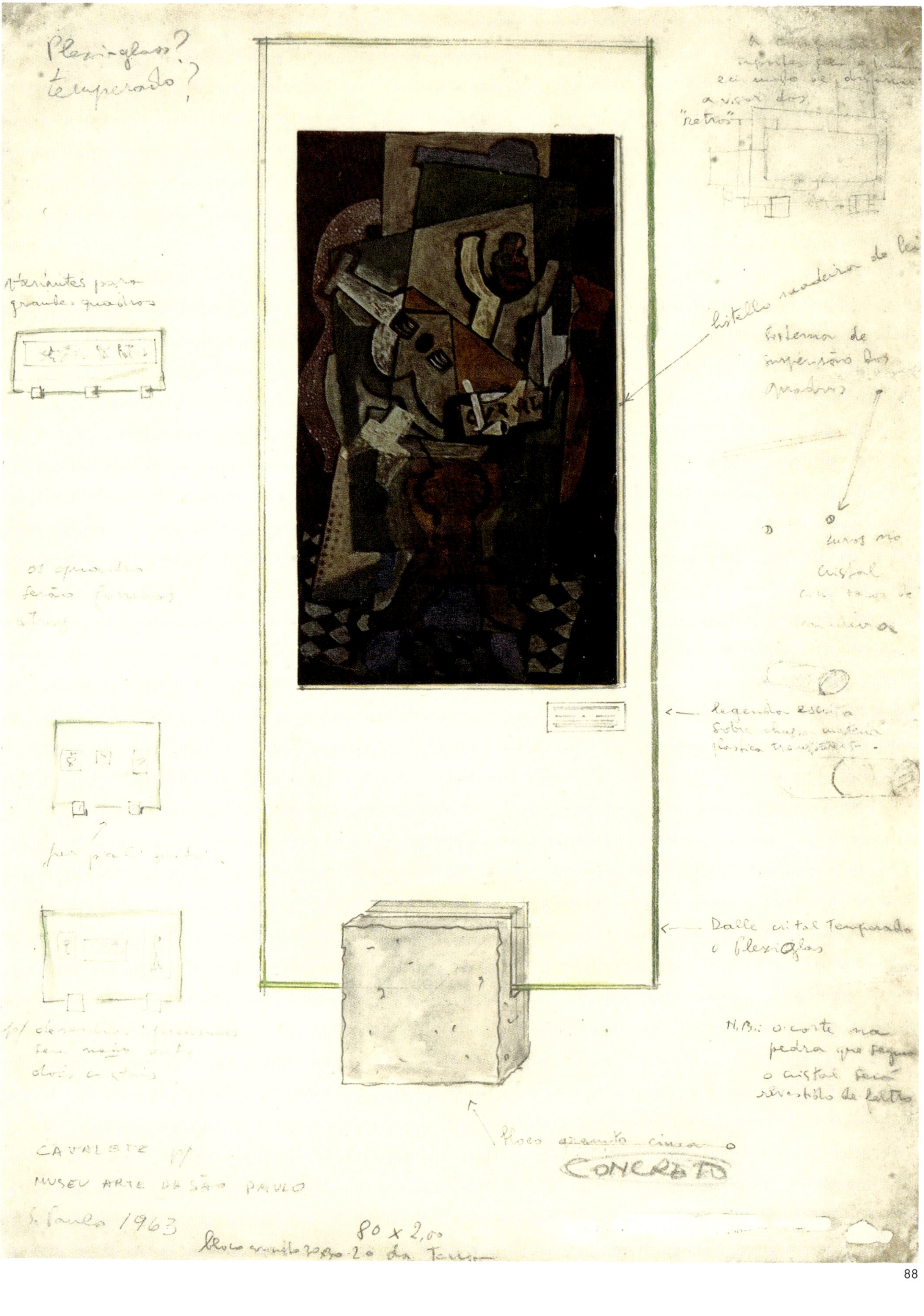
Plexiglass?
temperado?
variantes para grandes quadros
listello madeira de lei
sistema de suspensão dos quadros
furos no cristal
legenda escrita sobre chapa matéria plástica transparente.
Dalle cristal Temperado o Plexiglas
N.B.: o corte na pedra que segura o cristal será revestido de feltro
CONCRETO
CAVALETE
MUSEU ARTE DE SÃO PAULO
S. Paulo 1963
80 x 2,00

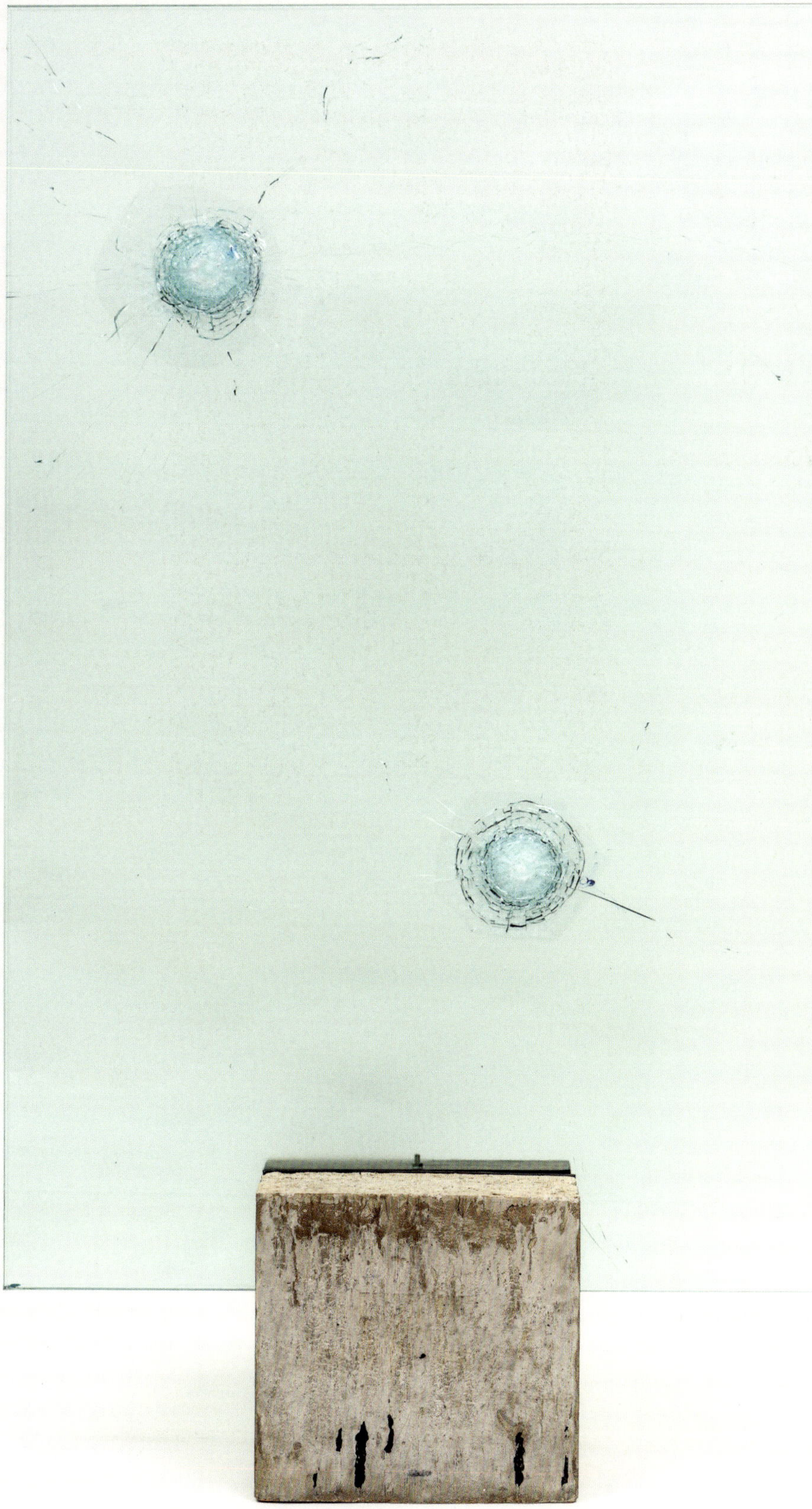

MASP

Museu de Arte de São Paulo Assis Chateaubriand

Andrea e José Olympio da Veiga Pereira
Andrea Pinheiro e Newton Simões Filho
Carolina e Patrice Etlin
Cecília e Abram Szajman
Cristiana e Dan Ioschpe
Eduardo Salomão Neto
Fabiana e Marcelo Marangon
Flávia Camanho Camparini e Fabio José Camparini
Flavia e Frank Geyer Abubakir
Janaina Dobbeck Fiorini e Reinaldo Carlos Fiorini
Juliana Freitas Calheiros e Grenfel Schwartz Calheiros
Julio Roberto Magnus Landmann
Karin Baumgart Srougi e Thomaz Srougi
Larissa Fortes de Almeida e Denis Caldeira de Almeida
Lavínia e Ricardo Setubal
Luiza e Marcelo Hallack
Marcia Bossa Graça Scripilliti e Clóvis Ermirio de Moraes Scripilliti
Marguerite e Jean Etlin
Maria Alice Setubal
Maria Eduarda e Ricardo Brito Pereira
Maria Flavia Barbosa Carvalho e Guilherme Moreira Teixeira
Maria Luiza e Tito da Silva Neto
Marta e Hecilda Fadel
Paula Pires Paoliello de Medeiros e Marcelo Medeiros
Paula Proushan
Sandra e José Luiz Setúbal
Sonia e Luis Terepins
Stefania Pelusi Cestero e Francisco Cestero
Thiago Saddi Tannous
Vera Alves de Lima Parreiras e Luiz Paulo Parreiras
Vera Novis
Vera Sarnes Negrão
Vicente Furletti Assis
Vivian Jessica Blair Bigoni e Marcio Verri Bigoni

PATRONOS
[Patrons]

Alexandra Mollof
Ana Paula Vilela Vianna e Jose Luiz Vianna
Andrea e Guilherme Johannpeter
Andréa e Tom Waslander
Angela e Ricard Akagawa
Antonia Bergamin e Mateus Ferreira
Antonio Almeida e Carlos Dale
Augusto Livio Malzoni
Bruno Baptistella
Camila e Walter Appel
Claudete Brochmann e Silvano Gersztel
Daniela e Helio Seibel
Daniela Johannpeter
Danielle Silbergleid e Antônio Pitombo
Eduardo Saron
Fabio Magalhães
Fernanda e Alberto Fernandes
Fernanda Feitosa e Heitor Martins
Flávia Buarque de Almeida e Rodrigo Ferreira Leite
Flávia e Jean Sigrist
Gabriela e Adriano Borges
Heloisa e Amos Genish
James Acacio Lisboa
Jane Hayre de Sousa Antunes e Fábio Lima Mourão
Jo an e Jackson Schneider
Karla Meneghel
Liane e Roberto Bielawski
Luisa Strina
Luiz Carlos Schmidt Ritter e Clelio da Costa Alves
Márcia Fortes, Alessandra D'aloia e Alex Gabriel
Maria Angela e Roberto Klabin
Maria Monteiro
Mariana Guarini Berenguer
Marilia Razuk e Marcela Razuk
Marina e Marcos Gouvêa
Marjorie e Geraldo Carbone
Marta e Paulo Kuczynski
Max Perlingeiro
Monize Neves e Ricardo Vasques
Myra Arnaud Babenco
Nara, Alexandre e Daniel Roesler
Neide Helena de Moraes
Paula Depieri
Paulo Donizete Martinez
Paulo Saad Jafet
Pedro Mendes Ciruffo
Priscilla e Marcelo Parodi
Raquel e Marcio Kogan
Raul Justes Lores
Renata Bittencourt
Renata de Paula David
Renata Tubini
Ricardo Ohtake
Roberta Mendes Pereira Whately e Wagner Dias Coelho
Sabina e Abrão Lowenthal
Salo Seibel
Sandra e William Ling
Sílvia Teixeira Penteado
Silvio Tini de Araújo
Sonia e Paulo de Barros Carvalho
Thaissa e Alexandre Bertoldi
Thalita Cefali Zaher
Thiago Gomide Nunes
Titiza Nogueira e Renata Nogueira Beyruti
Ulisses Eliezer Simonetti Cohn e Flavio Isaias Simonetti Cohn
Vilma Eid

JOVENS PATRONOS
[YOUNG PATRONS]

JOVEM PATRONO PRATA
[Silver Young Patrons]

André Montanholi Mileski
Eliza Correa de Almeida Nobre
Francisco Fernando Correa de Almeida Nobre
Gabriela Azevedo Forlin
Luiz e Ludwig Danielian
Marcela e Alfredo Nugent Setubal

JOVEM PATRONO
[Young Patrons]

Alessandra e Guilherme Simões de Assis
Alexandre Maia de Mello
Ana Clara Medeiros de Almeida
Ana Luiza Tesser Arguello e Ary Cera Zanetta Neto
Ana Varella e Samuel Varella Pedrosa
Ananda e Leonardo Lopes
Anne Carolline Wilians
Arthur Jafet
Arthur Masi Uzum e Maria Helena Loureiro Masi Uzum
Beatriz Viabone e Thomaz Henrique Pacheco
Camila Yunes e Conrado Mesquita
Candido de Azeredo Gomes e Deyllison Cintra de Melo
Carolina da Costa Carvalho e Luiz Carlos da Costa Carvalho Jr.
Carolina Junqueira Bull e Edmar Mendoza Bull
Caroline Ficker
Clara Roorda
Edmar Pinto Costa
Fabio Pinheiro Molina e Lucas de Carvalho Tironi
Felipe Calil de Melo e Julia Suslick
Felipe Hegg e William Heuseler
Fernanda e Suzana Resstom
Gabriel Affonso Ferreira
Guilherme Nagel e Eduardo Cherez Pavia
Guilherme Pesenti
Ian Junqueira Duarte Lucas e Allann de Seabra Camargo Paulo
Igi Lola Ayedun e Asole Adelakin de Faria Mello
Isabella Marinho
Isadora Poltronieri Vecchi e Diogo de Souza Dutra
João Paulo Siqueira Lopes e Fernando Ticoulat
Juan Eyheremendy
Juliana e Leonardo Gonzalez
Juliana Mamy Suzuki e João Gabriel Pennacchi
Juliana Versolato dos Santos e Raphael de Almeida Fonseca
Leilane Sabatini e Felipe Sabatini
Lia e Ricardo Pedro Guazzelli Rosario
Lucas Danicek Borges
Lucas Marques Pessôa
Luis Eduardo Sanchez Maluf
Luiz Augusto de Souza Campos Junior e Caio Rocha Correa
Marcela Caio
Marcela Levy Zilberberg e Eduardo Zilberberg
Marcelo Padua Lima
Maria Carolina Gattaz Caneiro e Caio Galli Caneiro
Maria Rita Drummond e Rodolfo Barreto
Nathalie Felsberg
Paula e Bruno Rizzo Setubal
Paula Paes Batista da Silva e Fernando Cezar Cunha Spnola Junior
Rafael Moraes
Regina Civolani da Cruz e Renzo Pasquale Zeglio Agresta
Renata Alice Lobo Lisboa
Ricardo Von Brusky e Flavia Waiswol Reitzfeld
Roberta Romiti Delgado e Luiz Delgado
Roberto S. Borsic
Rodrigo Hsu Ngai Leite
Stephanie Schultz Wenk e Gabriel Sauer
Susanna Crestani e Marco Kheirallah
Thais Abujamra Nader e Luiz Starace Fonseca Ayres Pimentel
Thomas Ondracek Lemouche e André Donato Mathias
Valentina Circe Vettori e Rafael Vettori
Victoria Zuffo e Paulo Kassab Jr.
Vinicius Veloso

PARCEIRO ESTRATÉGICO
[Strategic Partner]

Itaú

PATROCINADORES MASTER
[Master Sponsors]

B3
Bradesco
Citibank
Klabin
Nubank
Renner
Vivo

PATROCINADORES
[Sponsors]

AkzoNobel
Biolab Farmacêutica
Bloomberg
Braskem
Deloitte
EMS
Goodyear
Lefosse
Mattos Filho
Mckinsey & Company
Morgan Stanley
Unilever
Unipar

APOIADORES
[Supporters]

American Express
Banco Votorantim
Chanel
Cimed
Credit Suisse
GreenYellow
JP Morgan
Sotheby´s
Tallento Gerenciadora
Terra Foundation of American Art
Ticket

EMPRESAS PARCEIRAS
[Partner Companies]

Bye Cupim
Comerc Energia
Kaspersky
Poliedro Educação
Racional
Singulare

PARCEIROS DE MÍDIA
[Media Partners]

Boxnet
Buzzmonitor
Canal Arte1
Cult
Estadão
Harper´s Bazaar
JCDecaux
Revista 451
Revista Piauí
Zanzar

Todos os esforços foram feitos para que a menção a nossos patrocinadores, conselheiros, patronos, jovens patronos e membros do International Council fosse publicada da forma correta. Caso algum erro tenha ocorrido, por favor nos informe; nos comprometemos a corrigi-lo em futuras edições. [Every effort has been made for the mentions of your sponsors, board members of the International Council to be published correctly. If there is any error, please inform us, and we promise to correct it in future editions.]

DIRETORIA ARTÍSTICA
[ARTISTIC BOARD]

Adriano Pedrosa
DIRETOR ARTÍSTICO
[Artistic Director]

ACERVO E CONSERVAÇÃO
[Collection and conservation]

Pilar Rios
Alejandra Orellana
Aline Assumpção
Camila Zanon Paglione
Juliana Batista
Juliana Peixoto
Marina Pelegrini
Nalú Maria de Medeiros
Paula Coelho Lima
Taynara Lima
Tereza Moura

CENTRO DE PESQUISA
[Research center]

Adriana Villela
Beatriz Yoshito
Bruno Mesquita
Filipe Oliveira
Gustavo Bastos
João Vítor Conceição
Pamella Mazucatto
Sara Jesus

COMUNICAÇÃO
[Communication]

Thais Gouveia
Beatriz Ferro
Laura Jabur
Pablo Mazzucco
Ticiana Gavioli

CURADORIA
[Curators]

Edson Kayapó
CURADOR ADJUNTO DE ARTE INDÍGENA
[Curator-at-Large of Indigenous Art]

Kássia Borges Karajá
CURADORA ADJUNTA DE ARTE INDÍGENA
[Curator-at-Large of Indigenous Art]

Renata Tupinambá
CURADORA ADJUNTA DE ARTE INDÍGENA
[Curator-at-Large of Indigenous Art]

Julia Bryan-Wilson
CURADORA ADJUNTA DE ARTE MODERNA E CONTEMPORÂNEA
[Curator-at-Large of Modern and Contemporary Art]

Marcia Arcuri
CURADORA ADJUNTA DE ARTE PRÉ-COLOMBIANA
[Curator-at-Large of Pre-Colombian Art]

Regina Teixeira de Barros
CURADORA COORDENADORA E CURADORA DE ACERVO
[Coordinating Curator and Curator of Collections]

Fernando Oliva
CURADOR
[Curator]

Isabella Rjeille
CURADORA
[Curator]

Amanda Carneiro
CURADORA ASSISTENTE
[Assistent curator]

Guilherme Giufrida
CURADOR ASSISTENTE
[Assistent curator]

Laura Cosendey
CURADORA ASSISTENTE
[Assistent curator]

Isabela Loures
ASSISTENTE CURATORIAL
[Curatorial Assistant]

Leandro Muniz
ASSISTENTE CURATORIAL
[Curatorial Assistant]

Matheus de Andrade
ASSISTENTE CURATORIAL
[Curatorial Assistant]

Teo Teotônio
ASSISTENTE CURATORIAL
[Curatorial Assistant]

Danilo Cavalcante
ASSISTENTE DE PESQUISA
[Research Assistant]

Ana Beatriz Sugahara
ESTÁGIO CURATORIAL
[Curatorial Internship]

David Queiroz
ESTÁGIO CURATORIAL
[Curatorial Internship]

EDITORIAL
[Publishing]

Carol Ribas
Ana Canellas
Carolina Menegatti
Felipe de Souza
Mariana Trevas
Marina Marcondes
Renier Vasconcelos
Tulio Costa

EXPOGRAFIA
[Exhibition design]

Juliana Ziebell
Flora Gurgel

MEDIAÇÃO E PROGRAMAS PÚBLICOS
[Mediation and public programs]

André Mesquita
CURADOR
[Curator]

Glaucea Helena de Britto
CURADORA ASSISTENTE
[Assistant Curator]

Carlos Henrique Martins
Daniela Rodrigues
David Ribeiro
Iliriana Rodrigues
Isart Silva
João Victor Bomfim
Karolina Vargem
Rafael Figueiredo
Vitória Machado
Vitória Ribeiro

PRODUÇÃO DE EXPOSIÇÕES
[Executive production]

Marina Moura
Gabriel Belvis
Isaque Vieira
Maicon Ferreira
Maria Rosalem
Marília Amorim
Marina Rebouças
Matheus Gumerato
Victória Dirotildes

DIRETORIA FINANCEIRA E DE OPERAÇÕES [FINANCE AND OPERATIONS BOARD]

Marcelo Ribeiro
DIRETOR FINANCEIRO E DE OPERAÇÕES
[Financial and Operational Director]

ENGAJAMENTO E DIGITAL
[Engagement and digital]

Beto Gonçalves
Amanda Dias
Daniela Nunes
Davison Cruz
Fernanda Reis
Gabriel Soares
Gabriela Rabelo
Isabela Marques
Jefferson Sousa
João Guedes
Mariana Castro
Patrick Matias
Paulo Cesar Mafra de Matos

JURÍDICO
[Legal]

Mariana Luvizutti
Larissa Neves
Nicole El Murr

MASP LOJA
[MASP Store]

Adélia Borges
CURADORA ADJUNTA MASP LOJA
[Curator-at-Large MASP Store]

Milton Schubert
Abraão Rangel
Alailson Melo
Camila Gomes
Kevin Silva
Maíra Carvalho
Mariana Rudiniski
Raphael Ottoni
Tobias Nunnes
William Brasil
William Ferreira

OPERAÇÕES E INFRAESTRUTURA
[Operations and Infrastructure]

Karina Del Papa
Adeilton dos Santos Gomes
Alejandra Novaes
Allan Lafitte
Amanda Arantes
Ana Cecília Souza
Andrelito Souza
Andressa Silva
Antônio de Souza Matos
Antônio José dos Santos
Alvaro Alanoca
Beatriz Pereira
Bianca Ferrari
Bianca Mariano
Bruno Orsini
Charles Reis
Christiane Flores
Clayton Gonçalves Andrade
Cosmes Magalhães
Cristiano Jesus
Damião Barreto da Silva
Danielle Rocha
Dionísio Ortiz
Domingos de Jesus dos Santos
Edenice Santos
Edson Lima
Elaine Matias
Elaine Neris
Elis Fabro Barreira
Everton Silva
Fábio Silva
Fabiula Lima
Fernanda dos Santos
Flavia Giaconto
Flávia Rosa
Francisco Soares Silva
Gabriela Rodrigues
Gabrielle Ferreira
Geovanna Brandão
Gilberto de Sousa Bezerra
Giulia Rimoli
Gustavo Alves
Henrique Gomes
Hilderlane Oliveira
Jailson Silva Neres
Jéssica Coutinho
Joe Cavalcante
José Nolasco Santana
Lara Duarte
Larissa de Araújo
Luan de Alencar
Lucas Modaneze
Luciano Oliveira
Marcello Israel
Marcelo Nascimento
Márcia Batista
Marcos Pimentel
Marion Novais
Matheus Ferreira
Mikaele Oliveira
Mirian Primo
Mirian Rodrigues
Myrella Marques
Natanael Oliveira
Nicolle Vieira
Rik Castilho
Robinson Xavier Barbosa
Rodolfo Toledo Nogueira
Rodrigo Ferreira
Rogério Munhoz
Rômulo Alberto de Oliveira
Severino Cassiano Lopes
Sidiclei dos Santos
Silvano Ferreira
Susana da Silva Morales
Thais Domingues
Thatielly Vidal
Valter Silva
Vinícius Flauaus
Wanda Mirabile

PROJETOS E ARQUITETURA
[Projects and Architecture]

Miriam Elwing
Leonardo Andrade
Lúcia Furlan
Marco Scriboni
Mariele Sebben
Victor Alves

PLANEJAMENTO ESTRATÉGICO E FINANCEIRO
[Strategic planning, Finance and Accounting]

Fernanda Ferraz Bonini
Alessandra Silva
Alife Cardoso
Ana Paula Moreira
Anna Beatriz dos Santos
Bruno Araújo
Carla Silva
Damaris Oliveira
Franciele Cruz
Francisco Rodrigues de Sousa
Gabrielly Dal Pozzo
Heloiza Duarte
Iago Miguel da Silva
Izaias Candido
João Paulo Gonçalves
Letícia Lisboa
Marina Kolm Sgnotto
Patrícia Martinez
Tânia Aparecida Souza
Victor Serra Lima

RECURSOS HUMANOS
[Human Resources]

Renata Tavares
Elaine Santos
Henrique Rodrigues
Kátia Gomes
Vithoria Ignacio

SECRETARIA
[Secreterial Office]

Paula Zoppello
Débora Ferreira
Gustavo Salla

DIRETORIA DE RELAÇÕES INSTITUCIONAIS
[DEVELOPMENT BOARD]

Carolina Rossetti
DIRETORA DE RELAÇÕES INSTITUCIONAIS
[Development Director]

Filipa Beiroco
GERENTE DE RELAÇÕES INSTITUCIONAIS
[Development Manager]

Beatriz Bettiol

EVENTOS, PATROCÍNIOS E PROJETOS INCENTIVADOS
[Sponsorship and Tax Incentive Projects]

Gabriel Di Pietro de Camillo
Ana Beatriz Brayner
Brenda Koschel de Farias
Joana Bomfim
Júlia Weckelmann
Juliana Mara
Kassandra Lemos
Noemia Braz

PROJETOS PARA PESSOA FÍSICA
[Natural Person Projects]

Jussara Nascimento
Ariel de Oliveira
Darlan Lopes
Heloísa Lucas

NOVOS PROJETOS
[New Projects]

Manuela Errera

PUBLICAÇÃO
[Publication]

ORGANIZADORES
[Editors]
Adriano Pedrosa
Luiza Proença

EDITORES
[Publishers]
Lucas Pessôa, MASP
Isabel Diegues, Cobogó

DESIGN GRÁFICO
[Graphic Design]
Raul Loureiro

COORDENAÇÃO EDITORIAL
[Editorial Coordination]
Isabel Teixeira, MASP
Julia Barbosa, Cobogó
Isabella Rjeille
(edição revisada [revised edition])
Juliana Bitelli
(edição revisada [revised edition])
Olivia Ardui
(edição revisada [revised edition])

COORDENAÇÃO DE PRODUÇÃO
[Production Coordination]
Melina Bial, Cobogó

PESQUISA DE IMAGENS
[Image Research]
Alice Viggiani
Bruno Mesquita
Ivani Di Grazia Costa
Maira Moraes
Renata Baltar
Romeu Loreto
Tomás Toledo

REVISÃO
[Proofreading]
Eduardo Carneiro
Regina Stocklen
Tereza Gouveia
(edição revisada [revised edition])
Rafaela Biff Cera
(edição revisada [revised edition])

TRADUÇÃO
[Translation]
Carolina Alfaro: pp. 69-75, 92-97, 104-109, 118-123, 137-138, 146-151
John Norman: pp. 8, 13, 22-27, 32-34, 37-38, 41-42, 154-311
Julia Sobral Campos: pp. 76-79, 125-129
Steve Berg: pp. 51-55

REVISÃO DE TRADUÇÃO
[English Copy-Editing]
Alyne Azuma: pp. 8, 13, 22-27, 32-34, 37-38, 41-42, 154-311
Lynnea Hansen: pp. 69-75, 92-97, 104-109, 118-123, 137-138, 146-151

FOTOGRAFIA
[Photography]
Alexandre Leão: LVI
Eduardo Ortega: 1, 6, 7, 9, 15, 89, X, XVIII, XXII, XCVII, XCIII, LXIV, LXXV, LXXVI, LXXXI, LXXXVIII, CIII, CIV, CVI, CXVI, CXVIII, CXIX
Edoardo Persico: 21
Felipe Scappatura: CII
Hans Gunter Flieg: 13, 24, 25, 26, 28, 26, 67
Leo Eloy: 39
Lew Parrella: 4
Luis Hossaka: 5, 14, 31, 32, 35, 43, 49, 52, 57, 58, 64, 66, 71, 72, 78, 79, 80, 88, bem como todas as imagens de obras do acervo, com exceção das feitas por Eduardo Ortega, indicadas acima [as well as all the images of the works from the collection, except those made by Eduardo Ortega, indicated above]
M. Javurek: 83
PACH Bros — N.Y.: 48
Paolo Gasparini: 3, 11
Peter Cox: 37, 38
Peter Scheier: 8, 10, 30, 33, 46, 73
Romulo Fialdini: 34
Wilhelm Redemann: 20

TRATAMENTO DE IMAGENS
[Image Processing]
Jorge Bastos

IMPRESSÃO
[Printing]
Ipsis Gráfica e Editora

Edição revisada [revised edition], 2024

Nesta edição foi respeitado o Acordo Ortográfico da Língua Portuguesa de 1990, que entrou em vigor no Brasil em 2009.

MASP
Museu de Arte de São Paulo
Assis Chateaubriand
Av Paulista, 1578
São Paulo — SP, 01310-200
www.masp.org.br

EDITORA DE LIVROS COBOGÓ
Rua Jardim Botânico, 635/406
Rio de Janeiro — RJ, 22470-050
www.cobogo.com.br

MASP

MUSEU DE ARTE DE SÃO PAULO ASSIS CHATEAUBRIAND

Museu de Arte de São Paulo
Assis Chateaubriand
Avenida Paulista, 1578
01310-200 São Paulo, Brasil
www.masp.org.br
info@masp.org.br

Este livro foi composto em Futura e impresso em Eurobulk 150 g/m² pela Ipsis Gráfica e Editora em 2024. [This book was typeset in Futura and printed in Eurobulk 150 g/m² by Ipsis Gráfica e Editora in 2024.]

MA986c Museu de Arte de São Paulo Assis Chateaubriand
Concreto e cristal: o acervo do MASP nos cavaletes de Lina Bo Bardi = Concrete and crystal: MASP's Collection on Lina Bo Bardi's easels. / organização, Adriano Pedrosa, Luiza Proença. — São Paulo: COBOGÓ: MASP, 2018.
320 p.: 208 il.

Edição revisada.
ISBN capa português: 978-65-5777-057-3
ISBN English cover: 978-65-5777-056-6

1. Museu de Arte de São Paulo Assis Chateaubriand.
2. História da Arte 3. Museus de arte. 4. Bardi, Lina Bo, 1914-1992.
I. Pedrosa, Adriano. II. Proença, Luiza. III. Título

708.98161

Bibliotecária Responsável: Magda Guimarães, CRB8-7579

978-65-5777-057-3

978-65-5777-056-6

O MASP, museu diverso, inclusivo e plural, tem a missão de estabelecer, de maneira crítica e criativa, diálogos entre passado e presente, culturas e territórios, a partir das artes visuais. Para tanto, deve ampliar, preservar, pesquisar e difundir seu acervo, bem como promover o encontro entre públicos e arte por meio de experiências transformadoras e acolhedoras.

[MASP, a diverse, inclusive and plural museum, has the mission to establish, in a critical and creative way, dialogues between past and present, cultures and territories, through the visual arts. To this end, it should enlarge, conserve, research and disseminate its collection, while also promoting the encounter between its various publics and art through transformative and welcoming experiences.]

89. Detalhe da base de concreto do novo cavalete de cristal [Detail of the concrete base of the new crystal easel]